多民族聚居地区贫困治理的社会政策视角

——以布朗山布朗族为例

DUOMINZU JUJU DIQU

PINKUN ZHILI DE

SHEHUI ZHENGCE SHIJIAO

—YI BULANGSHAN BULANGZU WEILI

张志远◎著

国 家 市 场 社 会

中国社会科学出版社

图书在版编目（CIP）数据

多民族聚居地区贫困治理的社会政策视角：以布朗山布朗族为例／
张志远著 . —北京：中国社会科学出版社，2015.5

ISBN 978 - 7 - 5161 - 5937 - 8

Ⅰ.①多… Ⅱ.①张… Ⅲ.①民族聚居区 - 扶贫 - 社会政策 - 研究 -
中国 Ⅳ.①F127.8

中国版本图书馆 CIP 数据核字（2015）第 075134 号

出 版 人	赵剑英	
责任编辑	任　明	
责任校对	邓雨婷	
责任印制	何　艳	

出　　版	中国社会科学出版社
社　　址	北京鼓楼西大街甲 158 号
邮　　编	100720
网　　址	http://www.csspw.cn
发 行 部	010 - 84083685
门 市 部	010 - 84029450
经　　销	新华书店及其他书店

印刷装订	北京市兴怀印刷厂
版　　次	2015 年 5 月第 1 版
印　　次	2015 年 5 月第 1 次印刷

开　　本	710 × 1000　1/16
印　　张	17
插　　页	2
字　　数	287 千字
定　　价	58.00 元

凡购买中国社会科学出版社图书，如有质量问题请与本社联系调换
电话：010 - 84083683
版权所有　侵权必究

序　一

　　《多民族聚居地区贫困治理的社会政策视角——以布朗山布朗族为例》一书即将出版，这是一件值得高兴和祝贺的事情。这本书是我校教师张志远在其博士学位论文基础上修改完成的，是其长期学习与深入调查研究的结果。本书以西双版纳傣族自治州勐海县布朗山布朗族为例，借鉴西方国家的福利理论，并结合国内特殊地区、特殊民族的现状，对边疆多民族地区贫困治理问题提出了思路和见解。书中的一些观点，来源于对西双版纳边疆少数民族地区经济社会发展实践活动的认识，对本地经济社会发展实践活动具有一定的参考作用。

　　张志远老师是我校引进的硕士研究生，是一名中青年教师。进入我校工作后，张老师勤奋努力，积极探索，不断向更高的目标迈进，报考了中国人民大学博士研究生，通过四年的学习，取得中国人民大学授予的博士学位，同时，有多篇论文发表于各级各类报纸杂志，取得了可喜的科研成果。中青年教师是我校师资队伍的主体，理论功底扎实，专业素养好，发展后劲足，是一支强大的储备力量，是党校的未来和希望，在逐步显示潜力。《中国共产党党校工作条例》的颁布，赋予了党校科研新的、更高的地位，党校是"党的哲学社会科学研究机构"，要"发挥党校在党委和政府决策中的思想库作用"。党校科研迎来了更好的时机，在今后的科研工作中，希望中青年教师进一步增强党校科研的责任感和使命感，把握好党校科研的特点，努力提高自身的科研水平和能力。要坚持党校姓党的原则，牢牢把握正确的科研方向；要深入基层，甘当小学生，认真开展调查研究，掌握第一手材料；要以开拓创新、求真务实精神和作风搞科研，力争多出科研精品，在科研上有所建树。

　　西双版纳是一个美丽富饶的边疆少数民族聚居地区，是一个充满希望和活力的地方，具有大量的科研资源和发展中存在诸多的问题亟待研究和解决。我校科研要立足实际，在注重理论研究的同时，更要紧密围绕州委、州政府中心工作，深入调查研究州情，为提高党校教学质量服务，为党委和政府决策服务。寄希望于我校广大中青年教师像张志远博士一样爱学习、多出科研成果，也希望国内外的仁人志士到西双版纳来研究这片土地上生物多样性、民族众多和谐稳定、人与自然和谐相处、社会文化现象，为建设美丽西双版纳、谱写好中国梦西双版纳篇章作出贡献！

中共西双版纳州委党校党委书记、党务副校长　邹乔忠

2014 年 10 月

序　二

　　中共西双版纳州委党校张志远博士的专著《多民族聚居地区贫困治理的社会政策视角——以布朗山布朗族为例》就要出版了。布朗族发展研究随之增加了一本可供参阅的文本，这是值得祝贺和高兴的事情。张博士邀请我为其写序，作为热爱布朗族优秀传统文化的本民族一员，对布朗族如何致富奔小康有着更急迫的期盼，此书从一个角度分析了现实存在的问题，我就谈谈自己的想法。

　　首先，民族理论与民族政策研究在我国具有重要意义。我国是统一的多民族组成的社会主义发展中国家，汉族大多居住内地，各少数民族多生活在中西部及边境地区。长期以来，在党的民族政策的指引下，形成了"汉族离不开少数民族、少数民族离不开汉族、各少数民族相互离不开"的平等、团结、互助、和谐的新型民族关系。但由于历史、自然、文化、社会等因素，少数民族地区呈现发展后劲乏力状况。加强民族理论与民族政策的研究，全面推进少数民族地区经济社会实现又好又快发展，一直是学界的重要议题。

　　其次，人口较少民族布朗族发展研究亟须向纵深发展。布朗族研究可追溯到20世纪80年代中后期，甚至新中国成立初期民族工作队的田野调查。一辈辈布朗族研究学人，他们的研究主要从历史、文化等入手。进入21世纪以来，国内学界民族理论与民族政策研究焦点开始转向人口较少民族。国内不同地区的一批批民族学人类学研究者陆续前往布朗山布朗族乡调研，涌现出一些重要研究成果，如2001年云南大学高发元主编了《云南民族村寨调查·布朗族》，原中共云南省委党校张晓琼教授2005年出版了《变迁与发展——云南布朗山布朗族社会研究》、2011年出版了《人口较少民族实施分类发展政策指导研究——以云南布朗族为例》，2011年中央民族大学民族经济研究团队王玉洁、郭利华主编了中国民族经济村庄调查系列丛书之《勐昂村调查》，等等。这些研究经过深入调查，分析了影响和制约不同区域布朗族发展的各种因素，为推进布朗族发展建言献策，为我国相关政策的出台提供了重要的参考依据。同时，这些学人深入偏远的布朗族农村社区，与当地的干部群众交朋友，几十年如一日地关注布朗族发展问题，与布朗族干部群众建立起深厚友谊。尽管如此，布朗族发展研究不应局限于民族学、人类学的视角，可以将社会学、社会政策等学科及专业研究视角引入到布朗族发展研究，这样才能更加深入地把握问题实质，才能把布朗族发展研究推向新的高度。

再次，运用社会政策视角研究布朗山布朗族的贫困治理问题是一种值得肯定的新探索与尝试。当前，学界研究贫困治理主要是以经济学视角居多，作者独辟蹊径，充分利用国家加快推进以改善民生为重点的社会建设的契机，借鉴西方社会福利和社会政策理论，对我国新中国成立以来在多民族聚居地区的贫困治理进行系统的回顾，结合边疆多民族聚居地区的实际，提出"国家"、"市场"、"社会"为福利提供方的新福利三角分析架构，对我国边疆多民族聚居地区的贫困治理具有现实意义。关注西双版纳傣族自治州人口较少民族、直过民族、跨境民族的贫困治理，是在以往研究基础上的一次深化。

张志远博士自进入中共西双版纳州委党校工作后，利用在州委党校工作的有利条件，各种前往布朗山布朗族乡调研的机会，克服重重困难，力求全面把握研究问题与实质，其求真求实的精神难能可贵。我们乐见《多民族聚居地区贫困治理的社会政策视角——以布朗山布朗族为例》的出版，也期望以此为西双版纳傣族自治州全体布朗族的发展赢得更多的支持与肯定，不负布朗族淳朴善良的百姓们的期望。

西双版纳州布朗族发展研究会会长　刀琼平

2014 年 11 月 5 日

序　三

张志远博士的专著《多民族聚居地区贫困治理的社会政策视角——以布朗山布朗族为例》就要出版了。这是他的首部专著，是在其2014年夏通过答辩的同名博士论文的基础上完成的，作为他的指导教师，我感到十分高兴，并借此表示衷心的祝贺。

2010年秋天，张志远博士考取了中国人民大学社会与人口学院社会学专业博士研究生，在我的指导下从事社会政策理论与应用研究。张博士从小在多民族聚居地区农村社区生活、成长，对少数民族地区与少数民族发展有切身的感受。入学之前，他作为中共西双版纳州委党校教师，曾广泛深入少数民族地区城镇、村寨等进行调研，不仅深入了解到边疆多民族地区地情，也为博士阶段学习做了必要的积累铺垫，为进一步深造打下了必要的基础。在攻读博士学位期间，他不仅要完成博士阶段规定的学习任务，还要承担所在单位的一些教学科研任务，比别人付出了更多的汗水和辛劳。张博士在学习和研究过程中表现出勤奋、刻苦、扎实严谨的治学态度，并在参与我的多个国家级和省部级课题中得到历练和成长，多次参与在北京、武汉、昆明等地举办的全国性的相关学术研讨会，实现了学术素养与专业能力的整体提升。经过反复思考，并利用在边疆多民族聚居地区工作的有利条件，他最后确立了以人口较少民族贫困治理作为博士论文的研究主题。

贫困、人口快速增长与环境恶化成为当今世界的三大难题。我国少数民族地区贫困面大、贫困程度深，各级政府几十年如一日的贫困治理，少数民族地区经济社会得到长足发展、基础设施得到改善、各民族生活水平得到不同程度的提升。然而，一些少数民族人口较少、远离行政中心、尚未经历完整的社会形态变迁，贫困治理的任务紧迫而艰巨。

贫困治理不仅需要社会各界凝聚共识，也亟需可行的学理路径的探讨。应该说，当前，不论是国外，还是国内，关于贫困研究的著作、论文等可谓汗牛充栋，如何从已有研究中另辟蹊径，写出新意，可谓难度不小。

张志远博士的专著广泛涉猎西方社会福利和社会政策理论，并力求实现其本土化。该书借鉴西方福利三角（国家、市场和家庭）范式作为分析框架。当前，国内借鉴福利三角范式的研究虽有一些，但在社会一角大多仅限于公益组织，忽略了家庭、家族、邻里、社区的福利职能，这是片面借鉴西方、缺乏本土意识的结果。作者力图避免这一不足，提出以国家、市场、社会为内容，与本土相结合的新福利三角分析框架。选取集人口较少民族、直过民族、跨境民族、特困民族于一身的布朗山布朗族为研究个案，通过一系列广泛深入的田野调查，从历史、观念、教育、市场等制约布朗族发展的各种因素入手，积极探索边疆少数民族减贫发展的创新路径。

该书注重质性研究与量化研究相结合，力求实现研究的规范性。在质性研究中，利用在北京学习的机会，克服重重困难，不仅前往国务院扶贫办、国家图书馆等中央相关部门和单位走访、查阅相关资料，而且利用在单位工作之余前往西双版纳傣族自治州、勐海县、布朗山布朗族乡三级政府的相关部门、村委会、村寨，与布朗族干部和群众交朋友，力求全面了解不同层级政府、村民等对特定问题的看法及观点。不仅了解宏观政策、中观政策和微观政策，还进行了多层次、多角度的分析研究。量化研究运用问卷调查法，调查数据翔实且真实可信。

我国是多民族组成的统一的社会主义发展中国家，实施民族区域自治制度，实行民族平等、民族团结、各民族共同繁荣的政策。新中国成立以来，党中央、国务院实施了一系列扶持少数民族发展的政策。但由于诸多因素制约，一个时期以来各民族发展差距呈拉大趋势。该书从理论到现实、从宏观到微观、从社会到个体，涉及的贫困治理政策视野开阔，视角全面，不仅关注各民族的共性，而且也关注具体民族的个性，探讨人口较少民族发展的有效路径，为我国多民族聚居地区实现经济发展、民族团结、社会稳定、边境安宁提供了经验和参考。

中国人民大学教授、博士生导师　李迎生

2014 年 10 月于北京

内容摘要

社会政策是国家为社会成员提供福利保障，实现经济社会协调可持续发展的制度性设置。从狭义上来看，社会政策为社会弱势群体提供福利，满足其维持基本生活的需求，免除其生存危机。从广义上看，社会政策为全体社会成员提供具有非竞争性和非排他性的社会福利。社会政策最早可追溯到英国1601年《济贫法》，至今贫困治理仍然是社会政策的主要领域之一。理论界常常围绕贫困治理是通过国家（政府）、市场机制还是个人（家庭）存在争议，西方国家社会政策和福利思想也围绕自由主义、保守主义和社会民主主义的变迁展开，从单一的概念逐步形成日趋多元的福利理论和流派。

我国是多民族组成的统一的社会主义发展中国家，少数民族贫困问题由来已久。新中国成立初期，我国实行一系列扶持少数民族发展的政策，政府在多民族聚居地区从最初的发放农具、教习生产方式到实行民族区域自治，实现国家整合与少数民族权利维护的有机结合，救济式"输血"是贫困治理的主要特征。改革开放以来，我国少数民族贫困治理大致经历了制度改革推进扶贫、国家大规模的扶贫开发、参与性综合扶贫开发、多元式可持续发展扶贫四个阶段，从传统的救济式"输血"向开发式"造血"转变，贫困治理主体也从单一向多元，扶贫政策日趋多元且体系化。进入21世纪以来，我国贫困问题转型带来贫困治理的转型，社会政策也从补缺型向适度普惠型转变，从传统资源再分配到贫困群体自身人力资本、社会资本等的能力建设，从满足贫困群体的基本需求向实现人的全面发展转变。

近年来，我国推出一系列加快以改善民生为重点社会建设的政策，从过去以经济建设为中心向经济建设和社会建设协调发展转变，标志着我国进入社会政策时代。本研究借鉴西方福利三角理论中国家、市场和家庭作为福利提供方及组成的范式作为分析框架。当前，国内借鉴福利三角理论的研究虽有一些，但在社会一角大多仅限于公益组织，忽略了家庭、家族、邻里、社区的福利职能，这是片面借鉴西方、缺乏本土视角的结果，力图避免这一不足，提出以国家、市场、社会为内容，与本土相结合的新福利三角分析框架，并用于西南地区 Y（云南）省 B 民族乡（布朗山布朗族乡）的贫困治理研究。

布朗山布朗族乡是我国唯一以布朗族单一民族命名的民族乡，是云南省 506 个扶贫攻坚乡、8 个少数民族边境特困乡之一。下文用 X 指西双版纳，M 指勐海，B 指布朗山布朗族乡。布朗山布朗族是从原始社会末期直接过渡到社会主义社会的直过民族。研究思路从人口较少民族、直过民族布朗山布朗族的族源、语言、宗教信仰、民族文化、婚姻入手，结合布朗山的地理位置、人口民族、农业生产、自然资源、财政收入等现实条件，分析布朗山贫困的历史、观念、教育、市场等制约因素，运用社会政策新福利三角理论国家、市场、社会的分析框架研究其贫困治理问题。首先梳理了相关理论、国际经验。其次，阐释 B 民族乡贫困治理的历史变迁，接下来重点论述 B 民族乡贫困治理的现状，突出贫困治理的维度与本土实践。最后分析 B 民族乡贫困治理存在的问题与不足，探讨边疆多民族聚居地区贫困治理的创新路径。

本研究分为九章。第一章导论，交代选题背景、提出问题和研究意义。第二章文献回顾，对国外贫困及反贫困社会政策、国外少数民族及反贫困社会政策、国内贫困及反贫困社会政策、国内少数民族贫困及反贫困社会政策的相关研究进行了文献回顾并加以简要评论。第三章研究设计，交代研究的设计思路，研究假设、研究视角、主要概念及理论、研究方法和研究重点。第四章 B 民族乡贫困及成因，从介绍布朗族特性、B 民族乡概况、B 民族乡贫困的主要维度，对 B 民族乡贫困原因进行了分析。第五章、第六章、第七章，运用借鉴自西方并加以本土改造的新福利三角框架，从国家、市场、社会三个维度研究多民族聚居地区的贫困治理。第八章讨论多民族聚居地区贫困治理的创新路径。第九章，最后得出研究结论，交代研究存在的不足、研究有待解决的问题，提出研究展望。

关键词：多民族地区；布朗族；贫困治理；社会政策

Abstracts

Social policy is an institutional installation under which the state provides welfare insurance for social members to realize the balanced and sustainable socioeconomic development. Narrowly speaking, social policy provides the disadvantaged groups in a society with welfare to satisfy their subsistence needs and prevent their survival crises. Broadly speaking, social policy supplies all members of the society with non-competitive and non-exclusive social welfares. The development of social policy can be traced back to the *English Poor Law* in 1601, and ever since then poverty alleviation has always been a major part of social policy. The academia usually contests over such question as whether the poverty alleviation should be delivered by the state (government) and the market mechanism or by individuals (family). The social policy and welfare thinking of Western countries, centered on the liberalism, conservatism and social democracy, evolved from a single concept into a group of increasingly diversified welfare theories and theoretical schools.

China is a socialist developing country that is multiethnic and unified. And the issue of poverty in regions inhabited by ethnic minorities has existed for a long time. In the early years of New China, the state carried out a series of policies aimed at promoting the development of the ethnic minority regions, ranging from the initial provision of farm implements and the teaching of production means to the later implementation of the ethnic region autonomy policy. These combine the integration at the national level with the safeguarding of the rights of ethnic minorities, and the poverty alleviation at this stage was characterized by aid-provision "blood transfusion". Since the introduction of reform and opening up, the poverty alleviation in China's ethnic minority regions has traversed four stages, namely, the advancing of poverty alleviation through institutional reform, the national large-scale development-oriented poverty alleviation, the participatory and comprehensive poverty alleviation and the diversifying of poverty alleviation methods targeted at realizing sustainable development there. This indicates a change in the poverty alleviation approach, from the past aid-provision "transfusion" to the present development-oriented "blood creation". Besides, the parties engaged in this cause have become multiple, and the poverty alleviation policies diversified and systemized. In the new century, the transformation of China's poverty issues has brought about a change in the addressing of these issues. Accordingly, the social policies have changed from being gap-filling to being relatively universal beneficial, from the reallocation of conventional resources to the capacity building of the poor's own, including the human capital and social capital, from meeting subsistence needs of the disadvantaged to realizing the comprehensive development of individuals.

In recent years, China has promulgated a host of social policies aimed at accelerating improving people's livelihood, a shift from taking the economic construction as the central task to the coordinated development between economic and social construction, which also marks the country entering the era of social policies. According to the western welfare triangle theory, the state, the market and family are the welfare-providers and their organization pattern, in this case, is taken as the theoretical framework of this research. At present, there are certain domestic researches drawing on the triangle theory, but largely focusing on the social aspect, they are mainly concerned with public welfare organizations, and overlook the welfare functions of core families, extended families, neighbors and communities. This only results from drawing on the west in a single-faceted manner and lacking a localized perspective. The author tries to avert such a defect, and proposes a new welfare triangle theoretical framework that integrates the state, market and the society as relevant parties with a localized perspective. And it is applied in this research on the poverty alleviation in the B (Bulangshan) ethnic township in Southwest China's Y (Yunnan) province.

BulangshanBlang Ethnic Township is the only ethnic township named after Blang Ethnic group in China, and one of the 506 key poverty relief townships in

Yunnan Province and the 8 extreme poor ethnic minority townships along the borders. In the following part, X refers to Xishuangbanna, M Menghai, and B Bulangshan Blang Ethnic Township. This ethnic group is a leap-forward one that has transited directly from the final phase of the pristine society to the socialist society. We approach the subject under investigation, the leap-forward ethnic group-Blang Ethnic Group with a relatively small population, from its ethnic origin, language, religious belief, ethnic culture and marriage. Additionally, taking into consideration the geographic location, population and nations, agricultural production, natural resources and fiscal revenue, we analyses the contributing factors to the poverty there in terms of history, social conceptions, education and market, and conduct a research on the poverty alleviation issue within the framework of the new welfare triangle theory proposed above. First, the thesis gives an introduction of relevant theories and international experience; then the thesis expounds on the diachronic evolution of the poverty alleviation in the township, and subsequently focuses on the current situation, giving prominence to the different dimensions of poverty alleviation and local practice. Last but not least, the thesis points out the problems and defects in the B Township's poverty management, and explores the creative approaches to the addressing of multinational regions' poverty along borders.

The research is divided into nine chapters. Chapter 1 is the introduction, in which the background and significance of the research and research questions can be found. Chapter 2 gives a literature review of previous researches both from abroad and at home. It includes foreign and domestic social policies of poverty and anti-poverty, as well as foreign and domestic social policies of ethnic minority group's poverty and anti-poverty. A brief comment on these policies can also be found in this part. In Chapter 3, the author clarifies the specific thinking behind the research and also the research hypotheses, perspective, major concepts and theories, research methodology and creative points. Chapter 4 is about the poverty in the Township and its contributors. Proceeding from the ethnic traits of Blang Ethnic Group, the general situation of the B Township, and the poverty of B, the author analyzes the reasons behind the poverty. Chapters 5, 6 and 7 represent a research on the poverty addressing in multinational regions from the dimensions of state, market and society, applying the above-mentioned new welfare triangle theory. Chapter 8 comes up with potential creative approaches to the poverty alleviation there, and draws a conclusion for the whole research. It also states the inadequacies of the research and other question to be solved in future efforts as well as the prospects for relevant research.

Key words: multinational areas; Blang ethnic group; poverty alleviation; social policies

目 录

第一章 导论 ……………………………………………………… (1)

第一节 选题背景 ………………………………………………… (1)

一 我国人口较少民族贫困问题日益突出 …………………… (2)

二 B民族乡贫困问题突出 …………………………………… (3)

三 个人成长经历与关注少数民族发展问题 ………………… (4)

第二节 问题聚焦 ………………………………………………… (5)

第三节 研究问题 ………………………………………………… (7)

第四节 选题的意义 ……………………………………………… (8)

一 理论视角的意义 …………………………………………… (9)

二 现实的实践意义 …………………………………………… (10)

第二章 文献回顾 ………………………………………………… (15)

第一节 国外相关文献 …………………………………………… (15)

一 国外贫困及反贫困社会政策 ……………………………… (15)

二 国外少数民族贫困及反贫困社会政策 …………………… (19)

第二节 国内相关文献 …………………………………………… (26)

一 国内贫困及反贫困社会政策 ……………………………… (26)

二 国内少数民族贫困及反贫困社会政策 …………………… (29)

第三节 简要评论 ………………………………………………… (35)

一 贫困治理研究较多，少数民族贫困研究较少 …………… (35)

二 贫困治理理论研究较多，应用研究较少 ………………… (36)

三 少数民族贫困治理运用社会政策福利三角研究偏少 …… (37)

第三章 研究设计 ………………………………………………… (38)

第一节 研究假设 ………………………………………………… (38)

第二节 相关概念的界定 ………………………………………… (40)

　　　一　多民族聚居地区 ……………………………………（40）

　　　二　贫困治理 ………………………………………………（40）

　　　三　社会政策 ………………………………………………（41）

　　　四　人口较少民族贫困 ……………………………………（42）

　第三节　新福利三角理论与贫困治理 …………………………（42）

　　　一　新福利三角理论中的国家 ……………………………（46）

　　　二　新福利三角理论中的市场 ……………………………（52）

　　　三　新福利三角理论中的社会 ……………………………（54）

　第四节　研究方法 ………………………………………………（55）

　　　一　量化研究 ………………………………………………（55）

　　　二　质性研究 ………………………………………………（57）

　第五节　研究的重点 ……………………………………………（58）

第四章　B民族乡的贫困及其成因 ……………………………（60）

　第一节　布朗族的特征 …………………………………………（61）

　　　一　族源 ……………………………………………………（61）

　　　二　宗教信仰 ………………………………………………（63）

　　　三　民族语言 ………………………………………………（64）

　　　四　独特的民族文化 ………………………………………（65）

　　　五　杆栏式的民居建筑 ……………………………………（66）

　　　六　婚姻形态 ………………………………………………（67）

　第二节　B民族乡概况 …………………………………………（70）

　　　一　地理位置 ………………………………………………（70）

　　　二　民族人口 ………………………………………………（70）

　　　三　农业生产 ………………………………………………（70）

　　　四　自然资源 ………………………………………………（71）

　　　五　财政收入 ………………………………………………（72）

　第三节　B民族乡贫困主要维度 ………………………………（72）

　　　一　收入贫困 ………………………………………………（72）

　　　二　能力贫困 ………………………………………………（75）

　　　三　动机贫困 ………………………………………………（77）

　　　四　家庭耐用消费品 ………………………………………（82）

　　　五　基础设施的建设 ………………………………………（84）

　第四节　B民族乡贫困的原因分析 ……………………………（85）
　　一　历史因素致贫 ……………………………………………（85）
　　二　观念因素致贫 ……………………………………………（87）
　　三　教育因素致贫 ……………………………………………（89）
　　四　市场因素致贫 ……………………………………………（92）
　第五节　小结 ……………………………………………………（95）

第五章　国家视阈下的民族乡贫困治理 ……………………（96）
　第一节　相关理论与国际经验 …………………………………（97）
　　一　相关理论 …………………………………………………（97）
　　二　国际经验 …………………………………………………（100）
　第二节　B民族乡贫困治理的历史变迁 ………………………（102）
　第三节　B民族乡贫困治理的现状 ……………………………（104）
　　一　国家贫困治理的维度 ……………………………………（104）
　　二　B民族乡贫困治理的本土实践 …………………………（112）
　第四节　B民族乡贫困治理的问题与不足 ……………………（118）
　　一　政府包办型致自我发展能力和意识较弱 ………………（118）
　　二　政府贫困治理相关部门之间的协调问题 ………………（119）
　　三　贫困治理政策难以突出区域性和族群性 ………………（120）
　第五节　小结 ……………………………………………………（121）

第六章　市场视阈下的民族乡贫困治理 ……………………（123）
　第一节　相关理论与国际经验 …………………………………（124）
　　一　相关理论 …………………………………………………（124）
　　二　国际经验 …………………………………………………（127）
　第二节　B民族乡贫困治理的历史变迁 ………………………（129）
　第三节　B民族乡贫困治理的现状 ……………………………（130）
　　一　市场贫困治理的维度 ……………………………………（131）
　　二　B民族乡贫困治理的本土实践 …………………………（137）
　第四节　B民族乡贫困治理的问题与不足 ……………………（147）
　　一　劳动力优势难以转化为市场优势 ………………………（147）
　　二　生态资源难以转化为市场优势 …………………………（148）
　　三　人文优势难以转化为市场优势 …………………………（148）
　第五节　小结 ……………………………………………………（149）

第七章　社会视阈下的民族乡贫困治理 ……………………………（151）

第一节　相关理论与国际经验 …………………………………（151）

　　一　相关理论 …………………………………………………（151）

　　二　国际经验 …………………………………………………（155）

第二节　B民族乡贫困治理的历史变迁 ………………………（156）

第三节　B民族乡贫困治理的现状 ……………………………（157）

　　一　社会参与贫困治理的维度 ………………………………（157）

　　二　B民族乡贫困治理的本土实践 …………………………（162）

第四节　B民族乡贫困治理存在的问题与不足 ………………（170）

　　一　贫困治理中民族文化的发展问题 ………………………（170）

　　二　贫困治理中第三部门的缺位问题 ………………………（171）

　　三　社会资源再分配贫困治理问题 …………………………（172）

第五节　小结 ……………………………………………………（173）

第八章　多民族聚居地区贫困治理的路径 ………………………（174）

第一节　国家角色的重构 ………………………………………（175）

　　一　实施以资产为本的社会政策 ……………………………（175）

　　二　实施外介式与内生式相结合的社会政策 ………………（178）

　　三　因地制宜制定反贫困社会政策 …………………………（179）

第二节　市场角色的重构 ………………………………………（183）

　　一　人文优势跨境就业的政策 ………………………………（183）

　　二　家庭劳动力转移就业的政策 ……………………………（184）

　　三　生态文化资源市场化的政策 ……………………………（186）

第三节　社会角色的重构 ………………………………………（187）

　　一　弘扬民族传统文化的政策 ………………………………（188）

　　二　提升自助和互助的政策 …………………………………（189）

　　三　倡导社会资源再分配的政策 ……………………………（191）

第四节　小结 ……………………………………………………（193）

第九章　多民族聚居地区贫困治理的结论及展望 ………………（194）

第一节　多民族聚居地区贫困治理的基本结论 ………………（194）

第二节　多民族聚居地区贫困治理研究的不足与展望 ………（200）

　　一　研究可能存在的不足 ……………………………………（200）

　　二　有待解决的问题 …………………………………………（201）

　　三　多民族聚居地区贫困治理的展望 ……………………（203）

附录1　访谈提纲 ………………………………………………（206）

附录2　调查问卷 ………………………………………………（209）

附录3　勐海县布朗山乡2005—2010年扶持情况汇报 …………（214）

附录4　布朗山乡经济社会发展"十二五"规划（节选）………（221）

附录5　整乡推进规划2011—2013（节选）……………………（234）

参考文献 ………………………………………………………（237）

后记 ……………………………………………………………（249）

图表索引

图 2 - 1　贫困定义的三个层面 ……………………………………（16）

图 3 - 1　研究框架及研究思路 ……………………………………（43）

图 3 - 2　新福利三角理论：一个社会政策分析模式 ……………（45）

图 4 - 1　布朗族少女 ………………………………………………（61）

图 4 - 2　布朗弹唱 …………………………………………………（65）

图 4 - 3　布朗族民居 ………………………………………………（67）

图 4 - 4　布朗族扶贫资金的使用意向 ……………………………（79）

图 4 - 5　布朗族到村企业就业的意愿 ……………………………（80）

图 4 - 6　布朗族向谁求助意愿 ……………………………………（81）

图 4 - 7　布朗族群众对政府贫困治理政策的实效性感知 ………（81）

图 5 - 1　国家扶贫综合开发试点乡纪念碑 ………………………（114）

图 5 - 2　B 民族乡"整乡推进"扶贫开发启动仪式 ……………（117）

图 6 - 1　布朗族采茶 ………………………………………………（139）

图 6 - 2　乡农技人员指导布朗族村民种章家辣子 ………………（144）

表 3 - 1　不同学者对广义社会福利划分方法比较 ………………（46）

表 3 - 2　主要政策实施模式比较 …………………………………（48）

表 4 - 1　X 傣族自治州深度贫困人口确认表（部分） …………（73）

表 4 - 2　劳动力就业结构 …………………………………………（76）

表 4 - 3　贫困群体对贫困的感知 …………………………………（78）

表 4 - 4　布朗族贫困治理的路径 …………………………………（79）

表 4 - 5　布朗族家庭耐用消费品情况 ……………………………（82）

表 4 - 6　2011 年布朗山各村、村小组基础设施建设情况 ………（85）

表 4 - 7　边境扶贫县劳动力文化程度构成 ………………………（92）

第一章

导　论

当今世界，一些国家和地区因民族问题而产生民族与民族之间、国家与国家之间、地区与地区之间冲突不断。一旦冲突爆发，任何一方都难以置身事外，不可避免给人民生命财产等带来难以估量的损失，使人民深受其害。民族问题除了历史、宗教、文化等因素外，不同国家和同一国家内部各民族发展不平衡、发展差距扩大化、一些少数民族贫困问题没有得到根本解决是深层次的原因。

当前，贫困是发达国家和发展中国家共同面临的世界性难题，各国都在不遗余力地进行贫困治理，提升贫困人群的社会福利，让贫困人群免于生存性危机和发展性危机的威胁。改革开放以来，我国在反贫困方面取得举世瞩目的成就，贫困人口大幅下降，贫困线标准大幅上升，从生存型向生存型与发展型并存的转型贫困转变，贫困治理面临新的机遇和挑战。

第一节　选题背景

我国是多民族组成的统一的社会主义发展中国家，在 960 万平方公里国土上生活着 56 个民族。各民族呈大杂居、小聚居分布格局。长期以来，我国建立起"汉族离不开少数民族，少数民族也离不开汉族，各少数民族相互离不开"的平等、团结、互助、和谐的新型民族关系。然而，近年来边疆多民族聚居地区出现多起群体性治安事件，给良好的民族关系构建造成威胁。应该引起注意的是，边疆多民族聚居地区一些人口较少民族因没有经历完整的社会形态变迁，从原始社会末期直接过渡到社会主义社会，且还存有刀耕火种的生产方式，生产力水平低，发展后劲乏力，再加上交通闭塞、自然条件艰苦等原因，仍处在贫困线以下。尽管各级政府在这些地区实施了一系列扶持少数民族、人口较少民族发展的政策，这些人口较少民族成员有的尚未达到温饱，有的刚刚达到温饱，但这种温饱具有脆弱性，一旦发生自然灾害，又出现再度返贫的可能。

贫困分为生存性危机的绝对贫困和发展性危机的相对贫困。随着经济社会转型与发展，我国贫困治理也从消除绝对贫困向消除绝对贫困与相对贫困并存的方向转变，从传统农村贫困治理转向少数民族贫困治理。从研究视角来看，我国贫困治理理论经历了三种不同的视角，即贫困理论的个体主义视角、贫困理论的结构主义视角和社会互构论视角，贫困治理对象、主体、范围、路径等也随之发生深刻变迁。从传统单一的救助式的物资扶贫到人力资本、社会资本等社会网络建设。目前，社会政策作为解决国内贫困问题的重要方式已成为社会各界的共识。共同团结奋斗、共同繁荣发展是 21 世纪民族工作的主题。巩固各民族平等、团结、互助、和谐的民族关系，应要加快后进少数民族，尤其是那些人口较少民族贫困治理，才能实现各民族共同繁荣发展。

一 我国人口较少民族贫困问题日益突出

长期以来，我国区域之间、城乡之间、民族之间发展不平衡，主要表现为东部地区经济社会实现长足发展，中西部地区处于后发展阶段；城乡收入差距日益拉大，城市人均可支配收入和农民人均纯收入比为 3.33：1，尽管国内重庆、成都等少数城市城乡差距呈现日趋缩小的趋势，但城乡差距拉大的整体趋势没有得到根本的改变；民族内部与民族之间发展也不平衡，生活在自然条件较好的坝区民族与自然条件较差的山区民族发展差距明显，边境地区人口较少民族贫困问题日益突出。

世纪之交，我国著名社会学民族学人类学家费孝通先生提出人口较少民族发展问题并向当时的国家民族事务委员会提出扶持人口较少民族发展的建议。2000 年国家民族事务委员会组织由北京大学、中央民族大学和国家民族事务委员会民族问题研究中心 20 名专家组成的课题组开展人口较少民族经济和社会发展研究工作。课题组分七组赴云南、贵州、青海、内蒙古、新疆、西藏、广西、宁夏等民族 8 省区，在此基础上形成了专题调研报告，为国家制定扶持人口较少民族发展政策提供了重要依据。布朗族作为人口较少民族也在此次调研之列。吴海鹰、马夫对人口较少民族贫困程度进行分类并认为，人口较少民族的贫困与族群差异有关，人口较少民族的贫困问题分为一级贫困、二级贫困、三级贫困三类，其中一级贫困即深度贫困，由西藏自治区的门巴、珞巴，云南的德昂、独龙、怒族、布朗组成，特点是绝对贫困人口占总人口的比重超过30%，贫困发生的空间大，基础设施落后，教育落后，医疗条件差，女性的健康问题突出①。布朗族是云南特有的人口较少民族，也是贫困人口超过总人口30%的深度贫困民族。边境地区"民族直过区"的布朗族贫困尤为严重。

二　B 民族乡贫困问题突出

1999 年底，国务院出台《基诺山基诺族乡和 B 民族乡山区扶贫综合开发试点乡项目》（简称《"两山"综合开发》）。2000 年 11 月 29 日，布朗山乡举行布朗山扶贫综合开发项目启动仪式。近年来，我国各民族发展差距日益突出，得到党中央国务院的重视。国务院发布的《中国农村扶贫规划纲要（2001—2010）》把贫困人口较为集中的中西部多民族聚居地区、革命老区、边疆地区和特困地区作为扶贫开发的重点。党的十六大报告指出，"我们在新世纪头 20 年，集中力量，全面建设惠及十几亿人口的更高水平的小康社会，使经济更加发展，民主更加健全，科教更加进步，文化更加繁荣，社会更加和谐，人民更加殷实"。全面建设小康不仅是东部地区的小康，而且也是中西部地区的小康；不仅是以汉族为主的内地地区的小康，也是东北、西北、西南、东南等多民族聚居地区的小康。2005 年 5 月 27 日，胡锦涛同志在中央民族工作会议暨第四次全国民族团结进步表彰大会上曾指出，各民族共同团结奋斗、共同繁荣发展是 21 世纪新时期民族工作的主题。党的十七大报告也指出，"加大对革命老区、民族地区、边疆地区、贫困地区发展的扶持力度"。同时，"加快和推进以改善民生为重点的社会建设"。党的十八大报告进一步指出，"采取对口支援等多种形式，加大对革命老区、民族地区、边疆地区、贫困地区扶持力度"。这为多民族聚居地区贫困治理带来重要机遇。

进入 21 世纪以来，国务院先后出台《扶持人口较少民族发展规划（2005—2010）》《扶持人口较少民族发展规划（2011—2015）》《连片贫困地区扶贫规划（2011—2020）》。云南省贯彻中央相关会议精神，出台

---

① 吴海鹰、马夫：《我国人口较少民族的贫困与扶贫开发》，《云南社会科学》2005 年第 1 期。

了《云南省扶持人口较少民族发展规划（2006—2010）》《云南省扶持人口较少民族发展规划（2011—2015）》。X 傣族自治州出台《M 县边远少数民族地区深度贫困群体脱贫开发建设规划（2011—2013）》《M 片区区域发展与扶贫攻坚规划（2011—2020）》。这一系列规划的出台，政府不仅发挥了贫困治理的主导作用，而且也为多民族地区、边境地区、特困地区的发展提供了制度保障。

当前，我国各民族发展差距日益突出且一些少数民族贫困问题依然严峻。在边疆多民族聚居地区，一些人口较少民族因没有经历完整的社会形态变迁，从原始社会末期直接过渡到社会主义社会，且还存有刀耕火种生产方式，生产力水平低，发展后劲乏力，再加上交通闭塞、自然条件艰苦等原因，一些少数民族、人口较少民族仍处在贫困线以下。例如，B 民族乡是云南省 506 个扶贫攻坚乡、8 个少数民族边境特困乡之一。以农民人均纯收入为例，2011 年年底，B 民族乡农民人均纯收入为 2185 元，占 M 县农民人均纯收入 4560 元的 47.91%，占 X 州农民人均纯收入 5327 元的 41%，低于云南省人口较少民族农民人均纯收入 2855 元的平均水平，B 民族乡农民人均纯收入占全国农民人均纯收入的 6977 元的 31%。尽管各级政府在这些地区实施了一系列扶持少数民族、人口较少民族发展的政策，然而，布朗山是从原始社会末期向社会主义社会直接过渡的"直过"区，布朗族是"直过"少数民族，由于历史及现实诸多因素，贫困问题尤为突出。

三　个人成长经历与关注少数民族发展问题

笔者来自少数民族农村社区，20 世纪 80 年代后期进入村小学就读，当时少数民族地区农村教学条件极其简陋，可谓"封建时代的房子、民国时期的桌椅、新中国的学生"的庙校。为了使少数民族学生更好地学习文化知识，教师从一年级至三年级用民族语言教学，从四年级开始用汉语方言教学，这样有助于少数民族学生更好地理解学习内容。笔者深切体会到少数民族传统教育与现代国民教育之间有机结合的不易，庆幸的是，通过国民教育，笔者不仅具备了本民族知识而且也具备了现代文化知识，个人成长也随着从传统型理念向现代型理念转型。后来，本科和硕士均就读于民族院校，利用民族院校良好的民族理论和民族政策学习环境，系统地学习了我国的民族理论与民族政策。自新中国成立以来，在党的民族政策指引下，各民族不论大小、发展程度都充分享有宪法赋予的各项权利。笔者作为一名少数民族成员，时时关注少数民族地区和少数民族的发展，也曾经与一些少数民族籍教师对少数民族地区发展进行过讨论。

硕士毕业后，笔者到了西南边疆多民族聚居地区 X 傣族自治州工作。州委党校的工作平台使笔者有机会与地方政府部门、各少数民族干部接触，并能够深入各少数民族农村社区进行调研，对当地各民族历史、宗教、传统文化、价值观、生产生活方式进行了解，不仅目睹了当地少数民族取得的发展成就，同时也发现他们在适应现代化过程中碰到的诸多难题。既有各民族共同面临的共性问题，也有特定少数民族的个性问题。多民族聚居地区贫困问题是具有普遍性的，特别是人口较少民族、直过民族贫困面大、程度深。

全球化背景下人口较少民族在现代化进程中如何应对自身发展中碰到的诸多问题而免于被边缘化。人口较少民族应对发展中面临的问题，贫困问题及其治理是首要任务。M 县布朗山乡布朗族是一个从远古走来的人口较少民族、直过民族。一个从远古走来的古老民族如何摆脱整体性贫困是各级政府和少数民族自身都关心关注的问题。

作为一名边疆多民族聚居地区教育工作者、党校系统的普通教师，笔者从学理的视角观察分析人口较少民族发展中的问题，以期引起外界关注，积极为政府、人口较少民族群体发展献言献策。自 2009 年以来，笔者参加了 X 傣族自治州委、州政府政策研究室组织的到布朗山乡进行的多次调研，对布朗族的生产生活、行为方式、价值观、文化等有了初步了解。博士论文开题后，笔者曾多次前往布朗山调研，深入了解布朗山布朗族的生产生活情况，分析制约布朗族发展的历史因素、自然因素、观念因素和社会因素，探讨一个从远古走来的古老民族，在经济全球化背景下，如何利用自身的后发优势，用足、用活中央和各级政府的扶持政策，实现 B 民族乡布朗族的整体脱困，为我国多民族聚居地区的经济发展、民族团结、社会稳定、边境安宁贡献自己的绵薄之力。

第二节　问题聚焦

自人类进入阶级社会后，贫困就与人类发展史如影相随，一部人类发展史也是人类与贫困斗争的历史。随着生产力发展，人类改造自然的本领和力量空前强大，但难以从真正意义上消除贫困：一是贫困内涵和外延的拓展。从最初满足人的最基本的生活必需品的供给到着力解决能力贫困、权利贫困到机会贫困等，不同社会群体、社会阶层同样面临贫困问题的挑战，贫困标准也随着经济社会发展发生变迁。二是贫困问题的阶段性。随着生产力水平的提高，一国或地区的贫困线标准呈现动态发展趋势，即使在某一时期解决了某一群体或阶层的贫困问题，但随着贫困标准的提升，贫困人口也会大幅增长，贫困面将不可避免地呈现扩大化趋势，也将面临新时期贫困问题的严峻挑战。当前，不论是发达国家美国还是其他处于后发展阶段的国家和地区都不能信心十足地向世人宣称它已经完全消除贫困问题。可见，贫困问题的长期性、复杂性、艰巨性，尤其是多民族聚居地区贫困问题。

我国是多民族组成的统一的社会主义发展中国家。自新中国成立以来，贫困问题是制约我国经济社会发展的主要瓶颈，各级政府把贫困治理列入重要工作议事日程。改革开放以来，随着经济社会持续、快速发展，我国的扶贫标准也随之大幅上涨，但标准偏低，与国际标准存在不小差距，致使低收入群体难以被列入政府扶贫政策范畴。2011 年 11 月 29 日，中央扶贫工作会议在北京召开，会议发布了《中国农村扶贫开发纲要（2011—2020）》，中央将农民人均纯收入 2300 元作为国家新的扶贫标准。

随着国家大幅提升贫困线标准，农村低收入群体纳入了扶贫范围。根据国家统计局对全国 31 个省（自治区、直辖市）7.4 万农村居民家庭的抽样调查，按新的国家扶贫标准，2011 年全国农村扶贫对象为 1.22 亿人，占全部农村户籍人口的比重为 12.7%。我国贫困面扩大、贫困人口大幅增加。目前，我国贫困人口出现大分散、小集中的分布格局，全国范围内贫困人口大幅减少，贫困人口向中西部地区、少数民族地区、边境地区集中。从国家民族事务委员会获悉，调查显示，2011 年我国民族八省区的农村贫困人口为 3917 万人，占八省区农村户籍人口的 26.5%，占全国农村扶贫总人口数的 32%①。可见，民族八省区是今后我国贫困治理的重点难点。少数民族贫困是历史、现实、文化、社会多种因素综合作用的

---

① 黄小希：《中国去年少数民族地区农村贫困人口数近 4000 万》，新华网，2012 年 11 月 28 日（http://www.gzmzb.com/Item/Article/n/3861）。

结果。在少数民族中一些人口较少、文化相对简单、生活在边境地区的民族被称为人口较少民族，人口较少民族贫困问题直到世纪之交才被政府重视，人口较少民族、直过民族贫困治理呈现长期性、复杂性和艰巨性的特点。

我将边境地区人口较少民族、直过民族乡的贫困治理作为研究对象，以社会政策视角，借鉴西方以国家、市场和家庭为内容的福利三角理论，指出当前国内片面以公益组织为福利三角的社会参与方，忽略了家族、邻里、社区等传统优势，以民族文化作为切入点，提出国家、市场和社会作为福利提供方及福利整体参与贫困治理的新福利三角分析框架，探讨边疆多民族聚居地区贫困治理的创新路径。

第三节 研究问题

我国扶持人口较少民族发展是实现各民族共同团结奋斗、共同繁荣发展的必然要求。人口较少民族相对于其他少数民族，人口少，大多生活在边境地区，由于受历史、宗教、文化等因素的影响，加上远离政治中心、交通不便、自然条件差，长期处于封闭状态，人口较少民族的贫困问题日益突出。2011 年 11 月 17 日，我国扩大了扶持人口较少民族发展的范围。从原来的 10 万以下增加到 30 万以下，原来的 22 个少数民族增加到 28 个，人口较少民族的总人口从原来的 63.3424 万人增加到 169.5 万人。根据第六次全国人口普查，人口较少民族布朗族总人口为 119639 人，分布在 X 傣族自治州、普洱市、临沧市和保山市，其中 X 傣族自治州布朗族有 47529 人，占总人数的 39.7%；分布在景洪市、M 县和勐腊县①，其中 M 县布朗族人口为 35708 人，占全省布朗族总人口的 29.8%；B 民族乡布朗族人口为 12754 人，占全省布朗族人口的 10.6%。B 民族乡是全国唯一以布朗族单一民族命名的民族乡。布朗族贫困人口发生率超过总人口的 30%，比 X 州境内同属人口较少民族的基诺族贫困更严重。

---

① 西双版纳州布朗族原分布在景洪市和勐海县，2009 年国家民族事务委员会把克木人列入布朗族，成为布朗族的一个支系，因此，西双版纳州一市景洪，两县勐海、勐腊都有布朗族分布。

本研究运用新福利三角理论的分析框架，借鉴西方国家、市场、家庭为内容的福利三角理论，并探求西方福利三角理论的本土化，提出与我国多民族聚居地区实际相结合的国家、市场、社会为内容的新福利三角理论。国家、市场和社会作为福利提供方及福利整体参与边疆多民族聚居地区人口较少民族乡贫困治理。本研究以 X 傣族自治州 M 县 B 民族乡布朗族的贫困治理为研究对象。B 民族乡是全国唯一以布朗族命名的民族乡，位于 M 县南部，东与景洪市勐龙镇交界，南、西南与缅甸第四特区接壤，边境线长 70.1 公里，有 4 个边境村委会，有 2 条边境通道，西与打洛镇交界，东北与勐混镇毗邻，国土面积为 1016.34 平方公里，约占全县土地面积的 1/5。全乡辖 7 个村委会 52 个村民小组 4752 户 20337 人，居住着布朗、哈尼、拉祜等民族，其中布朗族 12754 人，哈尼族 3544 人，拉祜族 2585 人，其他民族 1438 人。B 民族乡是云南省 506 个扶贫攻坚乡、8 个少数民族边境特困乡之一，1999 年被国务院列为全国较少民族扶贫综合开发试点乡，2011 年被省、州两级政府分别列为整乡推进扶贫开发试点乡和全州山区综合开发试点乡。

新福利三角理论分别以国家、市场和社会为福利提供方，三者之间是相辅相成、相互促进的福利整体。首先分别从相关理论、国际经验入手，回顾了国外国家、市场和社会的理论及经验，其次阐释 B 民族乡贫困治理的历史变迁，重点论述 B 民族乡贫困治理的维度及本土实践，一方面论述新福利三角理论国家、市场和社会参与贫困治理的维度。通过国家在政策、人力、资金等维度参与贫困治理，通过市场在劳动力市场、生产资料市场化、农民专业组织等维度参与贫困治理，通过社会在家庭、家族、第三方力量等维度参与贫困治理。另一方面论述了新福利三角理论国家、市场和社会视阈下 B 民族乡贫困治理的本土实践。再次，归纳总结 B 民族乡贫困治理存在的问题与不足。最后探讨新福利三角理论下的国家角色、市场角色、社会角色在贫困治理中的重构，为我国边疆多民族聚居地区少数民族贫困治理提供经验。

第四节 选题的意义

随着全球化浪潮推进，社会政策理论和实务也从发达国家向发展中国家推进延伸，一些后发展国家和地区日趋接受社会政策理念，从单纯追求经济增长向经济和社会协调发展转变。20 世纪 70 年代末以来，我国对政治、经济、文化、社会等领域实施一系列的改革，经济社会发生深刻变迁，从高度集中的计划经济体制向社会主义市场经济体制转变，从传统的农业型社会向现代型工业社会转变。20 世纪 80 年代中后期以来，政府加大了全国范围内贫困治理的力度，也取得贫困人口大幅减少、贫困线大幅上升的举世瞩目的显著成效，但也存在贫困线标准偏低、与国际标准存有不小差距等的不足。同时，随着经济社会转型的加速，我国经济体制深刻变革，社会结构深刻变动，利益格局深刻调整，思想观念深刻变化而产生的各种深层次矛盾和问题日益凸显，其中区域性贫困和族群性贫困问题亟待解决。因此，多民族聚居地区人口较少民族、直过民族贫困治理具有重要的理论意义和现实意义：

一　理论视角的意义

社会政策可追溯至 1601 年英国伊丽莎白女王二世的《济贫法》。自工业化以来，社会化大生产带来的阶级矛盾日趋尖锐化，其中弱势阶层的深度贫困是突出特征，因此社会政策贯穿于工业化国家贫困治理的始终。西方专业社会政策经历一百多年发展，从最初社会福利的概念到日趋多元的学术流派，形成了新自由主义社会福利思想、马克思列宁主义福利思想、改良主义福利思想、福利国家、"第三条道路"社会福利思想、社会发展主义福利思想等。西方社会福利思想也逐步传入我国，成为学界一种新的贫困治理研究视角和分析框架。

我国传统贫困治理的思想源远流长，早在周代就出现济贫思想，《周礼·司徒篇》曾提出保息六政，"以保息养万民，一曰慈幼；二曰养老；三曰振穷；四曰恤贫；五曰宽疾；六曰安富"。《周礼·礼官·大司徒》中"荒政十二"，即散财、薄征、缓刑、驰力、舍禁、去几、省礼、杀哀、畜乐、多昏、索鬼神、除盗贼。春秋时期《管子·入国篇》中九惠之教，即老老、慈幼、恤孤、养疾、合独、问疾、通穷、振困、接绝。不论是保息六政、荒政十二，还是九惠之教，均把扶危济困的贫困治理列为重要内容。我国春秋以后的历代统治者均有扶危济困的思想和主张，但我国历史上长期处于传统型社会形态，传统型社会政策及贫困治理中济贫和恤穷都具有偶然性和随意性特征。尽管如此，社会政策贫困治理创新应在弘扬传统优秀文化的基础上，积极借鉴西方社会政策和福利理论，做到"洋"、"土"结合，提升贫困治理的理论与实务水平，为贫困群体提供优质高效的社会福利。

目前，我国是处于社会主义初级阶段的发展中国家。随着经济社会转型的加速，我国经济社会发展呈现出阶段性特征：城乡差距扩大、区域差距扩大、民族发展差距扩大。我国贫困治理不仅要弘扬传统文化，同时也要积极吸收西方国家贫困治理中的合理部分为我所用。西方福利思想和社会政策能否适用于我国的贫困治理，特别是人口较少民族、直过少数民族边境特困乡的贫困治理？社会投资国家理论、福利三角理论、资产社会政策理论等能否用于我国少数民族地区、边疆地区的贫困治理？这些问题都亟待探讨。西方社会福利政策在边疆少数民族地区如何实现本土化？如何应对经济发展后贫困治理边际效应递减？如何通过社会建设提升贫困治理的效益，缩减不同民族之间发展差距，实现共同团结奋斗、共同繁荣发展？边疆多民族聚居地区经济社会全面发展等问题也都需要得到理论的论证。本研究力求在这些方面进行理论上的探讨并提出相应的建议。

二 现实的实践意义

自 2003 年以来，党中央提出实施科学发展观的发展战略，科学发展观第一要义是发展，核心是以人为本，基本要求全面协调可持续发展，根本方法是统筹兼顾。

1. 深入贯彻科学发展观，实现经济社会协调发展的必然要求

长期以来，我国实施"两个大局"战略发展构想，中央集中人力财力，优先发展东部地区。随着东部地区发展，东西部差距日趋拉大，中央又调整区域发展政策的重心，在少数民族聚居的中西部地区实施西部大开发，着力实现东西部地区协调均衡发展。在中央统一部署和安排下，中央各部委、东部各省区与西部省区结对帮扶支援西部发展，如北京—内蒙古、天津—甘肃、上海—云南等，东部各省区在人力、财力给予西部地区对口支援，以期实现东西部地区经济社会协调发展。在中央各部委办局和东部省区的大力支援下，中西部多民族聚居地区的基础设施、生活环境、生产条件等得到整体性改善。但是，在边境地区的少数民族，特别是多民

族聚居地区的直过区和直过民族①，因地理位置偏远，远离政治中心，受到民族、宗教、历史、文化和自然条件等影响，贫困面较大、脱贫难度大，贫困问题急需引起各级政府、外界的关注。

多民族聚居地区经济社会处于后发阶段，社会发展长期滞后，贫困问题呈现区域性、族群性的特点。虽然各级政府已经实施西部大开发、中国面向西南开放桥头堡战略等一系列政策去解决区域性贫困、扶持少数民族发展解决族群型贫困，但贫困问题依然没有得到根本性的解决。社会政策着眼于多民族聚居地区少数民族群体性贫困，重视少数民族群体内源式发展，旨在加强少数民族农村社区能力建设，从传统"输血式"救济向"造血式"扶贫开发转变，不断总结扶持多民族聚居地区政策经验，创新体制机制，让各民族同胞分享发展成果。因此，多民族聚居地区贫困治理是加快和推进以改善民生为重点的社会建设，实现经济社会协调可持续发展的必然要求。

2. 多民族聚居地区贫困治理牵系各族人民的福祉

我国是多民族组成的统一的社会主义发展中国家，56 个民族共同生活在 960 万平方公里的土地上，各民族长期交往，和谐相处，共同发展。由于历史和现实等因素的制约，中西部地区、边疆多民族聚居地区依然存有处于深度贫困的少数民族群体。我国各民族因自然环境、交通、宗教、文化等差异他们的发展水平也出现差异，一些民族经济社会取得长足的发展，而另外一些民族则仍然处于深度贫困状态。这好比是一个有许多兄弟的大家庭，长子很富裕，而其他兄弟很贫困，人们往往对长子为什么富裕、其他兄弟为什么贫穷会有多种解释，而不管人们怎么解释长子富裕的原因和其他兄弟贫困的原因，若大家庭中贫困的兄弟长期以来仍没有发展起来，不仅会影响兄弟之间的团结，而且也会影响整个大家庭今后的发展。人口较少民族如同民族大家庭中较为贫困的兄弟。这样的兄弟有 28 个，占全国民族总数的 50%。我国人口较少民族贫困问题不仅是经济问题，而且是社会问题和政治问题。贫困已成为制约边疆多民族聚居地区发展的主要瓶颈。

---

① 直过区、直过民族是指新中国成立初期，一些少数民族正处于原始社会末期，阶级成分不明显，不进行民主改革，实施从原始社会直接过渡到社会主义社会，这些民族被称为直过民族，他们居住地区为直过区。X 州基诺族和布朗族为直过民族，他们生活地区为直过区。参见郝时远：《田野调查实录》，社会科学文献出版社 1999 年版，第 10 页。

进入 21 世纪以来，我国多民族聚居地区人口较少民族整体性贫困日益凸显。随着全面建成小康社会步伐的加快，人口较少民族全面建成小康社会成为当前的一个重要且紧迫任务。长期以来，学术理论界对多民族聚居地区的反贫困社会政策是一种"恩赐"还是"权利"存在争议，我认为，社会政策也是生产性要素，不仅能满足贫困群体基本生活需求，而且对人力资源的投资可以提升贫困群体的人力资本、社会资本，对于贫困治理具有重要作用。多民族聚居地区后发民族应充分利用当地资源优势，把人力资源转化为人力资本，提升少数民族贫困群体和社区自我发展能力，尤为重要的是，多民族聚居地区贫困治理社会政策研究有助于创新扶贫模式，巩固扶贫成果，能从根本上破解引发贫困问题的制度性樊篱，牵系各民族同胞切身利益与发展福祉。

3. 多民族聚居地区贫困治理有利于维护民族团结、边疆稳定

近年来，我国西藏自治区和新疆维吾尔自治区等边疆多民族聚居地区发生了多起群体性治安事件，如"拉萨 3·14 事件"和"乌鲁木齐 7·5 事件"等，其破坏程度大、社会影响恶劣，给各族人民生命财产造成重大损失。多民族聚居地区发生群体性治安事件原因很多，民族分裂势力煽动、蛊惑固然难逃干系，但最本质的原因是民族之间发展不平衡，民族之间发展差距拉大的问题。一些少数民族社会成员因个体和结构等诸多因素难以享受到发展成果，"被剥夺"、"不平等"等不满情绪上升，甚至出现"仇官、仇富、仇不公"的不良思想倾向，若得不到有效解决就会成为社会焦虑乃至社会愤怒而引发群体性治安事件。多民族聚居地区由汉族和少数民族组成，汉族群众发展相对较好，而少数民族发展较为缓慢。不同民族成员之间可能会因缺乏了解存在偏见和成见，一些汉族群众认为少数民族有思想愚昧、落后、不思进取等思想倾向，而少数民族则认为汉族有对当地资源进行大肆攫取贪得无厌等思想倾向，两种不良思想倾向都不利于多民族聚居地区的和谐稳定。科塞曾把冲突看作对有关价值、对稀有地位的要求、权力和资源的斗争，在这种斗争中，对立双方的目的是要破坏以致伤害对方①。为了解决不同社会群体之间的对立，科塞提出了在不同社会群体压力存在的情况下，为社会关系中积累起来的紧张情绪和敌意提供"排气口"的"安全阀制度"。贫困治理为缓解不同民族和社会群体之间

---

① ［美］L. 科塞：《社会冲突的功能》，孙立平译，华夏出版社 1989 年版，第 16 页、前页。

的冲突，缩减发展差距，共同享有发展成果提供了有效路径。

长期以来，我国多民族聚居地区的贫困问题广泛存在也为西方宗教势力的文化入侵提供条件。在一些西方势力的支持下，天主教、基督教等西方宗教加快了对我国沿边州市边疆多民族聚居地区的文化入侵，西方宗教利用对边民各种医疗、养老、教育等领域投入的"援助"，通过社会权利吸纳少数民族信教群众，输送西方宗教文化，抢夺我国边境一线各少数民族信教群众。据 X 傣族自治州一位长期从事民族宗教事务的干部介绍，西方反华势力加大对我国边民的文化入侵，与境外民族分裂势力合流，对中缅边境我方一侧的少数民族边民实施教育、养老、医疗等社会福利吸引，如反华势力在缅甸北部边境沿线修建 10 多座神学院，为学生免费提供食宿和零花钱，吸引中国境内的边民前往就读学习基督教等，通过提供边民福利的办法，达到境外宗教渗透、文化入侵的目的。

我国边境地区的少数民族如果长期处于发展滞后的贫困状态，一些境外分裂势力就会利用跨界民族文化同源、历史同脉、语言相通等因素进行侵蚀，将会使我国境内少数民族边民出现离心倾向，造成我国的民族安全问题，严重威胁我国边疆多民族地区和谐稳定发展。多民族聚居地区贫困与贫困治理牵系我国民族安全，是我国当前的发展中需要解决的重要问题。多民族聚居地区贫困治理应放在大福利背景下进行思考，不仅是科学发展观的重要体现，也是实现各民族共同团结奋斗、共同繁荣发展的必然要求。只有各族群众充分享受到发展成果，才能凝心聚力，增强对本民族和统一多民族国家的认同，共同维护民族宗教安全，实现社会稳定、边境安宁。

4. 为扶持人口较少民族、直过民族发展积累经验

贫困是世界性难题，人口较少民族贫困在世界性难题中居于首位。边疆多民族聚居地区贫困问题，不仅牵系各民族的情感，也是党的全心全意为人民服务宗旨意识的体现。进入 21 世纪以来，我国的贫困人口大幅下降，贫困人口出现大分散、小集中的分布格局，主要向少数民族地区、边境地区集中。少数民族贫困问题主要表现为人口较少民族贫困治理。随着贫困线上升，我国贫困人口大幅攀升，少数民族尤其是人口较少民族贫困面扩大、贫困人口大幅增加。

边疆多民族聚居地区贫困治理从过去单一政府为主体向政府、市场、家庭、非政府组织等协调发展的多元贫困治理格局，为少数民族贫困地区

摆脱贫困提供了良好的外部条件。目前，我国有 28 个总人口 30 万以下的人口较少民族，他们大多生活在边境地区，但自然条件、生存环境和发展程度存在差异，贫困治理应结合各地实际，防止"一刀切"，有必要对单一区域、单一的人口较少民族进行分类研究。通过对多民族聚居地区 X 傣族自治州人口较少民族、直过民族布朗山布朗族的实地调查，希望发现其中发生贫困的深层次根源，力图通过反映贫困治理的真实情况，希望以此引起外界对 X 傣族自治州少数民族贫困问题及治理的关注。

通过对集人口较少民族、直过民族、特困为一体的 B 民族乡的实证研究，突出针对性和实效性，实行"一山一策"或"一族一策"，对于缩减民族发展差距、实现共同繁荣发展，为维护民族团结和边境安宁提供理论指导和实践经验。

第二章

文献回顾

文献回顾主要分为国外相关文献和国内相关文献两部分。国外相关文献分为贫困治理的内涵及贫困的原因分析框架,主要国家和地区的反贫困社会政策。国内文献回顾主要是从社会学与社会政策视角分析贫困,国内贫困及少数民族贫困现状,致贫原因,人口较少民族贫困治理研究,布朗族及布朗族贫困治理研究等入手。

第一节　国外相关文献

一　国外贫困及反贫困社会政策

关于贫困的概念,学术界众说纷纭,其内涵也不断得到拓展。通过对贫困的内涵的梳理,准确把握当前国外贫困的实质,追溯各国和地区反贫困社会政策的发展变迁,总结反贫困治理的经验。

1. 贫困内涵的拓展

1899 年,英国布什和朗特里(Booth & Rowntree)基于理论和实证的结合开创了贫困问题研究的先河。他们认为:"如果一个家庭的总收入不足以获得维持体能所需的最低数量的必需品,那么这个家庭就处于贫困状态。"① 随着对贫困问题的认识和研究日趋深入,贫困的内涵也拓展到社会和情感方面。英国奥本海姆(Oppenheim)对贫困的观察范围更宽,他认为:"贫困是物质上、社会上、情感上等方面的匮乏,它意味着食物、

---

① Booth . C. (1889), *Labor and Life of People*, Volume 1, east London, London, Williams and Norgate.

保暖和衣着方面的开支少于平均水平。"① 随着全球化浪潮的推进，世界各国对贫困的认识进一步加深，贫困群体的寿命、健康、知识、参与、安全等维度也被列入衡量贫困的指标。1997 年联合国开发计划署以人文发展的角度切入，提出"人文贫困"概念，即人在寿命、健康、居住、知识、参与、个人安全和环境等方面的基本条件得不到满足，而且限制了人的选择。

1998 年诺贝尔经济学奖获得者、印度著名经济学家阿玛蒂亚·森（Amartya Sen，1999）被称为是"经济学界的良心"，他主张把贫困纳入经济学研究并指出，贫困应该被认为是基本可行能力的剥夺，而不仅仅是收入低下。贫困不仅仅是维持基本生活必需品得不到满足，而且还包括贫困群体能力缺乏，权利以及能力的贫困。贫困不止是物质上贫困，还包括权利贫困、人力贫困和知识贫困。世界银行在《2000/2001 年世界发展报告：与贫困作斗争》中给贫困下了一个精确的定义："贫困不仅意味着低收入、低消费，而且意味着缺少教育机会，营养不良，健康状况差。贫困意味着没有发言权和恐惧。"② 贫困概念也从经济型物质贫困延伸到权利贫困、能力贫困、资产贫困。我认为，人口较少民族的贫困内涵是包含以物质和精神两个方面为主的经济、机会、健康、权利为一体的贫困。

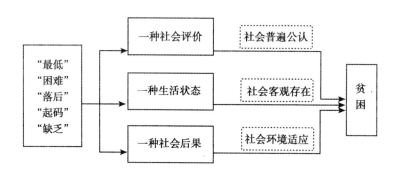

图 2-1　贫困定义的三个层面

来源：唐钧：《社会政策的目标：从克服贫困到消除社会排斥》，《江苏社会科学》2002 年第 3 期。

2. 国外解释贫困的几种假说

通过对贫困含义拓展及变迁的梳理，不难看出，学界常把贫困置于特

---

① Oppenheim. C. (1993), *Poverty: The Facts*, London, Child Poverty Action Group.

② 编写组：《2000/2001 年世界发展报告：与贫困作斗争》，中央财政经济出版社 2001 年版。

定理论框架来分析贫困产生的原因。托马斯·库恩（Thomas Kuhn）在这种特定理论框架基础上提出范式概念。范式就是某一个历史时期为大部分共同体成员所广泛承认的问题、方向、方法、手段、过程、标准等。西方学界主要从文化、政策、结构和排斥等对贫困进行分析。

其一，文化贫困假说。

长期处于贫困状态的人群会形成特定文化体系，这种特定文化体系往往成为导致这类人群贫困产生、延续的重要原因。"二战"后，美国贫困理论研究取得重要进展，奥斯卡·刘易斯（O'Levis）的贫困文化论，诠释了文化在代际贫困发生和再生，提出解决贫困应通过学习主流价值观和行为方式来解决。奥斯卡·刘易斯（O'Levis）的贫困文化论，主要观点是贫困产生于长期形成的亚文化，如安于现状、墨守成规、难以接受新事物，逆来顺受，"等、靠、要"的思想倾向。文化贫困假说也用来解释西方有色人种、少数民族族裔的贫困及贫困代际传递问题。

其二，政策贫困假说。

政策贫困假说强调贫困群体对福利政策依赖性的危害。如果贫困家庭长期接受福利救济，就会使他们对政策产生依赖心理，失去对工作的热情和自食其力的动力，从而陷入政策福利救济的贫困陷阱。政策贫困假说主要是针对西方福利国家制度。"二战"后，英国等西方国家建立的福利国家是一种为社会成员提供了"从摇篮到坟墓"的社会福利制度。然而，福利国家的负面效应也不容忽视。福利国家一方面高额福利支出使政府财政难以承受重负，另一方面社会成员因高额福利而产生福利依赖。此外，高额税收挫伤了劳动者的积极性，同时也助长了懒惰、不思进取的思想情绪。东亚儒家文化圈的中国、日本、韩国、中国台湾、中国香港地区因政府对福利投入相对较低、覆盖面较窄，政策贫困假说对这些国家和地区社会成员致贫有较少解释力。然而，一些学者也担心，政府一旦提高福利支出会导致贫困群体形成对政策的依赖，形成懒惰、不思进取的思想倾向，不利于这些国家和地区贫困群体自我摆脱贫困。

其三，经济结构贫困假说。

马克思等的贫困结构论主要观点是贫困是个人能力之外的社会结构和社会制度造成，贫困治理只能依靠暴力革命，推翻现有政治、经济、社会等制度。该理论从人力资本角度，强调经济结构变动引起劳动需求结构变化，贫困家庭无法适应变化的经济形势而陷入贫困的恶性循环。约瑟夫（K. Joseph）

的剥夺循环论，贫困在代际发生是社会结构中不同阶层之间"剥夺"与"被剥夺"代际循环。米德（Mead）强调参与权的政治权利角度引入权利的视角研究解释贫困问题。布劳（P. Bou）的不平等和异质性理论，撒列尼（I. Szelenyi）和维克多·尼（V. Nee）的关于不平等的制度主义理论。贫困家庭父母比非贫困家庭父母更缺乏与人力资本市场的联系，导致贫困的代际传递。贫困代际传递界定为贫困以及导致贫困的相关因素和条件，在贫困家庭内部由父辈传递给子女，使子女成年后继承父辈的贫困和不利因素，并继续传递给后一代的过程，形成恶性循环。正如我国古语"聪明有种、富贵有根"一样，个人贫困治理中的行为方式的选择、运气、努力、出身四种因素中也仅占微不足道的份额。也就是说，如果一个人出生于一个穷困家庭，即使他再努力，仍然有80%的可能性会穷。

其四，社会排斥假说。

法国学者让·雷洛尔（Ren Lenoir）进一步发展了斯坦因伯格（Steinberg，2000）解释代际贫困理论，提出了贫困的根源是社会排斥。1974年法国学者雷洛尔最早明确提出社会排斥概念，指当时法国被贴上"社会问题"的标签，又不受社会保障保护的不同类型的"受排斥者"所处的那种边缘化贫弱境地。李斌指出，社会排斥成因有5种：1. 贫困群体自我责任生成论；2. 社会结构生成论；3. 社会政策生成论；4. 劳动过程生成论；5. 意识形态生成论①。特定的社会群体取得的相应的社会利益是公正的，从而形成一种道义排斥，导致了强势群体的优惠政策倾斜与对另一个群体的"污名化"过程。社会排斥分为经济排斥、政治排斥、社会生活排斥、福利制度排斥、文化排斥。

此外，贫困分析范式还有甘斯的贫困功能论、瓦伦丁的贫困处境论、英格尔斯的个人现代性和沃伦斯坦的边陲与中心世界体系理论。甘斯（J. H. Gans）的贫困功能论认为，贫困不仅有负功能还有正功能，贫困负功能已不再赘述，而正功能是贫困群体迫于生存压力，从事其他群体不愿干的脏活、累活，有效推进经济社会发展和社会和谐。瓦伦丁（C. Verlinden）的贫困处境论认为，贫困的发生与个人处境相关。贫困群体所在处境一旦发生改变，贫困也随之改变。解决贫困须改变贫困群体所处的情景和处境。弗里德曼（Milton Freedman）的个体主义贫困观，则是反集体主

---

① 李斌：《社会排斥理论与中国城市住房改革制度》，《社会科学研究》2002年第3期。

义，反对政府对贫困群体给予任何救助，主张贫困群体自我发展摆脱贫困。由于社会结构和制度原因造成的贫困，仅靠贫困群体自我发展难以摆脱贫困。这也是弗里德曼贫困治理理论的局限。英格尔斯（Inkeles）的个人现代性，贫困群体在思想观念、行为方式从传统型向现代型转变。个人现代性是指社会成员从简单到复杂，从原初思想到内化社会规则和标准成为现代意识的人。英格尔斯指出个体现代性在贫困治理中的作用。沃伦斯坦（I. Wallerstein）的边陲与核心的世界理论体系，贫困群体因收入低下，缺乏各种参与机会，逐渐被边缘化，从边缘向核心地区转移。沃伦斯坦的边陲与核心理论旨在避免贫困群体的边缘化，政府为弱势群体参与提供渠道，弱势群体通过民主参与才免于被边缘化导致贫困。

二　国外少数民族贫困及反贫困社会政策

1. 国外少数民族贫困问题现状

国外少数民族分为土著居民（也称原住民）和外来各国族裔居民。首先，土著，也称原住民，是指最早在一个地方居住的居民。西方民族学人类学家常常把人口较少、文化相对简单的民族称为"原住民"、"土著居民"。由于与外界接触较少，长期被国家忽视，缺乏国家扶持而长期处于贫困状态，世界上绝大多数的土著居民处于贫困状态。西方国家以土著、原住民为少数民族研究内容，可追溯到美国摩尔根（Lewis Henry Morgan）对印第安人和英国马林诺夫斯基（Malinowski）对澳大利亚土著家庭的研究。西方人类学家把后发地区人数较少的民族列为研究对象，进行文化习俗、社会变迁等研究。1847年摩尔根加入北美印第安人部落，后通过不同方式了解印第安人部落的情况，写成享誉世界的著作《古代社会》。1913年，英国马林诺夫斯基通过对澳大利亚土著居民的研究，发表《澳大利亚土著家庭》一书，书中马林诺夫斯基指出，这些土著居民的特点是贫穷、封闭、缺乏教育和就业技能等。目前，世界上多数土著人仍处于贫困状态。世界银行的一份研究报告说，土著民族占世界人口的5%，却占穷人的15%以上。估计在世界上有3.5亿土著人是穷人①。

其次，各国外来移民后裔也被称为少数民族。一般而言，由于国家之

---

① 管彦忠：《世界上多数土著居民处于贫困状态》，人民网，2012年6月26日（http://world. people. com. cn/n/2012/0626/c1002-18386136. html）。

间经济发展存在差异，一些民众从发展中国家向发达国家移民，发达国家外来移民及后代对于本国的主体民族而言也变成少数民族。英国少数民族与贫困高度关联，据调查，在 20 世纪 90 年代初，在英国西印度群岛人的失业率为 11%，巴基斯坦人的失业率为 17%，而白人的失业率仅为 7%[①]。直到今天，英国由于种族对立，常常造成少数民族裔失业，处于贫困状态。2011 年 8 月 6 日，从英国首都伦敦开始并向其他主要城市蔓延迅速发生了骚乱，表面上是政府实施的财政缩减计划引发社会焦虑，实质上是种族对立和贫困失业问题。美国贫困率也与少数民族有很大关系。2010 年美国白人家庭贫困率为 9.9%，黑人为 27.4%，拉丁裔为 26.6%，均比 2009 年有不同程度上升。亚裔家庭贫困也到达 12.1%。近两成移民家庭处于贫困线下[②]。可见，国外少数民族裔不仅失业率高，也是贫困高发群体。

2. 国外反贫困社会政策

世界不同国家和地区由于少数民族占本国或本地区人口比重较低，加上各国政治制度、民族宗教、文化等差异，扶持少数民族发展政策也存在差异。从 16 世纪起，欧洲早在宗教改革运动时期就开始实施保护少数民族政策，后经法国大革命、第二次世界大战等重大事件影响，欧洲少数民族保护政策也随之转型发展。英国历史学家安东尼·阿尔科克（Antony Evelyn Alcock，2000）将欧洲少数民族保护历史经历划分为保护宗教少数、保护语言少数、保护个人权利、保护集体权利和重新思考少数民族政策五个阶段[③]。我国学者杨友孙在安东尼·阿尔科克五阶段基础上将少数民族保护政策分为少数民族特殊权利局部实践阶段、保护少数民族个人人权阶段、少数民族集体人权保护阶段和少数民族社会融入阶段[④]。长期以来，多数国家对少数民族及其族裔实行歧视政策并限制他们的各种权利。西方发达国家美国等在自我文化中心主义的影响下很少出台扶持少数民族

---

① 关信平：《当代欧洲贫困问题及欧盟的反贫困政策研究》，中华人民共和国民政部最低生活保障司，2007 年 11 月 9 日（http：//dbs. mca. gov. cn/article/csdb/llyj/200711/20071100003475. shtml）。

② 佚名：《美国家庭去年平均收入下降，贫困率上升》，中国新闻网，2011 年 9 月 14 日（http：//www. chinanews. com/gj/2011/09 - 14/3324858. shtml）。

③ Antony Evelyn Alcock, *A history of the Protection of Regional cultural Minorities in Europe*, New York：St' martin's Press，2000：1 - 2。

④ 杨友孙：《欧盟少数民族"社会融入"研究评述》，《河南师范大学学报》（哲学社会科学版）2012 年第 5 期。

及人口较少民族发展的政策，甚至出现 20 世纪 60 年代马丁·路德·金（Martin Luther King, Jr.）领导的"民权运动"，民权运动旨在消除种族歧视、种族隔离。可见，只有少数国家出台少数民族和"土著"、人口较少民族反贫困政策。所以国外的反贫困政策整体上就是主体民族的反贫困政策，而非少数民族反贫困政策。

社会政策是工业化的产物，是为了缓解因社会制度造成的社会阶层之间的利益矛盾而实施的资源再分配，是影响社会成员收入和福利的国家行为。国外反贫困社会政策研究经历了自由主义、保守主义和社会民主主义的思想变迁。贫困治理经历了从最初的宗教慈善救济、政府道义型、政府责任型和贫困治理主体多元化历程。西方国家福利制度从治理绝对贫困的前福利国家，为社会成员提供"从摇篮到坟墓福利"的福利国家和福利多元化的后福利国家三个发展阶段。以下从西方主要发达国家和国际组织、东亚国家和地区福利模式对贫困治理进行梳理，得出社会政策从以物质救助到以人力资本、社会资本到人的全面发展的过程。

（1）英国的反贫困社会政策

1601 年，英国伊丽莎白女王二世颁布《济贫法》（the Poor Law），标志着国家出台法令实施贫困治理的开端。1688 年以后，英国制定立法公开支持圈地运动。圈地运动迫使大量农民背井离乡，沦为流浪汉，无地农民比以往更多地进入城市成为无业游民，他们成为工业革命所需要的大量自由劳动力。随着工业革命推进，工业化国家劳资矛盾冲突急需政府着力深入解决贫困问题，英国政府被迫出台法律解决国内贫困问题。1834 年，英国修订《济贫法》，贫困治理从传统的道义型向政府责任型转变，对有劳动能力的贫困成年人有更为严格的限制。"二战"期间，英国政府委托威廉·贝弗里奇（William Beveridge）着力解决国内因战争产生、困扰国民并普遍存在的贫穷、疾病、肮脏、愚昧、无知等问题，贝弗里奇发布《社会保险及相关报告》（亦称《贝弗里奇报告》），制订战后复兴计划。1944 年至 1948 年，英国陆续出台了《教育法》（1944）、《家庭补助法》（1945）、《社会保险法》（1946）、《国家健康服务法》（1946）、《国民保险工（伤）法》（1946）、《国民救济法》（1948）。英国建成了第一个为社会成员提供被称为"从摇篮到坟墓"的福利国家制度。

20 世纪 70 年代，因石油危机引发的全球性金融危机，致使资本主义国家出现经济恶化、通货膨胀、失业率上升，福利国家政府难以承担高额的社会福利支出，一些反对福利国家制度的声音不绝于耳。为了有效解决当时英国国内贫困问题，建立良好的社会福利制度，安东尼·吉登斯（Anthony Giddens）提出对福利国家制度进行改革的社会投资国家理论，他用社会投资国家来描述介于新自由主义模式和战后西方福利国家模式之间的"第三条道路"福利国家模式。吉登斯先对福利国家存在的弊病进行批评，对外部风险和内部风险进行区分，主张从消极福利转向积极福利①。1997 年，英国工党及其党首托尼·布莱尔（Tony Bair）把吉登斯奉为精神导师，为贫困群体采取国家、集体和个人高度参与、共担风险的积极福利，建立权利和责任相对应的积极福利制度，通过就业机会取代救济性福利保障，减少传统社会救济的受益范围。

（2）欧盟的反贫困社会政策

欧洲联盟是"二战"后成立的国家间重要的区域性国际组织。1957年欧洲一些国家签订《罗马条约》，在"煤钢联合体"基础上成立"欧洲经济共同体"（简称欧共体）。欧共体《罗马条约》尽管涉及社会政策内容较少，但最早使用了社会政策术语，少数民族保护方面以"平等"、"非歧视"为理念。20 世纪 70 年代中期以前，欧共体反贫困成效不明显。中期以后，欧共体加大了反贫困政策力度，实施了补充性反贫困行动和三轮反贫困措施。第一轮 1975 年至 1980 年反贫困计划。主要是对贫困进行基础性研究，为制订反贫困计划作准备。第二轮 1980 年至 1988 年反贫困计划。主要是为各国提供经济援助计划，协调和评估各国反贫困政策，为被剥夺个人需要的社会成员提供综合的、全面的途径摆脱贫困。第三轮1989 年至 1994 年反贫困计划。确保经济和社会凝聚力，合作、参与、多层面反贫困②。这一阶段，欧共体把社会成员贫困归因于缺乏就业、住房、社会保险、社会救助等社会权利的缺失。欧共体把反社会排斥作为贫困治理的重要手段。

20 世纪 90 年代初，欧盟先后出台的《马斯特里赫特条约》（1991）、《入盟哥本哈根标准》（1993）、《阿姆斯特丹条约》（1997）等明确保护少数民族，在欧盟候选入盟国都必须签署《欧洲保护少数民族框架公约》

① 彭华民等：《西方社会福利理论前沿——论国家、社会、体制和政策》，中国社会出版社2009 年版，第 132 页。

② 关信平：《当代欧洲贫困问题及欧盟的反贫困政策研究》，中华人民共和国民政部最低生活保障司，2007 年 11 月 9 日（http://dbs.mca.gov.cn/article/csdb/llyj/200711/20071100003475.shtml）。

《欧洲地区少数民族语言宪章》等相关规章制度，加大了对少数民族的保护力度。1997 年欧盟致力于不同成员国之间社会政策体系的构建，颁布了《社会政策议程》，致力于提高社会政策质量，主要表现在：（1）改进社会保护并促使其社会化、以回应知识经济的结构转型、社会结构和家庭结构的变迁，增强社会保护作为一种生产要素的作用。（2）促进社会融入。（3）促进性别平等。（4）强化基本权利、反对歧视（关信平、郑飞北，2005）。欧盟的《社会政策议程》通过法律制度来消除歧视，市场促进人力资源流动，社会保障进行贫困治理，为其成员国进行社会政策贫困治理提供了重要的蓝图和政策框架，主要增强对弱势群体的保护，为社会成员提供平等机会，维护社会成员的基本权利。贫困治理从物质救助转向权利、机会、动机等。《社会政策议程》是欧盟关于解决成员国社会成员福利的政策文本，具有重要意义。

（3）美国的反贫困社会政策

美国被称为"移民之国"，经几百年发展形成了以白人为主体的国家。当地的土著印第安人和外来的非裔、亚裔、拉美裔等有色人群成了少数族群及族裔。1929 年至 1933 年美国经济危机使当时罗斯福政府意识到对老弱病残等弱势群体建立社会保护网络的重要性。1935 年，美国出台《社会保障法》，通过建立商业保险网络为社会成员提供福利保障，美国也成为继英国、德国后政府通过制度进行弱势群体贫困治理的国家。

"二战"后，美国迎来经济发展的黄金期，与战前相比，贫困问题也随着经济发展而得到一定程度缓解，但并没有真正消除贫困，政府出台了一系列反贫困政策。"二战"后，美国贫困理论研究取得重要进展。1959 年，奥斯卡·刘易斯（Oscar Lewis）基于贫困家庭和社区研究提出贫困文化论，诠释了文化在代与代之间贫困发生和再生，提出解决贫困应通过学习主流价值观和行为方式。1963 年美国经济学家欧桑斯基（Mollie Orshansky）根据满足最低基本需要的食物和非食物部分，即食物消费占家庭消费的 2/3，非食物消费占 1/3，测算了美国的贫困线。1964 年，美国约翰逊政府提出包括发展教育、兴建住宅、增加营养、扩大就业等社会福利计划——"向贫困开战"。当时社会政策不是解决绝对贫困问题，而是解决相对贫困人口的就业、教育、平等、医疗保健和发展等一系列问题。直到 20 世纪 70 年代初，整个资本主义世界出现因石油危机引发的全球性经济危机。从"二战"后至今近 70 年时间里，美国的扶贫政策经历了物资扶贫、能力扶贫、权利扶贫、动机扶贫阶段。

在反贫困理论建设方面，美国反贫困主流观点认为，个人应对自己贫困承担责任。政府只需为老弱病残等弱势群体提供救助，政府大力发展商业保险为社会成员建立安全网。1990 年，华盛顿大学社会发展中心迈尔克·谢若登（Makel Sherraden）教授提出资产社会政策。谢若登认为，美国反贫困政策都是以支持收入为基础，通过福利转支使穷人维持基本的生活水平，尽管为穷人提供了保障，但不利于穷人走出贫困。谢若登提出对风险的感觉塑造了穷人的行为，所以理解脆弱性导致穷人行为后果就是必要之举，反贫困政策要关注消除穷人的脆弱性。在收入为本的基础上提出了以资产为核心的社会政策。通过配款激励穷人压低消费进行积累形成资产，对其理财能力进行培训。1998 年，美国总统克林顿实施了"美国梦"的个人资产账户计划。目的是为社会成员按照一定的标准配置资金，让社会成员可以支付个人人力资本、社会资本等能力建设所需。梅志里、谢若登、邓 广 良（Midgley，1999；Midgley，2003b；Midgley & Sherraden（2006）；Midgley & Tang，2001）提出发展性福利的社会政策策略，从加强人力资本的投资，促进社会资本的形成入手，提倡个人和社区资产的积累，鼓励自谋职业等生产性就业，消除经济参与的障碍，创造更加有利的社会氛围等进行贫困治理，为社会成员提供福利。

（4）东亚国家（地区）的反贫困社会政策

东亚日本、韩国、新加坡等国家和中国台湾、香港地区长期受儒家文化思想影响。儒家思想主张，"穷则独善其身，达则兼济天下"。东亚国家和地区受儒家文化影响，认为家庭、家族有义务对贫困群体进行救济，政府只有在家庭和家族福利救助失灵的前提下才介入贫困治理。尽管学术界对东亚福利模式存在争议且尚未达成共识，然而，东亚福利思想正如怀丁（Wilding）指出的，东亚福利社会政策有 9 个特征：①低的政府福利支出；②聚焦于经济成长的积极的福利政策；③政府对福利的敌视态度；④强烈的补残概念。⑤以家庭为中心。⑥政府扮演规范及鼓励的角色。⑦片段、零散方案的福利发展。⑧借助福利来支持及建立政权的稳定性。⑨对福利权的有限承诺[①]。东亚国家和地区由于历史传统、社会制度等存

---

① Holliday, Ian and Paul Wilding, eds., *Welfare Capitalism in East Asia：Social Policy in the Tiger Economies*, Basingstoke：Palgrave MacMillan, 2003.

在差异，虽然怀丁提出福利思想中的9个特征，但各个国家和地区也不会同时出现所有特征，且存在较大差异。

东亚国家和地区少数民族和族群贫困治理政策经历了以下发展过程。首先，少数民族和族群得到国家和社会各界的认可。少数民族权利被认可也出现有先有后。我国台湾地区把一些原住民族群泰雅、赛夏、布农、曹族、鲁凯、排湾、卑南、雅美、阿美9个族群（曹族改为邹族）统称高山族。1987年，高山族各族群通过努力，台湾各界承认高山族为"原住民"或"台湾原住民族"。从此，台湾原住民赢得了自我族群发展的相关权利，台湾当局也出台扶持"原住民"的相关政策。日本阿伊努人居住于北海道胆振、日高等地，以渔猎为生。由于人数较少，生产方式单一、落后，土著居民常常处于深度贫困。直到2008年，日本政府才承认阿伊努人是具有独立语言、文化和宗教的土著居民，并开始讨论相关政策。其次，政府出台扶持少数民族发展的政策。长期以来，少数民族只有被主体民族政府承认才能获得扶持发展政策，而不同国家和地区对少数民族发展扶持力度和成效也存在差异，这里不再赘述。

"二战"后，尽管东亚国家和地区加大了对少数民族和族群贫困治理力度，然而对社会成员的福利支出占社会生产总值的比重偏低。东亚国家和地区因福利支出偏低，积累大量资本，实现了东亚国家和地区经济的飞速发展。

长期以来，国外少数民族（族群）发展权利的取得经历了漫长、曲折的过程。直到进入21世纪后，世界各国少数民族的发展权利才逐步得到确认。2007年9月13日，第61届联合国大会第107次全体会议通过《联合国土著人民权利宣言》，涵盖集体权利和个人权利，包括自决权、自我管理、文化权、身份认同、教育、医疗、语言等权利。可见，各个国家对人口较少民族的发展政策存在差异，这不仅与西方国家政治格局中的政治制度、党派利益等高度关联，而且也和人权理念普遍深入人心有关。目前，国际社会已对扶持原住民、土著居民和人口较少民族发展形成广泛共识。这对少数民族贫困治理具有重要的意义。尽管如此，在现代化、全球化浪潮的影响下，世界各国土著居民、人口较少民族贫困治理仍任重道远。

国外对贫困及少数民族贫困成因诠释存在差异，贫困研究视角多样化，贫困治理路径多元化。贫困原因的解释范式，从文化、个人、制度、世界体系等分析贫困发生的原因。从最初的经济学视角向经济学和社会学视角转型，更加注重以人为本的全面发展。然而，由于贫困发生及再生与特定民族的历史、文化等人文因素高度关联，同时也与特定区域发生有很大关系，因此社会政策贫困治理应充分考察世界各国的地域性和民族性等特点，充分汲取各地贫困治理中的经验，提升对少数民族贫困群体的贫困治理水平。

第二节　国内相关文献

一　国内贫困及反贫困社会政策

国内关于贫困问题的研究主要从社会结构、文化、个人因素等方面进行诠释，在此基础上，贫困治理理念、方式也呈现多样化。

1. 社会学视角下的贫困治理

社会学是关于社会良性运行和协调发展的综合性具体社会科学。社会学视阈下贫困治理着力于社会关系的调整和社会资源的二次分配，注重贫困个体和群体自我发展能力的构建。

（1）个体主义范式

个体主义范式下包括个人行为学派、人力资本理论以及资产建设理论等多个理论。这些理论都具有不同程度的社会达尔文主义倾向，认为贫困者是社会中的弱者，其之所以成为弱者在于"缺乏"：缺乏能力、素质、训练、道德以及资产。素质贫困论侧重于把贫困的原因归结为贫困者自身的综合素质。主要表现为易于满足、风险承受能力低、主动性较差、难以打破旧传统习惯、安于现状，缺乏必要的实用技术等。同时，贫困代际传递也具有个体主义范式。贫困及贫困相关的条件和因素指在家庭内部由父母传给子代，又由子女传给孙代，贫困在家庭内部代际传递，子代和孙代重复父母的境遇，继承父母的贫困和不利条件给孙代，造成贫困代际的恶性循环。贫困代际传递不仅是贫困亚文化的传递，而且也是家庭在经济社会结构的传递，如较低的人力资本和社会资本等。

（2）社会结构范式

社会结构范式认为贫困不在于贫困者本身的无技能或缺乏劳动的动机，而是社会力作用的结果，这些社会力包括那些产生或重新产生贫困问题的国家、阶级、群体、组织机构和制度。社会结构造成的不平等，只有改变社会结构才能解决贫困问题。社会结构范式包含多个贫困理论。其中比较有影响的有社会分层职能论、贫困功能论、贫困文化论、贫困处境论、社会制度论、福利制度论、二元劳动力市场论等①。社会成员在社会结构的位置决定了拥有社会资源情况。那些处于弱势的社会成员因长期被忽视、歧视，他们日趋偏离主流文化与结构，贫困程度日趋严重。因此贫困治理的根本途径是调整社会结构或制定出台一些对贫困者有利的社会政策，促使他们接受主流文化，增强自身发展的意愿和发展能力。

（3）社会互构范式

个人与社会之间关系是社会学的基本问题。社会学视阈下贫困治理应有效协调处理贫困群体个人与社会的关系问题，从个人与社会关系来看贫困的发生与再生问题。郑杭生提出，以社会互构论为理论原则，中国扶贫应该强调个人与社会的参与、多元互动和制度之间的衔接。郑杭生还指出，社会互构论则把个人主义范式和结构主义范式进行整合，既突出个人因素的解释也承认结构的制度性因素，把个人范式和结构范式进行综合运用的理论范式②。

社会学视阈下贫困治理把个体因素与社会结构因素相结合，个体因素是主观性因素，社会结构是客观性因素，贫困治理应把主观与客观因素有机结合。个体因素通过发挥贫困群体的主体性，大力提升人力资本，社会结构则通过协调社会阶层和群体之间利益，出台倾向于贫困群体的社会政策。

2. 社会政策视角下贫困治理

当前，我国社会政策的弱势性有一些基本特征，这就是社会政策较少，其覆盖面小，社会政策的福利和保障水平低，社会政策概念尚未进入主流话语，一些社会政策尚未被有效执行，社会政策在国家政策体系中处于弱势或从属地位等③。社会政策视角贫困治理理论与社会学视角贫困治理理论有近似性。

（1）贫困治理的文化范式

长期处于贫困状态中的人群会形成特定文化体系，这种特定文化体系

---

① 郑杭生、李棉管：《中国扶贫历程中的个人与社会：社会互构论诠释理路》，《教学与研究》2009 年第 6 期。

② 同上。

③ 王思斌：《我国社会政策的弱势性及其转变》，《学海》2006 年第 6 期。

往往成为导致这类人群贫困产生、延续的重要原因。"二战"后，美国贫困理论研究取得重要进展，奥斯卡·刘易斯（O'Levis）的贫困文化论，诠释了文化在代与代之间贫困发生和再生，提出解决贫困应通过学习主流价值观和行为方式来解决。奥斯卡·刘易斯（O'Levis）的贫困文化论，主要观点是贫困产生于长期形成的亚文化，如安于现状、墨守成规、难以接受新事物，逆来顺受，"等、靠、要"的思想倾向。文化贫困假说也用来解释西方有色人种少数民族族裔的贫困及贫困代际传递问题。

（2）贫困治理的权利范式

贫困治理范式引入权利的视角，强调从参与权利的角度研究贫困问题，为贫困治理提供了新路径。米德（Mead）新贫穷理论就是把贫穷源于机会的贫乏，而不是无能力或者不愿意利用能力。穆罕默德·尤努斯（Muhammad Yunus）也指出，贫困是制度安排和机制失败的结果，如果改变制度设计，给穷人一个平等的机会，他们就会创造出没有贫困的世界[①]。尤努斯在孟加拉国通过开办乡村银行为穷人提供小额贷款，帮助他们改善生活，提高穷人参与率，增强战胜贫困的能力。米德认为，既然因缺乏权利导致贫困，那应该为贫困者提供各种权利来摆脱贫困。可见，权利贫困是贫困产生的主要因素。因此，通过提高穷人参与和增加权利来战胜贫困。

（3）贫困治理的可行能力范式

阿玛蒂亚·森（Amartya Sen，1999）认为，贫困不仅仅是维持基本生活的必需品得不到满足，而且是贫困群体能力缺乏、可及能力的贫困。也就是说，贫困不止是物质上贫困，还包括权利贫困、人力贫困和知识贫困。一个人的可行能力是指一个人所拥有的、享受自己有理由珍视的那种生活的自由[②]。也就是个人潜在的能够选择某种行为并实现其目标的能动状况。可行能力与阿玛蒂亚·森在《以自由看待发展》中强调的自由、机会等概念密切相关。可行能力对贫困的分析通过把从手段（即收入），转向人们追求的目的，并相应转化了可以使这些目的得以实现上的自由，加快了对贫困和剥夺性质的理解。

---

① ［孟加拉国］穆罕默德·尤努斯：《穷人的银行家》，吴士宏译，生活·读书·新知三联书店2006年版。

② ［印度］阿玛蒂亚·森：《以自由看待发展》，任赜、于真译，中国人民大学出版社2002年版，第62—63页。

（4）贫困治理的社会行动范式

社会政策具有工具属性功能，通过社会政策可以解决国家经济社会发展中与国民生产生活密切相关的矛盾和问题。贫困是制约经济社会发展和国民社会福利提升的最大障碍。贫困发生及再生主要是贫困治理在理念、规范和目标中缺乏统一行动，社会资源难以优化整合参与贫困治理。熊跃根把社会政策看成社会行动，用多元主体进行贫困治理并提出社会行动范式。他认为，社会政策是通过集体行动来干预社会问题，利用既有的资源系统将理念、规范与目标融进社会问题的解决过程中，确立国家（政府）、市场及家庭（个人）在承担社会福利方面的责任关系，从而建立社会团结的基础的社会行动①。社会行动范式通过明确国家（政府）、市场及家庭（个人）在贫困治理中的权利与责任，整合资源、形成合力，达到多方共同进行贫困治理的目的。

社会政策视阈下的贫困治理从改造贫困群体的亚文化、扩大贫困群体的参与权利、提升贫困群体的个人发展能力和整合优化社会各界的资源参与贫困治理来实现贫困治理的目标。

二　国内少数民族贫困及反贫困社会政策

1. 少数民族贫困现状

当前，我国贫困人口出现大分散、小集中的分布格局，贫困人口大幅减少，剩余贫困人口越来越集中地分布于少数民族贫困地区。全国55个少数民族总人口的91.2%以上分布在贫困地区，约24.7%的少数民族村庄是贫困村，相比之下，汉族村庄的这一比例是11.03%，前者是后者的2倍多②。2011年11月29日，中央扶贫工作会议在北京召开，会议发布了《中国农村扶贫开发纲要（2011—2020）》，中央将农民人均纯收入2300元作为国家新的扶贫标准。随着国家大幅提升贫困线标准，农村低收入群体纳入扶贫范围。根据国家统计局对全国31个省（自治区、直辖市）7.4万农村居民家庭的抽样调查，按新的国家扶贫标准，2011年全国农村扶贫对象为1.22亿人，占全部农村户籍人口的比重为12.7%。我

---

① 熊跃根：《社会政策：理论与分析方法》，中国人民大学出版社2009年版，第109页。

② 杨栋会：《云南民族"直过区"居民收入差距和贫困问题研究》，北京科学技术出版社2012年版，第6页。

国面临贫困范围扩大、贫困人口大幅增加的严峻挑战。

目前，我国贫困人口出现大分散、小集中的分布格局，全国范围内贫困人口大幅减少，贫困人口向中西部地区、少数民族地区、边境地区集中。所以，我国中西部地区、少数民族地区、边境地区是今后贫困治理的重点、难点。

2. 少数民族贫困原因及贫困治理研究

贫困是历史、自然、社会等诸多因素综合作用的结果。少数民族贫困也是多种因素综合作用的结果。少数民族贫困发生的原因主要表现为以下方面：

历史原因　人口较少民族贫困的第一种原因，是"直过民族"由于没有经过完整社会形态变迁，一些少数民族的社会发育程度普遍偏低，受历史传统影响较深。从自然半自然经济向市场经济转化、传统农业向现代农业转化过程中，他们的思维方式、心理素质、应变能力等方面显得很不适应，导致现在的贫困[①]；另外一种原因是历史上中央王朝对少数民族地区进行文化上的歧视，政治、军事上的压迫和人为的分离，使得少数民族往往分布在自然条件差、环境比较恶劣的深山区、石山区、高寒山区和边远地区（韩彦东，2005；丁汝俊、敏生兰，2005）。一些少数民族历史上因战争而被迫迁徙，从坝区向深山地区迁徙，形成了安于现状、不容易接受新事物、害怕生人、缺乏市场意识等思想倾向，在一定程度上成为制约少数民族发展的桎梏。

自然因素　少数民族地区贫困形成与其居住的自然条件紧密相连，这就是"空间贫困理论"（Spatial poverty）和贫困地理学（the geography of poverty）[②]。云南省是集边疆、民族、贫困、山区为一体的省区，云南省贫困地区按区域分类可分为：滇东北地区是生态恶化贫困型，滇西北地区是高寒山区贫困型，滇东南地区是熔岩型贫困型，滇西南地区是生态脆弱贫困型，滇西地区是横断山贫困型。这些地区自然条件差、交通偏远，长期处于封闭状态，生产方式、行为方式等仍处于传统社会状态，缺乏推进当地经济社会发展的基础和条件，形成贫困发生率高、贫困面大、贫困程

---

① 韩彦东：《人口较少民族贫困原因及扶贫对策研究》，《贵州民族研究》2005 年第 6 期。

② 陈全功、程蹊：《空间贫困理论视野下的民族地区扶贫问题》，《中南民族大学学报》（人文社会科学版）2011 年第 1 期。

度深等特点。可见，少数民族群体贫困与其居住自然条件不无关系，特别是边境地区的人口较少民族、直过民族聚居地区。

社会因素 贫困的社会因素涵盖制度因素和社会环境因素。一是制度因素。银平均指出，制度因素指贫困群体在当前的经济、政治、社会生活、福利制度、文化等维度上长期遭受社会排斥，正是社会排斥和其他因素的综合作用，形成了农村贫困的再生产机制，农村贫困陷入代际传递的恶性循环，是我国贫困久治不愈的深层次原因①。少数民族地区农村贫困群体亦因经济、政治、社会生活、福利制度、文化等方面城乡二元制的长期排斥而陷入贫困。二是社会环境。丁军、陈标平从主体素质、供体扶持、载体循环三方面分析贫困发生原因。其中供体扶持、载体循环不可持续是社会环境。供体扶持不可持续是指外部经济、社会环境的不平等导致农村贫困地区得不到持续有效的资源供给，如扶持资金不足，基础设施和公共服务落后。载体循环的不可持续是指贫困地区恶劣的自然、生态环境得不到有效的治理，是贫困人口陷入"贫困—生态环境破坏—自然灾害—返贫"的恶性循环②。可见，环境因素也是贫困产生的主要因素。因此，制度和环境组成的社会因素是贫困发生的主要因素。

长期以来，国内学界单独针对少数民族地区贫困问题进行的讨论比较少，少数民族贫困问题一般被统归到农村扶贫中。而这些讨论中，大部分都是针对某一特定的少数民族地区进行贫困研究，通常从定义入手，然后进行贫困成因分析或类型分析，最后提出相应的解决方案③。少数民族贫困问题研究偏少，这主要与学术界把少数民族贫困纳入农村贫困问题研究有关。

3. 布朗族及其贫困治理研究

20 世纪 50 年代，国家对少数民族进行调查并对各少数民族进行研究。当时的民族工作队对 X 州 M 县分布的布朗族经济社会发展状况做了调查。此后，我国不同时期都有学者对布朗族进行研究。长期以来，学界布朗族研究主要集中在历史变迁和经济社会变迁研究。

---

① 银平均：《社会排斥视角下的农村贫困》，《思想战线》2007 年第 1 期。

② 丁军、陈标平：《构建可持续扶贫模式治理农村返贫痼疾》，《社会科学》2010 年第 1 期。

③ 朱晓阳：《边缘与贫困——贫困群体研究反思》，社会科学文献出版社 2012 年版，第 143—144 页。

首先，布朗族历史变迁研究。国家民族委员会组织编写的《中国少数民族》《中国少数民族简史》《中国少数民族自治地方概况》《中国少数民族语言简志丛书》《中国少数民族社会历史调查》，简称"民族问题五种丛书"，是我国新中国成立至今跨越时间最长、参与人数最多、规模最大的、门类齐全的少数民族历史文献总汇，是较为系统的对少数民族研究的重要历史文献，它记录了少数民族从起源至 21 世纪初各少数民族的政治、经济、文化、社会等方面的内容，荟萃了大量原始而鲜活的珍贵资料，是一部中国民族研究的大型综合性丛书。《布朗族社会历史调查》是"民族问题五种丛书"之一，该书以布朗山、西定等布朗族集中居住和分散居住的地方为研究对象，对布朗族的政治、经济、宗教、风俗习惯和生产生活情况进行调查、记录。国家民委编写组的《布朗族简史》介绍了布朗族源和历代分布，母系氏族公社及其演变，父系氏族公社，农村公社过渡到封建制，布朗族社会形态及经济生产方式、社会主义时期的建设与发展、布朗族的文化与生活等内容，记录了从远古时期的布朗族开始到布朗族经历的不同社会时期发展的历程。杨毓骧的《布朗族》从民族学、人类学的角度概括介绍了布朗族的政治、经济、文化习俗、历史传说及族源等。赵瑛的《布朗族文化史》从布朗族的历史源流、人口分布、民族关系、生存环境、社会形态、宗教信仰、语言文字、风俗习惯、婚姻家庭、伦理道德、教育卫生、天文历法、文物古迹等方面，系统地论述了布朗族的历史文化。

其次，布朗族经济社会变迁研究。赵瑛从布朗山布朗族贫困现状，发现教育、基础设施、观念、产业单一，生态环境日趋恶化等是布朗族致贫的主要因素，提出从提升教育、改善基础设施、转变观念、扶持产业、保护生态环境等方面的建议①。2009 年，国家民族事务委员会在征得克木族群同意后把我国云南省 X 傣族自治州境内的克木人划为布朗族，成为我国布朗族的一个支系。李成武主要运用人类学的方法和视角对我国西南边疆跨境族群克木人进行研究，从图腾制度、信仰与仪式、亲属制度、故事与传说、族群认同等进行了阐释。谭晓健的少数民族村寨调查《布朗族——M 布朗山乡新曼峨村》，内容涵盖新曼峨的历史变迁、生态、人

---

① 赵瑛：《布朗族脱贫致富的思考——以 M 县布朗山乡为例》，《云南民族大学学报》（哲学社会科学版）2007 年第 3 期。

口、经济、社会、政治、禁忌与法律、文化、教育、科技卫生与信息传播、宗教，记录了新曼峨村历史变迁、文化、发展现状等特征。中国民族经济村庄调查丛书《勐昂村调查（布朗族）》，该书分为以概况、农业、特色产业、手工业为主的村庄和以不同村民的访谈个案两部分组成。张晓琼的专著《变迁与发展——云南布朗山布朗族社会研究》对布朗山布朗族全方位的研究，展示给读者的是一个民族全景式的面貌。张晓琼的另一本关于布朗族研究著作《人口较少民族实施分类发展指导政策研究——以云南布朗族为例》提出了对云南布朗族实施分类发展指导政策的客观依据，回顾了历代封建王朝、民国政府在治理政策中的历史借鉴和新中国成立后分类发展指导政策在边疆少数民族社会的实践与探索。这些布朗族的研究偏重于历史和文化，对布朗族社会发展较少涉猎，缺乏人口较少民族、直过民族贫困治理的系统性研究。

4. 扶持人口较少民族发展研究

进入 21 世纪以来，我国加大扶持人口较少民族发展的政策力度，人口较少民族发展迎来重要机遇。一是人口较少民族研究。扶持人口较少民族政策经历了调研、酝酿、实施等阶段。朱玉福把我国扶持人口较少民族发展政策归纳为四个阶段。1999—2000 年中国人口较少民族经济和社会发展情况调研阶段，基诺山基诺族乡和 B 民族乡"两山"山区综合开发试点实施；2001—2004 年为扶持人口较少民族发展政策酝酿、局部实施阶段；2005—2010 年为扶持人口较少民族发展政策全面实施阶段；2011年至今为新一轮扶持人口较少民族发展政策全面实施阶段[①]。我国一些学者通过对人口较少民族调研并积极探讨人口较少民族贫困治理的对策。韩彦东的博士论文《基于可持续发展的人口较少民族地区扶贫开发政策研究》，从民族地区扶贫开发政策的效果和发达国家少数民族状况、致贫原因、政策实施和经验教训进行研究，并以此作为我国人口较少民族扶贫开发政策的基础。李若青的硕士论文《云南人口较少民族政策实践问题对策》，从宏观的角度对云南的 7 个人口较少民族的发展政策实施的意义、政策实施情况、存在的问题和对策方面进行探讨。韩彦东和李若青都从宏观角度对我国人口较少民族政策以及云南省内的人口较少民族进行分析。

---

① 朱玉福：《中国扶持人口较少民族政策实践程度评价及其思考》，《广西民族研究》2011年第 4 期。

二是人口较少民族中的直过民族研究。直过民族是人口较少民族的重要组成部分。有学者以特定区域的多个直过民族进行研究。晓根的专著《全面建设小康社会进程中的云南"直过民族"研究》从云南"直过民族"全面建设小康社会综合研究报告入手，分为概述、历史探索、经验教训、历史机遇、现实条件、阻力和难点、总体构想，后分别对布朗族、德昂族、独龙族、基诺族、景颇族、傈僳族、怒族和佤族进行专题研究。毕天云在《福利文化引论》中对比分析了我国云南省 X 傣族自治州两个人口较少民族福利文化。毕天云选取了基诺山基诺族乡的基诺族和 B 民族乡的布朗族，这两个民族是从原始社会末期直接过渡到社会主义社会的"直过民族"，对基诺族和布朗族对教育、养老、贫困等进行分析和研究。其中，对基诺族和布朗族的贫困成因、两个人口较少民族对贫困的认识进行分析。

5. 社会政策理念已逐步运用到少数民族贫困治理

近年来，一些学者提出反贫困社会政策等概念，并吸收美国和我国台湾地区个人账户和反贫困经验进行贫困治理。李迎生指出，反贫困社会政策就是国家和政府从社会公正的理念出发，为解决贫困问题，维护贫困者的尊严，增进贫困者的福利，弥补初次分配的漏洞，促进社会和谐而实行的一系列政策、措施和办法[①]。社会政策贫困治理从最初的概念内涵逐步向理念、路径转变，研究对象也从一般的贫困群体向特殊的少数民族贫困群体转变。

反贫困社会政策以社会政策对贫困内涵解释是以福利视角考察贫困者是否陷入贫困的状态。社会政策反贫困战略规划来自两个重要指标，物质匮乏的事实判断和心理干预的价值判断。社会政策帮助贫困者解决面临的风险，注重国家和社会公民对贫困者的价值观引导，维护平等和发展的权利，先把贫困者分为具有生产能力和失去劳动能力，后通过分析贫困群体的经济人和社会人的双重角色，整合社会机制，提升生活质量，促进社会进步。有学者应用西方社会政策的前沿理论来研究少数民族社区的发展。陈立周用当前国际社会政策最新理论之一发展型社会政策，对云南省昆明市旬村苗族、红河州红村彝族、曲靖市绿村壮族三个民族村寨进行对比式研究并指出，提出边疆少数民族社区应该采取整体性、协调性、全面性的

---

① 李迎生等：《当代中国社会政策》，复旦大学出版社 2012 年版，第 365 页。

社会政策模式，文化建设和维持生计发展双管齐下，才能真正摆脱贫困实现发展①。可见，学者已逐步意识到运用西方社会福利思想及政策进行少数民族社区建设的重要性。

第三节　简要评论

世界不同国家和地区都以民族和族群形式存在，处理好主体民族和少数民族之间关系是当前各个国家和地区发展面临的重要问题。长期以来，少数民族和土著居民长期处于边缘状态。2007年9月13日，第61届联合国大会第107次全体会议通过了《联合国土著人民权利宣言》，维护少数民族和土著居民权利已成国际社会共识。随着全球化浪潮推进，世界各国和地区政府把少数民族贫困治理从边缘逐步走向中心，成为提高社会成员福利的重要路径。

一　贫困治理研究较多，少数民族贫困研究较少

由于政治、经济、文化等差异，各国政府对少数民族发展的政策也存在差异。少数民族占本国人口比重较低。多数国家对少数民族及其族裔实行歧视政策并限制他们的各种权利，美国等西方发达国家在自我文化中心主义的影响下很少出台少数民族及人口较少民族发展的政策，只有少数国家出台少数民族反贫困政策。所以国外的少数民族反贫困政策整体上就是主体民族的反贫困政策。

自新中国成立以来，我国贫困治理经历了物质性救济扶贫、制度改革推进扶贫、国家大规模扶贫开发、参与式综合扶贫开发、多元式可持续扶贫等阶段。长期以来，贫困治理的重点在农村。贫困治理从农村贫困的含义、类型，贫困线标准的现状特征，分析框架常用个体主义论、结构主义论等，通过政府和贫困者两者之间互动探讨的贫困治理路径等。

多民族聚居地区贫困群体与内地农村贫困群体存在差异。我国各民族享有宪法和民族区域自治法中规定的各项权利，但因人口、地域、自然、

---

① 陈立周：《发展型社会政策视野下少数民族社区发展研究》，博士学位论文，云南大学，2011年。

社会等条件制约，少数民族权利仅存在于理念上而事实上难以充分实现。一是少数民族贫困群体自身文化特性不利于社会参与和分享发展的成果。少数民族语言、思维方式、生产方式、行为方式存在差异，他们必须克服语言、行为方式等障碍，才能享有就业等与自身相关的民生权益。二是少数民族自身的禀赋、文化、教育等差异对权利的可及性问题。少数民族贫困群体在传承本民族文化的同时，学习主体民族语言、文字，才能与别人进行交流，然而主体民族有意无意设置一些制度障碍也不利于少数民族等融入，造成了不同民族之间的隔离，也加剧了少数民族的贫困问题。

至20世纪80年代，少数民族地区贫困问题才纳入学界视野。直到20世纪末，人口较少民族发展问题纳入学界和政府的视野。人口较少民族、直过民族布朗族的研究偏重历史文化、宗教等人文领域，布朗族社会变迁也偏重全景式的描述，以特定区域特定直过民族布朗族的贫困治理较少。

二   贫困治理理论研究较多，应用研究较少

贫困治理研究不仅要理论价值，更要注重应用价值，贫困治理理论可谓形式多样、异彩纷呈。学界从国外引进西方贫困治理的相关理论及分析架构，如文化贫困假说、政策贫困假说、社会结构贫困假说、社会排斥等，甘斯的贫困功能论、瓦伦丁的贫困处境论、英格尔斯的个人现代性和沃伦斯坦的边陲与中心世界体系理论。我国学者在西方贫困理论的基础上形成了资源要素论、素质贫困论、代际贫困传递等，可谓理论分析视野广阔、形式多样。

我国幅员辽阔、民族众多，贫困问题呈现多样性。贫困治理研究不仅要关注宏观的一般规律，也应注重特定地区贫困群体的个体性。贫困治理的研究偏重政府的贫困治理职能，缺乏贫困地区、贫困群体的自我发展能力和地区自我发展能力的构建，仅限于满足贫困群体的基本生活需求，较少涉猎应对社会风险、发展型社会政策等领域。近年来，政府对边境地区少数民族出台了《兴边富民行动规划》《扶持人口较少民族发展规划》等政策，少数民族（族群）的扶持政策既要认真考察各地自然环境等对贫困治理的制约因素，也要关注特定区域特定贫困民族的具体需求，也就是说，不同地域少数民族贫困治理应不仅着眼长远、立足现实，而且处理好共性与个性之间的关系，力争做到"一山一策"或"一族一策"，少数民

族贫困治理进一步突出针对性和实效性。

人口较少民族、直过民族布朗族研究仅限于历史、宗教、文化、生产方式变迁的描述，重在当前发展问题及现状描述，而对于边境地区扶贫攻坚乡、特困民族乡贫困治理路径的研究较少。

三　少数民族贫困治理运用社会政策福利三角研究偏少

20 世纪 80 年代，西方国家经历了福利国家向福利多元化转变，为了改变西方国家统揽型福利存在的弊端，罗斯、伊瓦斯提出了国家、市场、家庭的福利提供方，逐步形成为社会成员提供多元化福利的发展格局。进入 21 世纪以来，我国贫困人口向中西部地区、少数民族地区集中，贫困治理重心从原来的内地农村中心群体向地处边境地区的少数民族边缘群体转变。随着经济社会转型的加速，我国少数民族地区经济社会发生深刻变迁，一些边境地区人口较少民族、直过民族贫困问题成为重点难点，少数民族贫困治理理念、方式急需转型。然而，目前学界尚无运用西方福利三角对我国边境地区、人口较少民族、直过民族、特困民族乡的贫困治理的相关研究。

少数民族贫困治理亟待通过西方国家的社会福利政策与我国本土贫困治理实践的"洋""土"有机结合。目前，国内少数民族地区"洋""土"结合治理相关研究较少。毕天云的《社会福利的场域与惯习：福利文化的民族性研究》，利用布迪厄的福利场域与惯习分析对人口较少民族基诺族和布朗族福利文化进行对比式研究，其中涉及两个人口较少民族文化对贫困的认识，缺乏系统的对边境地区特困民族乡单一人口较少民族、直过民族的社会政策贫困治理研究。

总而言之，世界各国和地区贫困治理经历了主体民族贫困治理向主体民族和人口较少民族共同治理的格局，贫困测量维度也从单一向多元转变，从解决传统的经济贫困逐步向能力贫困、机会贫困和权利贫困转变。我国多民族聚居地区贫困治理应运用西方社会政策理论前沿的视角、方法等，结合国内贫困问题治理的实践，探讨人口较少民族、直过民族 B 民族乡整体性贫困的治理的可行学理路径，全面提升人口较少民族、直过民族贫困治理的社会福利效益。

第三章

研究设计

社会政策发端于西方工业化国家，专业社会政策也已历经一百多年的发展，社会政策从最初满足人的基本需求逐步向实现人的全面发展转变。20世纪90年代，西方国家福利思想和社会政策陆续传入国内，社会政策成为我国研究和解决社会问题的重要视角和路径。进入21世纪以来，我国实施科学发展观战略，强调以人为本，加快推进以教育、医疗、就业、养老等改善民生为重点的社会建设，着力实现经济社会协调可持续发展。

第一节　研究假设

我国是多民族组成的统一的社会主义发展中国家，少数民族贫困问题由来已久。贫困问题在某种程度上讲是经济发展问题，也是牵一发而动全身的社会问题，甚至是维系祖国统一、经济发展、民族团结、社会稳定和边境安宁的政治问题。进入21世纪以来，我国贫困问题呈现贫困人口大幅减少，且贫困人口向中西部地区、少数民族地区、边境地区集中的趋势。少数民族地区贫困受历史、民族文化、自然条件等制约，贫困治理面临严峻挑战，传统以政府统揽型少数民族贫困治理方式急需转型。

长期以来，我国少数民族贫困问题被列入农村贫困问题范畴，贫困治理研究仅限于运用经济学视角，注重贫困群体收入增长，忽视了贫困群体个人能力、权利、机会等方面。社会政策为少数民族贫困治理提供了新的视角。当前，社会政策视角主要有两种分析模型：一是投入与产出导向式的社会政策分析模型。美国学者 D. 伊特瑞迪斯（Iatridis，1994）提出社会政策分析的投入与产出模型。这种模型强调资源投入与贫困治理效益产出的均衡与协调。二是过程导向式的分析模型。这一分析框架注重政策的实践过程（Copeland and Wexler, 1995）①。这种模型强调政策实施过程中提供方、提供路径、受益对象之间的优化整合，提高贫困治理的效益。我国边疆多民族聚居地区人口较少民族、直过民族、特困民族乡贫困治理侧重社会政策分析视角中的过程导向性分析模型。

社会政策视角贫困治理运用过程导向式分析框架，有效处理政府、市场、社会三者之间与贫困群体互动关系。贫困治理要解决好政府与贫困群体的关系、市场与贫困群体的关系、社会与贫困群体的关系，政府、市场与贫困群体的关系，市场和社会与贫困群体的关系，政府、市场、社会三者之间与贫困群体的关系，等等。少数民族贫困治理的社会政策视角实质上是在贫困群体民族属性基础上，处理制度、资源与人之间的关系，探寻通过三者之间互动关系把资源合理有效地向贫困群体输送，提高少数民族贫困群体自我发展能力，摆脱生存困境和发展困境。

B 民族乡是人口较少民族、直过民族的边境特困民族乡。社会政策视角贫困治理的 B 民族乡实证研究，就是在新福利三角理论视角下少数民族贫困治理中国家、市场和社会三者之间扮演何种关系。深入分析布朗山布朗族乡的人口较少民族、直过民族贫困治理现状及存在的不足，探讨少数民族贫困治理的创新路径。

总假设：在借鉴西方以国家、市场和家庭为内容的福利三角理论基础上，提出以文化视角作为切入点，结合本土实际形成的以国家、市场和社会为主要内容的新福利三角理论分析框架，能提升少数民族贫困治理的效益。

分假设 1：新福利三角理论国家作为福利提供方，通过政策、人力、资金的贫困治理维度，实施外介式与内生式相结合的政策，提升贫困主体的积极性和创造性，能提升少数民族贫困治理效益。

分假设 2：新福利三角理论市场作为福利提供方，通过劳动力市场化、生产资料市场化、农民组织专业化的贫困治理维度，提升贫困群体的综合能力和参与市场意识，培育初级市场，扩大就业范围，实现就业市场福利，能提升少数民族贫困治理的效益。

---

① 熊跃根：《社会政策理论与分析方法》，中国人民大学出版社 2009 年版，第 201—202 页。

分假设 3：新福利三角理论社会作为福利提供方，通过家庭、家族和第三方力量的贫困治理维度，以文化视角为切入点，巩固传统力量的福利职能，拓展现代性的第三方力量，形成社会福利多元化的贫困治理格局，能提升少数民族贫困治理的效益。

第二节　相关概念的界定

我国是由多民族组成的统一的社会主义发展中国家，56 个民族共同生活在 960 万平方公里的土地上。长期以来，在党的民族政策指引下，各民族通过交往，形成大杂居、小聚居的分布格局，汉族主要分布在内地，少数民族主要分布在中西部地区、边境地区。

一　多民族聚居地区

多民族聚居地区是指我国少数民族相对集中的东北、西北、西南、东南等陆上边境地区，本文的研究对象位于云南省南部，与缅甸、老挝接壤，有 966.3 公里边境线，由 13 个世居民族构成，40 多个民族聚居的 X 傣族自治州，X 傣族自治州辖一市两县。其中，M 县有 13 个世居民族，生活着傣、哈尼、布朗、拉祜等民族。M 县有布朗山、西定、勐满、打洛四个边境乡（镇）。B 民族乡是我国唯一以布朗族命名的民族乡。2011 年末，B 民族乡共有 20337 人，其中布朗族 12754 人，哈尼族 3544 人，拉祜族 2585 人，其他民族 1438 人，少数民族人口占总人口的 93%，B 民族乡是由布朗、哈尼、拉祜、汉等民族组成边境地区民族乡。

二　贫困治理

治理，英文为 governance，它可以追溯到古拉丁文和希腊文，为"掌舵"一词，原意为控制、引导、操纵。治理理论的创始人罗西瑙（Rosenau，2001）在其代表作《没有政府的治理》中指出，治理是一系列活动领域的管理机制。自 1989 年世界银行首次使用治理危机以来，治理的概念风靡全球，成为当代社会科学重要的分析工具之一，对治理的界定也仁者见仁智者见智（罗西姆，1995；格里·斯托尔，1998；罗伯特·罗茨，1996；弗拉索尔·格扎维尔·梅里安，1998；玛丽·克劳德·

罗斯茨，1998；阿里·卡赞西吉尔，1998；徐勇，1998）。治理是指一种以公共利益为目标，多部门参与的社会合作的过程，强调治理主体的多元性和多样性，强调多元主体的广泛参与及协商合作，强调自下而上的基层参与（周言，2001；俞可平，2003）。因此，贫困治理是指各方广泛参与，调动社会资源，形成合作关系，共同协助贫困人口，最终实现反贫困目标的过程和状态。林闽钢从发达国家贫困治理的经历，提出了与贫困治理相近的概念，"减贫"（poverty reduction），减少人口数量；"缓贫"（poverty alleviation），缓解贫困程度；"扶贫"（support poverty），扶持贫困人口发展；"灭贫"（poverty eradication），强调从结果上清除贫困①。贫困治理强调的是政府、企业界、NPO 等多方参与而非政府一方主导；更强调某一共同体内的横向合作，而非单向度的垂直层面的控制与管理，更强调自下而上的基层参与而非政府自上而下的扶持②。结合以上观点，贫困治理就是在贫困领域进行管理和控制，跳出贫困看贫困，跳出贫困治理看贫困治理，更加有效地优化整合现有资源，基于特困民族乡、贫困村的治理，注重贫困地区自我发展能力的构建，从传统的给钱给物到贫困群体自我发展，提高贫困群体的主体意识、自我发展意识，推进边疆多民族聚居地区经济社会协调可持续发展。

三　社会政策

社会政策是工业化的产物，是现代国家通过立法和行政干预以解决社会问题，促进社会安全，改善社会环境，增进社会福利的一系列政策、准则和规定的总称（郑杭生、李迎生，2003）。从社会政策研究领域来看，社会政策涵盖反贫困、养老、就业、医疗、教育等，社会成员一旦陷入贫困，若无外界进行贫困干预，那么贫困群体的教育、养老、就业、医疗等社会权利就无从谈起，可见反贫困是社会政策的首要任务。社会成员陷入贫困除了个人因素外，社会制度的结构因素也会导致社会成员陷入贫困，损害弱势阶层利益，造成社会不平等、不公正。史文媛曾指出，社会政策的核心价值是社会公正，社会政策是实现社会公正的主要手段（史文媛，

---

① 林闵钢、陶鹏：《中国贫困治理 30 年：回顾与前瞻》，《甘肃行政学院学报》2008 年第 6 期。

② 刘敏：《贫困治理范式的转变——兼论其政策意义》，《甘肃社会科学》2009 年第 5 期。

2008）。有学者把社会政策作为一种社会行动来考察。熊跃根认为，社会政策是一种政府或其他组织通过集体行动来干预社会问题，利用既有的资源系统将理念、规范与目标融进社会问题的解决过程中，确立国家（政府）、市场机制及家庭（个人）在承担社会福利方面的责任关系，从而建立社会团结的基础的社会行动①。社会政策就是国家有序进行贫困治理，解决弱势群体、边缘群体的贫困问题，通过直接式的实物现金救济到间接式的人力资本、社会资本、资产建设和社区建设，提升少数民族贫困群体能力，实现人的全面发展。

四　人口较少民族贫困

我国人口较少民族是指 28 个人口在 30 万以下，生活在东北、西北、西南的边疆多民族聚居地区的山区、半山区的少数民族，总人口为 169.5 万人。人口较少民族创造了独具特色的少数民族文化，然而在特定生产环境下形成的思想观念、行为方式、价值标准等难以适应现代社会发展的要求，他们生活方面处于整体贫困状态。人口较少民族长期处于封闭的状态，他们有的还存有渔猎、刀耕火种等落后的生产方式，生产水平低下，有的尚未实现温饱，有的刚刚实现温饱，但这种温饱具有脆弱性，一旦发生各种自然灾害，就会出现大量的人口较少民族返贫。

第三节　新福利三角理论与贫困治理

本研究主题为贫困治理，不囿于以往研究贫困聚焦于贫困概念的界定、贫困的表现、危害及原因分析，运用西方的福利三角理论并使其实现本土化，重点探讨多民族聚居地区科学有效贫困治理路径。1949 年至1978 年，国家在贫困治理中担任了唯一主体，1978 年以后，随着以经济建设为中心的确立，社会主义市场经济取得长足的发展，市场作为资源配置的手段向多民族聚居地区延伸，参与少数民族贫困治理。随着改革深入，传统少数民族社区发生深刻变迁，一些社会公益组织如雨后春笋般涌现，加上政府的扶持，以家庭、家族、公益组织为内容的社会参与贫困治

---

① 熊跃根：《社会政策理论与分析方法》，中国人民大学出版社 2009 年版，第 19 页。

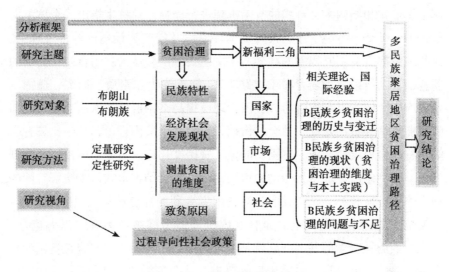

图 3-1　研究框架及研究思路

理时机已日趋成熟，鉴于此，本书在西方以国家、市场和家庭为内容的福利三角理论的基础上，注重从文化视角促进社会政策理论的本土化，借鉴西方社会政策的有益成果，但不照搬西方的社会政策模式。当前的福利三角中的社会一角仅限于公益组织，忽略了家庭、家族、邻里、社区的福利职能，提出了以国家、市场、社会为内容的新福利三角理论，以人口较少民族、跨境民族、直过民族布朗山布朗族贫困治理为研究个案。分析民族乡贫困的表现及成因，以国家视阈下民族乡贫困治理、市场视阈下民族乡贫困治理、社会视阈下民族乡贫困治理为内容，分别从相关理论、国际经验入手，阐释 B 民族乡贫困治理的历史变迁，重点论述 B 民族乡国家贫困治理的维度、市场贫困治理的维度、社会贫困治理的维度以及 B 民族乡贫困治理的本土实践，分析 B 民族乡贫困治理存在的问题与不足，探讨边疆多民族聚居地区贫困治理的创新路径。

　　当前，我国贫困治理从免于生存危机的绝对极端贫困向绝对贫困和相对贫困并存的转型贫困转变。贫困治理的理念、方式、途径也随之转型。从传统救济式经济型扶贫向提高贫困群体自我发展能力、社会参与的机会和享受政府提供社会福利的权利等转变。

　　一般而言，贫困的本质是缺乏，包括物质、能力、权利、动机等的缺乏。贫困产生既有个人主体性因素，也有制度耦合导致的社会因素。郑杭生在《中国扶贫历程中的个人与社会：社会互构论的诠释理路》中对个体主义范式和结构主义范式的贫困机理进行诠释。郑杭生指出，个体主义范式下包括个人行为学派、人力资本理论以及资产建设理论等多个理论。这些理论都具有不同程度的社会达尔文主义倾向，认为贫困者是社会中的弱者，其之所以成为弱者在于"缺乏"：缺乏能力、素质、训练、道德以及资产。个体主义范式认为，贫困治理应提高贫困群体的素质、能力，加强技能培训和资产建设。社会结构范式包含多个贫困理论，其中比较有影响的有社会分层职能说、贫困功能论、贫困文化论、贫困处境论、社会制度论、福利制度论、二元劳动力市场论等。社会结构范式认为缓解贫困的根本途径是调整社会结构或实施对贫困者有利的社会政策①。不论是个体主义范式还是结构主义范式诠释贫困机理似乎都被认为有"以偏概全"之嫌，因为社会学的基本问题就是个人与社会之间的关系，这在贫困治理尤为明显。也就是说，贫困治理既要有"人"的个体性因素也要有"社会"的制度性因素。

我国是汉族和少数民族组成的统一的多民族国家，各民族呈现大杂居、小聚居分布格局，民族之间、民族内部发展差距日趋拉大。世纪之交，人口较少民族发展问题日趋纳入学术界和政府的视野，人口较少民族发展成为今后贫困治理的重要内容。当前，我国贫困人口呈现大分散、小集中的分布格局，即总体而言贫困人口大幅下降，贫困人口向中西部地区、民族地区、边境地区集中。按照各民族人口的数量来分，人口占绝大多数民族的叫主体民族，人数相对较少的被称为少数民族，在少数民族中总人口在30万以下的叫人口较少民族，人口较少民族共有28个，占民族总数的50%。长期以来，贫困治理经历了民间慈善扶危济困，政府主导型贫困治理和多元化治理阶段。贫困治理应日益强调市场和民间组织的力量，通过政府、企业界和民间组织等各方广泛参与，调动社会资源，形成合作关系，共同协助贫困人口脱贫，最终实现反贫困目标的过程和状态②。"十二五"期间乃至今后更长一段时期内，具有民族和地域特性的特困人群成为我国贫困治理的主要对象。我国少数民族贫困治理应以特殊区域、特殊族群为对象，借鉴西方以国家、市场和家庭为内容的福利三角

---

① 郑杭生、李棉管：《中国扶贫历程中的个人与社会——社会互构论的诠释理路》，《教学与研究》2009 年第 6 期。

② 刘敏：《贫困治理范式的转变——兼论其政策意义》，《甘肃社会科学》2009 年第 5 期。

理论，以文化为切入点，促其实现本土化，创新体制机制，探索少数民族贫困治理创新路径。

先来看看福利三角（welfare triangle）和福利多元组合（welfare mix，又译为福利混合、多元福利）。罗斯（Rose，1986）认为，一个社会总体的福利是重要的议题，社会中的福利来源于家庭、市场和国家，这三者作为福利的提供方，任何一方对其他两方都有贡献，将三方提供的福利进行整合就形成一个社会福利的整体，这三者成为社会福利的多元组合。福利三角理论是福利国家陷入危机的情况下产生的，强调社会成员获得福利是多种制度提供福利的总和。约翰逊（Johnson，1987；1999）在罗斯的福利多元组合中加进了志愿部门，丰富了福利多元组合理论的内容。伊瓦斯（Evers，1988）借鉴了罗斯的多元福利组合理论。他将罗斯的福利多元组合在不同的社会制度中家庭、市场和国家为总体演绎为家庭、经济和国家共同组成的福利整体，伊瓦斯称之为福利三角（welfare triangle）。彭华民曾提出福利三角是国家、市场和社会，但社会一角仅限于公益组织。我提出新福利三角理论是国家、市场和社会作为社会成员福利提供方，社会作为福利提供方突出传统文化要素，通过家庭、家族、社区、公益组织等为贫困群体提供福利。

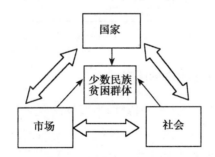

图 3 - 2　新福利三角理论：一个社会政策分析模式

注：在彭华民的《福利三角：一个社会政策分析模式》基础上整理而成。

国家、市场、社会三方作为福利提供方及组成福利整体，三者是相辅相成、相互促进的关系。国家自身掌握大量社会资源，通过制定政策对国家财富及社会资源进行二次分配。国家不仅要承担着通过经济建设把"蛋糕"做大的责任，同时也要通过社会建设把"蛋糕"分好。初次分配体现效率，二次分配体现公平正义。国家保护社会弱势阶层的利益不受侵犯，协调不同社会阶层之间的利益，让全体社会成员享有发展成果。市场是指在个人主义的社会政策模式中，社会公民通过付费购买社会服务或社会保险。公民缴费式的社会保险就是利用市场的机制将个人风险社会化，提高个体应对风险的能力。然而，市场福利模式也存在不足，私营的社会化服务常常会损害消费者的利益，弱势阶层鉴于费用门槛难以获得市场社会福利。市场化的社会福利是以不损害他人利益为前提，个人的权利才能得以保证。家庭是社会的基本单元，在社会福利领域，家庭作为服务的基本单位，同时又被看作对家庭内生活困难人员的照顾资源。在传统社会，家庭提供福利扮演着重要角色。福利三角中，若出现市场失灵，那么政府和家庭进一步提供福利。因此，政府、市场和家庭是相辅相成有机整体。以下是西方学者对广义社会福利的划分。

表 3 - 1　　　　　　　　不同学者对广义社会福利划分方法比较

Gilbert 和 Terrell	Midgley	Spicker
亲属（如家庭）	非正式社会福利制度	非正式部门（朋友、邻舍和家庭）
互助（如支持群体、志愿机构，工作单位，宗教，教会）	正式社会福利制度	互助团体 志愿部门（非营利机构）
市场	—	私营部门（营利机构）
政府	政府社会福利制度	公共部门（政府）

资料来源：Gilbert And Terrell, 2003：4；Midgley, 1997；Spicker, 2005。

一　新福利三角理论中的国家

自人类进入阶级社会后，国家作为调解阶级之间矛盾的工具而产生。国家中任何阶级一旦掌握执政权，就把自身阶级的意志上升为国家意志，而政策是把执政阶级意志上升为国家意志的重要手段，因此可以把政策看成是履行国家职能的一种形式。从概念来看，政策是国家政权机关、政党组织和其他社会政治集团为了实现自己所代表的阶级或阶层的利益与意志，以权威形式标准化地规定在一定的历史时期内，应该达到的奋斗目标、遵循的行动原则、完成的明确任务、实行的工作方式、采取的一般步骤和具体措施[①]。一国或一区的政策从制定到实施具有权威性、实效性、实践性的特点。从政策领域分为政治政策、经济政策、文化政策和社会政

---

① 周晓中：《政策概念的再探讨——兼论政策与路线、方针的关系》，《理论探讨》1987 年第 5 期。

策。从范围来看，分为整体性政策和局部性政策。从具体行业来看，有反贫困政策、教育政策、医疗政策、养老政策、就业政策等。

西方保守主义福利思想强调国家在福利供给体系中的功能和作用。Gilmour 说，福利国家在本质上是保守主义的机制，它是遵循着保守主义原则建立起来的[1]。"保守主义"福利体制（Conservation Regime）的思想基础是保守主义传统的"君主政体的福利国家"主张。个人的利益应服从于公认的权威和主流制度，建立家长式的国家，使父权制与集权主义永久化是"保守主义"的思想[2]。在意识形态上，保守主义强调阶级协调和社会团结，倡导集体主义，主张法团主义，把社会政策看着是跟国家讨价还价的过程[3]。保守主义福利体制强调社会成员对权威和主流制度的认同，目的就是政府也应为社会成员提供福利保障，做到国家整合和与福利供给的有机统一。

国家制定规则为社会成员提供社会保障是福利三角理论的基础。国家作为政策决定者、实施者、资源提供者、政策管理者和政策教育者成为社会政策主体。国家成为社会政策主体，什么样的议题会成为政府政策的议题？波兰尼（Polannyi，1944）认为，贫穷问题进入公众讨论领域，必然伴随两个主体性发展：一是贫穷本身已经由个体逐渐发展为一个贫穷阶层或贫穷群体；二是置身于社会转型中的人们，已经意识到贫穷者不再是以往那种失业而无所事事的人，他们作为社会群体的整体、作为社会问题而存在[4]。

国家实施社会政策有三种形式：一种是自上而下模式（top-down model），自上而下政策的基本假设是政策实施始于中央政府的决策，该模式强调中央政策制定者的决策，也被描述为"统治精英现象"，它将重点放在决策者减少不明确目标和控制实施过程中的能力；二是自下而上模式。20 世纪 70 年代末 80 年代初，人们提出应该研究政策对象和政策实施基层的行动对政策结果的影响，这一研究或理论流派被归结为自下而上的政策模式。该理论认为，基层官僚系统或科层单位比高层决策者更贴近现实

---

[1]　Gilmour, Ian, *Inside right：A Study of Conservatism*, London：Quartet Books, 1975, p. 152.

[2]　周沛：《社会福利体系研究》，中国劳动社会保障出版社 2007 年版，第 171 页。

[3]　林卡、陈梦雅：《社会政策的理论与研究范式》，中国劳动社会保障出版社 2007 年版，第 136 页。

[4]　Polannyi. K., *The Great Transformation*, Boston：Beacon Press, 1944, p. 104.

和了解实际问题。这也是"自下而上"政策治理模式的主要原因;三是"合作式"政策模式。鉴于"自上而下"和"自下而上"政策模式都存在不足,我在二者基础上提出"合作式"政策模式。它既能发挥"自上而下"政策模式和"自下而上"政策模式的优点,又可以有效避免二者之间的不足。国家政策的"自上而下"模式、"自下而上"模式和"合作式"模式可以通过表格分析它们之间的异同。

表3-2　　　　　　　　　　主要政策实施模式比较

	自上而下模式	自下而上模式	合作模式
主要行动者	中央/高层政府决策者	基层政府工作人员	政府/社区与政策对象
关注政策方式	输入	输出	官民合作机制
政策过程行动	静止式	消融式	嵌入式
评价政策成功实施的标准	政策目标的实现	参与和对策自身的影响	综合性
政策回应性	从属于立法过程	适应政策对象的需要	两者结合
体现的民主模式	精英主义	参与式	协商式

资料来源:综合希尔(Hill, 2001)、普尔兹和特里(Pulzl & Treib, 2006)、熊跃根(2009)、吴忠、曹洪民、林万龙(2008)著述中的相关内容整理。

政府在贫困治理发展中发挥了主导作用。国家提供福利参与贫困治理以"自上而下""自下而上""合作式"三种形式。

1. "自上而下式"的贫困治理

新中国成立初期,在党的领导下各民族群众享有政治、经济、文化等一系列权利,实现真正意义上的当家做主。为了体现制度的优越性,政府把社会成员福利放在重要位置。1954年颁布的《中华人民共和国宪法》规定:"公民在年老、残疾、丧失劳动力时有从国家和社会获得救助的权利。国家发展为公民享受这种权利所需要的社会保险、社会救助和医疗卫生事业。"我国为城市职工建立"从摇篮到坟墓"的福利体制,充分体现了政府的责任。然而,国家对农村社会成员仅以孤寡、伤残等特殊群体提供"五保户"福利供给,覆盖面较窄。尽管如此,不论是城市还是农村,国家有为公民提供社会福利的义务,公民亦享有国家提供社会福利的权利,国家成为城乡居民贫困治理的唯一主体。

我国政府主导型的"自上而下"贫困治理为反贫困提供良好的政策环境。新中国成立至今,以毛泽东、邓小平、江泽民和胡锦涛为核心党的几代领导集体都重视贫困问题及治理，毛泽东针对新中国成立初期"一穷二白"的实际首倡"共同富裕"；邓小平指出，"社会主义的本质，是解放生产力、发展生产力，消灭剥削，消除两极分化，最终实现共同富裕"。"贫穷不是社会主义，社会主义要消灭贫穷，允许一部分人先富起来，先富带后富，最终实现共同富裕"①；江泽民的贫困治理理论要效率和公平兼顾，社会各阶层共享发展成果；胡锦涛的贫困治理思想要以人为本，注重社会公平。这些贫困治理思想为新中国成立后的不同历史时期国家贫困治理提供了重要的理论依据和制度保障。进入 21 世纪以来，我国贫困呈现贫困人口大幅减少，并向中西部地区少数民族地区、边境地区集中的趋势。国家自上而下贫困治理逐步从内地农村向中西部地区少数民族贫困治理转变。

2005 年，国家民族事务委员会、国家发展和改革委员会、财政部、中国人民银行、国务院扶贫办联合制定并组织实施的《扶持人口较少民族发展规划（2005—2010）》指出，通过 5 年左右的努力，使人口较少民族聚居的行政村基础设施得到明显改善，群众生产生活存在的突出问题得到有效解决，基本解决现有贫困人口的温饱问题，经济社会发展基本达到当地中等或以上水平。再经过一段时间的努力，使人口较少民族达到全面建设小康社会的要求②。

2011 年 6 月 5 日，国务院办公厅关于印发《兴边富民行动规划（2011—2015）》的通知，主要从基础设施、边民生活质量、社会事业、民族团结、沿边开放、特色产业等方面着力解决边境地区贫困治理问题。2011 年 6 月 20 日，国家民族事务委员会、国家发展和改革委员会、财政部、中国人民银行、国务院扶贫办再次联合制定并组织实施的《扶持人口较少民族发展规划（2011—2015）》指出，到 2015 年，人口较少民族聚居行政村基本实现"五通十有"，人口较少民族聚居区基本实现"一减少、二达到、三提升"。《中国农村扶贫开发纲要（2011—2020）》指出，到 2020 年，稳定实现扶贫对象不愁吃、不愁穿，保障其义务教育、基本医疗和住房。贫困地区农民人均纯收入增长幅度高于全国平均水平，基本

① 邓小平：《邓小平文选》（第三卷），人民出版社 1993 年版，第 373、第 148 页。

② 国家民族事务委员会、国家发展和改革委员会、财政部、中国人民银行、国务院扶贫办：《扶持人口较少民族发展规划（2005—2010）》，中华人民共和国国民族事务委员会（http：//www. seac. gov. cn/gjmw/zt/M222205index_ 1. htm）。

公共服务主要领域指标接近全国平均水平，扭转发展差距扩大趋势。

我国利用完整的行政组织体系为贫困治理提供了制度保障，也充分体现了社会主义制度举国体制的优越性，尽可能集中人力、物力、财力进行对贫困地区、少数民族地区、边境地区进行有效的贫困治理。随着经济社会发展，我国国家贫困治理也在积累经验的基础上进行不断探索，各省区也结合自身实际，探索贫困治理的路径。云南省是多民族聚居的边疆省区，少数民族贫困面大，程度深，需要结合自身实际走出"政府主导、部门协作、社会参与、政策推进、项目到村、扶持到户"的贫困治理路径。

2. "自下而上式"贫困治理

马克思主义认为，人类社会发展的一般规律是生产力决定生产关系，经济基础决定上层建筑，生产关系反作用于生产力，上层建筑也反作用于经济基础。当生产关系成为生产力发展的障碍时，调整生产关系成为经济社会发展的必然选择。1978 年，党的十一届三中全会召开标志着我国改革开放政策的实施，我国作为农民占 70% 以上的传统农业大国，如何推进农村改革成为当时面临的重要问题。

人民群众是历史的主人。人民群众蕴藏着无穷的智慧。穷则思变、变则通、通则久，这是亘古不变的道理。20 世纪 70 年代末，安徽省凤阳县小溪河镇小岗村是"吃粮靠返销、用钱靠救济、生产靠贷款"的远近闻名的穷村。1978 年冬，18 户农民自发以"托孤"方式，冒死在"土地承包责任书"上按下手印，实行"大包干"。按照交足国家的、留足集体的，剩下的就是自己的。"大包干"激发了农民的生产积极性和创造性，当年小岗村粮食生产取得大丰收，"大包干"开启了我国农村改革的序幕。农村家庭联产承包责任制是中国农民的伟大创造。通过生产关系的调整调动了广大农民的积极性和创造性，为我国农村、农业、农民"三农"发展开创了新的局面，为农村经济社会又好又快发展奠定了坚实基础。因此，我们充分发挥人民群众的智慧和力量推进贫困地区的贫困治理。小岗村"大包干"成为"自下而上"贫困治理、推进农村经济社会发展的典范。

当前，我国多民族聚居地区贫困群体存在自我认知水平偏低、自我发展意识较弱、参与意识缺失等问题。少数民族贫困群体由于受传统观念、自然条件等制约，在政府独揽型贫困治理中，贫困群体主体性缺失，这与受教育年限低、个体综合素质水平低下不无关系，因此少数民族贫困群体主体性提升是"自下而上"贫困治理的基础。

随着经济社会发展，我国多民族聚居地区教育得到长足发展，贫困群体受教育年限增加，综合文化素质得到整体提升，也逐步为"自下而上"的贫困治理提供了条件。少数民族贫困群体自我发展能力和发展意愿整体提升将倒逼政府对制约生产发展的体制机制进行改革。然而，"自下而上式"贫困治理是通过现实倒逼进行制度改良，亟须执政者对现实问题的判断和决策，只有获得执政者认可，执政者才对制度进行相关调整和修正，以顺应现实发展的需要，因此，"自下而上"贫困治理模式需要执政者的关注、回应，并列入政策制定的范畴。

3. "合作式"贫困治理

"自上而下"贫困治理把国家大量人力财力投入到贫困治理领域，体现了社会公平和正义，然而，这种治理模式也会带来各级政府、贫困户间的非合作博弈，致使投资效率低，还强化了贫困户对现有制度的路径依赖性和对扶贫投入的过度依赖。"自上而下"贫困治理致力于改善贫困地区的供给环节，却忽视对该地区需求的刺激和现代市场体系与市场组织的培育。相反，"自下而上"贫困治理立足草根现实，通过立足实现并对贫困问题关注，提出切实可行的贫困治理方案，但却须引起国家的重视并纳入政策实施范畴方能实施。

鉴于"自上而下"和"自下而上"贫困治理模式的优势与存在不足，在二者基础上提出社会政策"合作式"贫困治理模式。社会政策"合作式"贫困治理是通过把政府高层与民间底层相互"嵌入"模式，通过国家高层与民间草根之间良性互动，国家保护底层利益维护社会公平正义，底层维护国家权威，国家"嵌入"底层，"底层融入国家"的贫困治理模式。"嵌入"由卡尔·波兰尼（Karl Bolanyi）首先提出并认为市场嵌入社会是人类本质和基本命题。他也被誉为"嵌入性之父"。格兰诺维特（Mark Granovetter）指出，人不是脱离社会结构、社会关系像原子式地进入决策和行动，而是嵌入具体的当下结构、社会关系中做出符合自己主观目的的行为选择[①]。社会政策"合作式"贫困治理模式在"嵌入"萌发

---

① 臧得顺：《格兰诺维特的"嵌入"理论与新经济社会学的最新进展》，《中国社会科学院研究生院学报》2010年第1期。

概念，即国家嵌入民间、民间嵌入国家双向的合作式社会政策贫困治理模式，可以有效解决贫困对象瞄准、提高社会资源的优化整合效率的问题，拓展贫困治理可行路径，提高贫困治理的投入与产出效益，扩大社会政策贫困治理的经济效应和社会效应。

国家主导型贫困治理利用了完整行政体系，集中人力、财力等对贫困进行了分步骤、分阶段反贫困，我国的贫困人口大幅减少，贫困线标准稳步上升，为各民族群众带来重要的政策福利。然而，国家主导型贫困治理也存在中央与地方、政府部门之间、贫困对象识别、贫困政策实施等方面问题，忽视了贫困群体和成员的主体性发挥，造成贫困群体自我发展能力和社区自我发展能力弱等问题。社会政策"合作式"贫困治理是从贫困地区实际出发，立足实际、着眼长远，从提高国家资源投入对贫困地区基础设施建设出发，提高投资贫困群体个人能力和社区能力建设，发挥贫困群体的主体性和创造性，构建"政府 + 民间"信息共享、群策群力的政策干预贫困群体能力建设的发展模式。

二　新福利三角理论中的市场

西方自由主义福利思想强调市场在福利供给体系中的地位和作用。"自由主义"福利体制认为，政府公共责任只能进入市场失灵的领域，商品的逻辑是至高无上的。自由主义福利体制强调个人在市场中的权利，寻求市场解决的方式，认为国家的介入越少越好[1]。在意识形态上，自由主义的福利国家倡导个人自由的观念，反对国家对人们生活的过多干预[2]。市场为社会成员提供机会和自主，提供个人和社会所需的财富。市场的福利分配体制是按等价交换、个人贡献和市场竞争的原则来分配产品和服务。市场是现代经济体系中资源配置优化的重要手段。社会福利是资源的再分配，为了实现社会公平正义和维护个人权益，通过市场手段实现资源的再分配可提高福利资源使用的效益，因此政府在提高社会福利时应纳入市场的手段。

我国长期以来处于受儒家文化影响较深的传统社会形态，传统社会奉

---

① 周沛：《社会福利体系研究》，中国劳动社会保障出版社 2007 年版，第 170 页。

② Taylor-Gooby, Peter: *Open Markets and Welfare Values*, *Inequality and social Change in the silver age of the welfare state*, European Societies, 2004, Vol. 6 (1): 29–48, p. 137.

行"重农抑商"，以自给自足生产方式为主，商品经济发展长期滞后。到了近代，随着西方列强的入侵，中国处于半殖民地半封建社会，市场经济出现短暂发展。新中国成立后，我国优先发展重工业建立工业化国家，实行把土地、劳动力等资源高度集中的计划经济体制，市场经济尚未得到长足发展。党的十一届三中全会把工作重心转移到"以经济建设为中心"，我国从高度集中的计划经济体制向社会主义市场经济体制转变。1992年党的十四大确立我国经济体制改革的目标是建立社会主义市场经济体制。党的十四届三中全会把经济体制改革的目标细化。随着改革推进，我国革除了阻碍经济发展的体制机制，我国的经济建设取得长足的发展，生产力得到发展，综合国力显著增强，人民生活水平得到整体提升。同时，不可避免的是，由于以民生为重点的社会建设滞后，经济建设与社会建设发展失衡，致使各种社会矛盾冲突呈多发趋势。

我国各级政府逐步加大对以改善民生为重点的社会建设投入，政府从"输血式"向"造血式"转变，然而，市场作为福利三角理论的组成部分，市场的特点是机会与风险并存，福利提供也从传统的社会成员绝对平均到机会均等，注重效率提高。市场作为福利提供方也出现弱势阶层的准入和可及性问题。当前全国推行农村小额信贷，目的是为了解决农村贫困家庭发展资金困难问题，一些贫困群体却发现小额信贷其数额小、申请程序复杂，且须家庭配套资金，有些贫困家庭因无法拿出配套资金，致使难以享受到政策带来的红利。因此，市场作为福利提供的一方，既要充分发挥市场作为优化配置福利资源功能，也要有效解决对弱势阶层的门槛和准入问题，实现社会公平正义。

我国贫困地区经济社会长期处于后发展阶段，市场作为资源配置效率也较为滞后。福利三角理论市场一角功能发挥应从以下方面入手：贫困地区城乡居民应转变思想观念，树立市场意识，推进农村土地等生产资料产权有序合理流转，提高农业生产的规范化和规模化水平，推进农村产业化发展。增强贫困群体实用技能培训，推进劳动力转移，以增加农民收入。扩大商业保险覆盖范围，特困群体则应由政府出资购买相关保险，建立社会保护网络，把贫困群体的个人风险转化为社会化风险。提高农村劳动力附加值，通过劳动力转移就业实现农民增收。劳动力培训实现外出转移和就地转移，实现劳动力资源的资本化。建立生态补偿制度，对生态环境进行保护，解决发展与保护之间的矛盾。此外，也应加强农村精神文明建设。

市场是福利三角理论有机组成部分，也是社会成员福利重要来源。市场福利职能发挥应加强制度建设，通过市场化提高政府政策效率，建立相关商业保险制度，提高贫困群体风险应对能力，通过就业提高贫困群体职业福利。

三　新福利三角理论中的社会

新福利三角理论社会是由家庭、家族和第三方力量等组成。社会作为福利提供方倡导成员之间互惠行为，并为成员提供情感交流的精神慰藉和满足衣食住行的非正式福利。首先，家庭是由婚姻、血缘和收养关系组成的社会基本单位。在自给自足的自然经济条件下，家庭是社会唯一的基本组织，是一个集生产、生活、消费、教育、事业、情感、社会保障为一体的多功能社会组织①。东西方国家因文化差异，不同文化视阈下的家庭为社会成员提供福利功能亦存在差异。西方社会是制度建构下陌生人之间契约性社会，代与代之间是接力棒式福利关系。我国传统社会是建立血缘、地缘、业缘等熟人社会基础上的熟人社会，人与人之间关系表现为差序格局，代与代之间是父代哺育子代，当父代年老，子代反哺父代的代际互哺式福利关系。费孝通先生在分析传统乡土社会结构中提出"差序格局"，以自我为中心，以血缘、地缘、业缘等为纽带来诠释社会成员人际关系的亲疏、远近，社会成员在不同的网络节点获得福利向度和强度不同。社会成员通过差序格局的远近亲疏获得来自其他成员提供强度不等的福利。

社会福利功能主要来源有：一是家庭成员之间的福利互助。主干家庭中社会成员因禀赋、技能、受教育等差异，有的成员富、有的成员穷，进行道德方面整合，富的社会成员对穷的社会成员进行扶持。二是家族成员之间福利互助。因家庭中的人口、占有的土地资源等存在差异，富裕家庭对贫穷家庭的扶持，加快贫困家庭脱贫致富。三是宗族之间福利。近年来，我国农村实施免除农业税等一系列惠民政策加快了农村经济社会发展，同时乡镇一级政府、村委会对农村职能相对弱化，这在某种程度上促使农村社会内部家族、宗族势力兴起。农村家族宗族势力对于乡村治理具有"双刃剑"效应，一方面，农村家族宗族势力是乡村治理的重要力量；

---

① 金耀基：《从传统到现代》，中国人民大学出版社1999年版，第39页。

另一方面，对家族宗族势力若不加以引导，容易成为引发危害乡村秩序、激发农村社会矛盾的根源。农村贫困治理亟须家族宗族势力利用自身的文化、习俗优势，加强对农村贫困人口的扶持。四是民间公益组织力量。扶危济困是中华民族的传统美德。贫困治理要弘扬优秀传统文化，积极扶持非政府组织建设，发挥民间公益组织的力量参与贫困治理，加快推进文明社区建设，形成多元化贫困治理的格局。

总而言之，新福利三角理论以国家、市场和社会参与贫困治理的分析框架，就要把国家、市场、社会三者有机结合，为社会成员提供不同形式的社会福利，满足社会成员不同层次物质文化和精神文化需求。国家方面，政策输送从自上而下、自下而上、合作式多种政策取向结合，提高政策实施效率。市场方面，政府购买社会服务，扩大各类社会保险制度建设，加快贫困群体人力资本建设增加职业福利，推进当地人文资源和自然资源资本化。社会方面，充分发挥传统家庭、家族福利功能，提高贫困群体个人的自我发展能力，发挥民间组织的作用，推进贫困地区社区建设。

第四节　研究方法

本研究运用以问卷调查法为内容的量化研究（Quantitative Research）和以深度访谈法、文献法、比较法、实地观察法为内容的质性研究（Qualitative Research）相结合，以质性研究重点，量化研究辅助的方法。

一　量化研究

通过对 X 傣族自治州 M 县 B 民族乡人口较少民族、直过民族、跨境民族布朗山乡布朗族运用以问卷调查法为内容的量化研究。

B 民族乡是布朗族、拉祜族、哈尼族组成的边境地区特困乡。鉴于时间、经费等各方面因素的制约，我决定仅以布朗族为个案，仅对布朗族群众进行问卷调查。通过问卷了解布朗山布朗族对贫困感知、社会网络、贫困治理等进行态度性检测，达到认识布朗山布朗族贫困治理路向。

首先，与 B 民族乡政府对接，争取乡政府对此次调研的支持。我向 B 民族乡主要领导介绍此次调研的目的、主题等相关情况。庆幸的是，民族乡主要领导十分重视此次调研并安排了布朗族干部协助，使我了解布朗山乡的概况及各民族分布情况。布朗山乡有 7 村委会 52 村小组，按照人口、民族、家庭户数组成情况确定调查对象，排除拉祜族、哈尼族村寨，把调查范围限定在布朗族较为集中的勐昂、新竜、章家、曼囡、吉良 5 个村委会的勐昂、新曼峨、帕点、曼新竜下寨、曼纳、章家老寨、曼囡、空坎一队 8 个布朗族村寨。调查员入户须进行自我介绍，说明来调查的目的，介绍调查的相关内容，争取得到村民的支持。此次调研发放问卷 229 份。调查分两次，第一次发放问卷 110 份，调查时间为 2012 年 4 月；第二次调查时间为 2012 年 6 月，发放问卷 119 份。采取入户调查和集中填答等方式，每户村民填写一份问卷，不重复填写。

其次，乡村两级干部协助有利于调研有序开展。由于我不懂布朗族语，致使难以与村民直接交流，只能借助村干部翻译通过一问一答的形式进行填答问卷。布龙州级自然保护区管理所领导和布朗族职工也为问卷调查提供帮助与便利，布朗族职工利用自身语言优势深入布朗族村寨进行协助问卷调查。由于村民白天大多干活，下午和晚上才有时间，调查员把时间做了调整，利用下午和晚上入户调查。有时把调查地点选在村小组长家，村小组长用广播通知，村民陆续来到村小组长家。村小组长用布朗语帮我做了介绍，每户选一人作代表对他们家进行问卷调查，他们也在尽力配合我。我用当地汉语方言提问，布朗族群众回答，若他们没听懂我的问题，我减慢语速重复问题，若有的问题他们难以理解，则请村小组长帮我翻译。在他们眼里，除了村干部和乡干部，很少有外人来他们村寨，而从 126 公里以外的景洪来的人更是少见，他们当中多数人极少出过布朗山。通过熟人介绍，与村民关系更近一步，有助于问卷调查开展。

问卷调查的效度与信度。按照该乡布朗族人口 12754 人，发放问卷 229 份，以户为单位，每户平均 4 人计算，涵盖调查人数为 916 人，约占总人口的 7.18%，达到量化研究中样本量 3% 的要求。从布朗族贫困群体的年龄、性别、文化程度、通婚圈、对贫困认识、向谁求助，扶持资金使用，政府扶贫政策效果等方面进行问卷调查，力求从收入、能力、动机、基础设施、家庭耐用消费品等情况反映布朗族贫困群体的现状、特征。不足之处：由于我不会布朗族民族语言，难以与村民直接对话，问卷通过第三人翻译转述，难以反映不同个体对问题回答的差异性，在一定程度上影响了问卷的结果分析。

二　质性研究

人口较少民族、直过民族、跨境民族布朗山布朗族的贫困治理运用了以访谈法、观察法、文献法等为内容的质性研究。

访谈法　为了解少数民族贫困治理情况的全貌，对不同层级政府、不同行业的工作人员进行深度访谈，访谈案例达 70 余个。其中涵盖对国务院扶贫办政策法规司、中国国际扶贫中心、国家民族事务委员会和 X 傣族自治州扶贫办、州农委办、州民宗局、州发改局，M 县发改局和工业化信息局、县农委办、县民宗局、县教育局，布龙州级自然保护区管理所，乡镇相关领导和村委会干部、新农村指导员等，从宏观层面了解政府部门和干部对人口较少民族贫困问题的看法。并与各布朗族村寨的村长、寨老等进行访谈。访谈按受访对象的年龄结构和性别结构等分类进行。访谈内容涵盖个人基本信息，如性别、年龄、参加工作时间、个人工作经历等。对贫困的认识，是否了解全州、某县、某乡镇人口较少民族贫困情况，国家扶持人口较少民族发展政策的实施情况，政策如何送达贫困群众手中，扶持人口较少民族发展政策存在问题、建议，等等。

观察法　通过熟人进入布朗族村寨，了解布朗族生产生活等。B 民族乡政府安排曾做过教师、副乡长的 YXS①（人名）协助进入各少数民族村寨调查。YXS 是土生土长的布朗山人，曾在布朗山多个村委会小学任教，对布朗山的情况也较为熟悉。经 YXS 用布朗语和受访对象对接，容易进入观察环节。通过熟人介绍，调查员顺利进入布朗族村寨。为了详细观察了解村民的生产情况，调查员与村民同吃同住。布朗族对有文化的人都比较敬重，通过 YXS 协助容易取得村民的信任。进入村民家里后，我参照怀特《街角社会》中的观察法，随熟人与不同布朗族社会成员进行沟通、交流，加深了解，力争实现从"局外人"向"局内人"转变，观察布朗族生产生活的特点，了解他们的生活方式、交往对象、生活态度，对政府扶贫政策的了解、扶贫政策的效果、扶贫资源的分配等以及政府扶贫资源如何输送到少数民族贫困群体中。个体与群体相结合，运用演绎和归纳，从特殊到一般，从局部到整体等，对个体性差异较大的进行综合。

文献法　贫困是经济、政治、文化、社会等一系列综合因素的集中反

---

① 研究中个案中的人名均用姓名的开头字母组成。

映，涉及范围广。通过查阅贫困问题的文献分为以下五类：一是世界银行等国际性机构发布的与贫困问题相关的报告，如世界银行的《2000/2001世界发展报告：与贫困作斗争》。二是国内外贫困问题研究的文献。一方面，广泛涉猎不同国家、不同地区贫困问题研究已取得的成果。国内贫困问题研究的相关著作、学术论文、硕博论文等。另一方面了解不同时期扶持少数民族政策的内容及特点，梳理不同时期扶持少数民族政策。三是查阅我国各级党政部门十二五规划、扶持人口较少民族发展规划、兴边富民、整乡推进、相关金融机构的报表、民族乡工作总结等。四是查阅反贫困社会政策研究的最新成果。五是布朗族和B民族乡文献。国家民委编写组的《布朗族简史》，杨毓骧的《布朗族》，颜思久的《布朗族氏族公社与农村公社研究》，赵瑛的《布朗族文化史》，M县委、县政府组织编写的《中国唯一的布朗族乡——布朗山》，通过以上文献查阅研究，把人口较少民族、贫困治理和社会政策有机结合起来。

第五节　研究的重点

在文献综述及田野调查的基础上，本文不仅运用社会政策的视角，同时还借鉴国外一些新的方法、理论及视角，结合本土的实际，建构分析框架及理论。

1. 运用社会政策视角研究人口较少民族、边境特困民族乡贫困治理

传统政府主导型贫困治理以增加贫困群体的农民人均纯收入为衡量贫困治理成效的标准，重投入轻产出，投入与产出之间呈现非均衡性，忽视贫困群体自我发展能力和社区发展能力构建，常常偏重眼前利益和局部利益，难以与少数民族地区的长远、整体利益实现有机结合。贫困治理的社会政策视角关注少数民族贫困群体"外介式"与"内源式"相结合，运用发展的眼光、优势视角分析特定民族的特征，突出贫困治理主体的积极性和创造性。从传统的经济发展扩展到社会弱势群体的个人主观感受、抗击社会风险能力和弱势群体个体的发展。

当前，贫困治理的研究对象也仅限于少数民族，缺少特殊区域、人口较少民族、直过民族、跨境民族贫困治理研究。我以民族直过区的人口较少民族、直过民族、跨境民族布朗山布朗族的贫困治理为研究对象。布朗

族是我国古老民族之一，人口分布也呈大分散和小集中的格局，分布在云南省 X 傣族自治州、普洱市、保山市、临沧市等沿边州市。新中国成立初期，X 傣族自治州 M 县布朗山布朗族为从原始社会末期直接过渡到社会主义社会的直过民族。研究运用西方福利三角理论分析框架，并结合我国本土理论，做到西方理论与本土理论的"洋""土"结合，借鉴西方模式，但不照搬西方模式，积极探索少数民族地区贫困治理的新模式、新路径，为我国多民族聚居地区贫困治理提供经验。

2. 借鉴国外理论，结合本土实际的建构分析框架

借鉴西方以国家、市场、家庭的福利三角理论，结合本土实际，以文化作为切入点，形成以国家、市场和社会为内容的新福利三角理论分析架构。在西方福利三角理论从国家、市场和家庭基础上提出国家、市场和社会组成的新福利三角理论，作为分析人口较少民族、直过民族乡贫困治理的分析框架。社会政策视角不仅满足少数民族贫困群体的基本生活所需，而且更注重少数民族贫困群体和社区的自身能力建设，汲取吉登斯的"社会投资国家"、梅志里的发展型社会政策理念和谢若登的资产社会政策理论，注重少数民族贫困群体的人力资本投资、社会资本投资，拓展少数民族贫困群体的社会交换网络，提升自身和社区发展能力。

长期以来，我国对少数民族贫困治理投入大量资金、政策、人力，一些政界、学界人士可能存有少数民族贫困治理就是"恩赐""同情""怜悯"等思想倾向，没有上升到国民发展权利视角，这种思想倾向在一定程度上影响了贫困治理效益的提升。我国多民族聚居地区贫困治理不仅应在理念上杜绝"恩赐""怜悯""同情"的倾向，形成维护国民社会发展权利的社会共识，而且行动上实行包容式发展。贫困治理也不是对现有的实践全盘否定，而是在现有实践的基础上总结经验，处理好历史与现实、国外经验与本土实践、主观与客观、个体与社会之间的关系，实现贫困治理政策的创新。因此人口较少民族贫困治理创新应着眼长远、结合实际，在借鉴西方社会政策和福利理论基础上应不断创新体制机制，处理好国家、市场和社会三者之间的关系，以传统文化为切入点，形成家庭、家族等传统福利，发挥非政府组织等第三方力量的多元贫困治理主体的发展格局，提高贫困群体自我发展能力，满足贫困群体物质和精神多层次的需求，实现我国边疆多民族聚居地区经济发展、民族团结、社会稳定、边境安宁。

第四章

B民族乡的贫困及其成因

回忆布朗山有感

布朗山啊布朗山，峰高坡陡路漫漫。

原始森林刀砍地，刀耕火种闹饥荒。

境外匪特常骚扰，布朗人民不得安。

自从来了共产党，各族人民有靠山。

社会主义直过渡，和平改革人人欢。

改变落后办学校，民族子弟读书忙。

有了文化开眼界，懂得科技好生产。

吃水不忘挖井人，翻身不忘共产党。

——（布朗山区第一民族小学创办人）杨春云

杨春云《回忆布朗山有感》记录了20世纪50年代布朗山的特点：前一部分介绍布朗山的自然条件，交通不便，路途遥远、远离行政中心，生产方式单一落后；后一部分歌颂党的民族政策给布朗山人民带来福祉，社会主义直接过渡，办学校学文化，开启了布朗山布朗族乡新的发展阶段。岁月如梭，时光飞逝。中央、省、州、县各级党委政府在布朗山实施了一系列扶贫政策，也改善了当地各族群众生产生活条件。尽管如此，21世纪初，布朗山还存有刀耕火种的生产方式，B民族乡仍处于深度贫困状态，是云南省506个扶贫攻坚乡、8个少数民族边境特困乡之一。

目前，国内外学界常常把少数民族贫困与贫困治理视为经济问题，以期通过发展经济实现贫困治理，常常忽略贫困背后特有的历史、文化、民族、宗教等诸多因素。我认为，布朗山布朗族的贫困属于特定的生产方式、文化、宗教信仰等方面的历史原因造成的，可以被称为族群性贫困。本研究把视角投向布朗族贫困背后的民族性、文化、历史和宗教等因素。

第一节　布朗族的特征

布朗族是我国古老的民族之一，居住在云南省西部、澜沧江沿岸的一些地区。在历史的发展长河中，他们有自己的历史、宗教信仰、语言、文化，也有独特的婚姻习俗。

一　族源

图4－1　布朗族少女

布朗族古称百濮、濮人，后称哀牢人。因分布不同区域，布朗族称谓也存在差异，布朗族有文献可考是汉代的"哀牢人"，据《华阳国志·南中志》记载，永昌地区以濮人为主。西汉武帝曾在今天的云南省保山市境内设不韦县。东汉永平十二年（公元69年），哀牢王惧汉兵威，率众到汉都洛阳内附，东汉置永昌郡，统辖今天德宏、临沧及大理南部各县，各民族被称为"闽濮"。永昌是今天云南省保山市及周边地区。晋代解说诠释著作《古今注》对哀牢人曾有记录，即永昌地区以哀牢人为主。明代大理喜洲白族学者董难的《百蒲考》中曾记载哀牢及永昌的濮人，可见濮人和哀牢实为同一族群。我国少数民族史专家尤中在《云南民族史》中曾对濮人问题做了相关考证论述。尤中认为，我国先秦时期濮人问题复杂，分为两个部落系统。一支是分布在古代楚国西南部的百越系统的百濮。另一支则是古滇国南部和西南部边境一线的百越系统和孟高棉系统①。后来从古代濮人中分出今天的傣族、佤族、德昂族、布朗族等。

两汉时期的"闽濮"中分化出新的民族共同体——"朴子蛮"，包括了近代德昂族和布朗族的祖先。永昌郡所辖范围包括今德宏傣族景颇族自治州、保山市、临沧市、普洱市和 X 傣族自治州等地。这一广阔地带即是古濮人（永昌濮）、百越人及其他族群交错聚居区②。可见，古濮人居住的地域范围跟现在范围基本一致，是今天傣族、德昂族、佤族和布朗族祖先的总称。

唐代，滇西和滇西南蒲人中的一部分被称为"望蛮""望外喻"等，这些是佤族的祖先。另一部分则被称作"朴子蛮"。"朴子蛮"是布朗等民族的先民。北宋时期的《新唐书·南蛮传下》中对濮人有"黑焚濮""赤口濮"等称呼，是按濮人的风尚和特点来区别的，实际上他们都是今天孟高棉族系的先民。元代李京的《云南志略》载"蒲蛮"，一名"朴子蛮"，在澜沧江迤西，说明了他们的生活区域。明清时期，怒江以西的"朴子蛮"为德昂族先民。怒江以东和澜沧江广大区域的"朴子蛮"则是布朗族的先民。"朴子蛮"又称"蒲蛮"、"蒲人"，即今天布朗族的先民。

由于历史上中央王朝对我国西南地区的西南夷③进行军事上打压、政治上歧视、文化上隔绝等，古代西南地区西南夷不断进行迁徙，实力较弱的民族开始向山区迁徙，所到之地交通不便，他们自此过着几乎与外界隔绝的生活。新中国成立前夕，在 X 傣族自治州、临沧、澜沧等地称作"蒲满"，在墨江称为"黑蒲"等族群都属于今天布朗族的先民。可见，"濮"、"朴"、"蒲"都是汉字的同音异写字。新中国成立后，根据本民族的意愿，抛弃历史上各种称谓，统称布朗族。布朗族称谓一直沿用至今。

---

① 尤中：《云南民族史》，云南大学出版社 1994 年版，第 9—10 页。

② 布朗族简史编写组：《布朗族简史》，民族出版社 2008 年版，第 8 页。

③ 我国古代史上，中原王朝把四周少数民族分别称为北狄、西戎、南蛮、东夷等，到了汉代，把西南地区的少数民族称为西南夷。

二　宗教信仰

布朗族信仰"万物有灵"，民间信仰有自然崇拜、图腾崇拜、祖先崇拜。自然崇拜万物皆有灵，以寨神、山神、火神、竜神为崇拜对象，图腾崇拜以蛤蟆、竹鼠、葫芦为对象，祖先崇拜有助于家族凝聚、团结和尊老敬老传统延续。布朗族有祭祀竜神的意识，竜是布朗族安放祖先灵魂的地方，布朗山有一个村委会叫新竜，估计与当地布朗族祭祀竜神有关。布朗族因分布差异宗教信仰也存在差异。今天云南省保山市施甸、昌宁地区布朗族与汉族长期混居而信仰大乘佛教。20世纪30年代，美籍传教士永文生在今天的普洱市澜沧拉祜族自治县文东乡、糯福乡传入基督教，当地布朗族信仰基督教，但由于当时基督教传教士不准布朗族农民拜菩萨祭祖，不准抽烟喝酒，信仰基督教的人数日趋减少。

由于历史原因，X傣族自治州布朗族信仰南传上座部佛教。早在公元前2世纪，佛教发祥于古印度，传入我国后分汉传佛教、南传佛教和藏传佛教。南传佛教传入今天的X地区是在明朝时期。杨毓骧在《布朗族》中指出，南传上座部佛教，汉文经典译为声闻教，当地称为小乘佛教。明正统元年（公元1436年），勐遮土司康朗法在勐遮建盖了第一批佛寺和佛塔，小乘佛教即传入X[①]。X傣族土司为了加强对布朗山区的统治，派遣佛爷到布朗山地区X州进行南传上座部佛教传教。长期以来，傣族南传上座部佛教因布朗族的"万物有灵"及自然崇拜、图腾崇拜、祖先崇拜而被布朗族抵制。直到200年以前，傣族土司派大批佛爷到布朗山传播南传上座部佛教，南传上座部佛教才在布朗山站稳脚跟，此后布朗山布朗族全民信仰南传上座部佛教，跟当地傣族一样修缅寺、过开门节、关门节，过泼水节，过赕。

布朗山布朗族信仰南传上座部佛教后，布朗族也接受了南传上座部佛教特有的佛寺教育，"送子为僧"也成为布朗族的传统习俗延续至今，布朗族小男孩到7岁左右就要进缅寺当僧侣，学习傣文、贝叶经等传统文化习俗规章制度。若没有进过佛寺，则受人歧视，不能算作真正有文化的人，在娶妻、参与村寨活动等都会受到影响。佛寺教育使南传上座部佛教的思想、文化、行为范式得以传承，也对布朗族民族文化的传播具有重要

---

① 杨毓骧：《布朗族》，民族出版社1988年版，第107页。

作用。一些布朗族群众甚至认为，儿子进佛寺当僧侣那是自己的事，而政府倡导的学校教育则是政府的事情。我在缅寺了解到，布朗族小孩到缅寺当僧侣，有的是父母让来当，有的是自己想来当，还有是看着同伴去当，自己也去。我发现，布朗族进缅寺当僧侣在一定程度上与村寨的地理位置有很大关系，那些地处偏远的布朗族村寨远离行政中心、交通不便，与外界来往较少，处于自给自足的生活状态，群众文化活动较少，倾向于进缅寺当僧侣的人就多，反之，如果生活宽裕、交通便利，文化生活丰富多彩，进缅寺当僧侣的人就少。傣族和布朗族都信仰南传上座部佛教，一些坝区的傣族村寨生活宽裕，缅寺却缺佛爷，由于宗教信仰相同，所以傣族村寨也接受布朗族佛爷。一些布朗族则因家庭困难等原因，也愿意接受傣族村寨的邀请，到傣族缅寺去当佛爷。布朗族信仰南传上座部佛教，宗教信仰也延伸到思想观念、生产生活、行为方式，成为布朗族行动的标准和指南。

三　民族语言

布朗语隶属南亚语系孟高棉语族布朗语支，分为布朗和阿尔伉两大方言。据了解，X 傣族自治州布朗族为布朗方言，但因各布朗村寨分散，语言差异较大，可谓"五里不同音"，甚至出现开会时各布朗族代表有时难以用布朗语沟通，只能借助汉语方言交流。布朗山布朗族村民平常交流用布朗话，对外人经常使用傣话交流。布朗山布朗族大多自幼接受母语布朗语，在母语环境中生长，较长时间运用母语思维、交流，后学习傣语。进入小学开始学习使用汉语，汉语成为布朗山布朗族排在傣语后的第三语言。布朗山布朗族上了年纪的人很少会听汉语。他们文字使用傣文，布朗族小男孩七八岁进佛寺学习傣文，后政府规定必须小学毕业才能进缅寺做僧侣。布朗族用傣文书写，学习贝叶经以及傣族的一整套传统礼仪、规章等。布朗山布朗族取名实行母子连名制，带有母系氏族的特征，母子连名制指母亲的名的一个字须在子女的名字里面。成年男子在名前加"岩"，老年男子在名前加"达"，成年女子在名前加"玉"，老年女子在名前加"牙"。从名字可以看出人的年龄和性别。此外，布朗族"取名"与出生时间有关，如名字中有"帕"，意为星期五出生；有的取名与出生时客人来访有关，如名字中有"合"，意为出生当天汉人来访等，可谓具有布朗民族特色。随着经济社会发展变迁，布朗族取名的方式也发生了变迁，布朗族名字不仅可以和母亲连名，也可跟父亲连名，若是体弱多病的布朗族小孩取名，则名字与佛祖连在一起，以期得到佛祖的庇佑，具有浓厚的民族特色。据 X 州民宗局 YM（布朗族）副局长介绍，布朗山布朗族取名用母子连名特点十分突出。

布朗山与缅甸第四特区毗邻，布朗族是中国与缅甸的跨境民族，边民之间常常通婚，那些从缅甸嫁到布朗山的布朗族妇女因布朗族无文字，在布朗山名字很少用，有的干脆不取名字。随着外地人陆续来布朗山，与布朗族结婚，布朗族已开始学说汉语，一些汉族也开始学习布朗语。总体而言，布朗族日常交流用布朗语，一部分布朗人也会使用傣语和汉语进行交流。

四　独特的民族文化

图 4 - 2　布朗弹唱

文化是民族的血脉，是人民的精神家园。民族文化是记录了一个民族的整体记忆，是特定历史环境和特殊发展阶段形成的珍贵文化。布朗族民族文化博大精深，浩如烟海，西双版纳一带的布朗族的布朗调分为"甩""宰""索""缀"四类。有的在迎宾时演唱，有的在赕佛时演唱。若非专业人士，可能很难区分不同调之间的区别。布朗弹唱把布朗族的音乐、舞蹈、民俗、服饰等融为一体，节奏明快，风格独特，体现了厚重的文化底蕴和浓郁的民族特色。布朗弹唱内容根据不同场合，即兴编唱。2008 年，布朗弹唱经国务院批准列入第二批国家级非物质文化遗产名录。2012 年 4 月上旬，我在布朗山乡新竜村委会曼纳村调查，正值布朗族同胞庆祝桑衍节，整个寨子弥漫着浓浓的节日氛围，观看了著名的布朗弹唱，感受到布朗族独特民族文化的魅力。据介绍，布朗山布朗弹唱原来歌词大多反映男女相恋和爱慕之情，现在布朗弹唱歌词内容发生了变化，加入了新的文化元素，有表现社会进步的，有表现对美好生活向往，还有表现新人新事等。

经过多次到布朗山调查，我不仅领略了布朗弹唱的魅力，也切身感受到布朗族热情、好客，而这些珍贵的情感都融入了布朗族的民族声里，也寄托了布朗族同胞对幸福生活的希望与向往。此时，布朗族同胞祝酒歌回响在我的脑海里。

> 想听布朗歌喝完这一杯，
> 想看布朗舞就一定要喝到醉，
> 朋友啊，举起酒杯呀，
> 唱起歌来，
> 美酒敬朋友，
> 祝你幸福吉祥快乐，
> 朋友们一起来，
> 唱起歌，干一杯。
>
> ——布朗族祝酒歌

近年来，M 县文化部门对布朗弹唱制定了详细的保护方案，通过开设传承点、组织青年男女向民间老艺人学习技艺等，使布朗族文化得到较为有效的保护和传承。2013 年 1 月 23 日，布朗弹唱在 X 傣族自治州庆祝建州 60 周年大型文艺会演上得到集中展示。

五　杆栏式的民居建筑

布朗山布朗族由于贫困长期居住在简陋茅草房、叉叉房。20 世纪 90 年代，政府提出消灭茅草房、叉叉房方案，改善布朗族群众的居住条件。目前，布朗族民居多为杆栏式木楼，屋顶有的是石棉瓦、直板瓦，家庭收入较好家庭则是琉璃瓦。民居分上下两层，楼下关牲畜，放碓臼；楼上住

图 4 – 3　布朗族民居

人，楼上地板用木条板或龙竹剖开压成宽竹板铺垫而成，卧室与待客之处铺以篾席。按照布朗族习俗进屋须脱鞋。室内中央设火塘，老人常常在火塘边把本民族的历史、习俗、文化和思想意识以民间故事的形式传授给下一代。火塘还有供人们做饭、取暖、照明之用，与人们生活密不可分。据我观察，布朗山乡布朗族杆栏式木楼约占总户数的九成左右。布朗族杆栏式民居的特点是冬暖夏凉，但不足就是光线较暗，长期使用火塘，致使室内被烟熏成黑色。布朗族民居的结构、用材与家庭收入密切相关。据国务院扶贫办贫困农户信息系统统计，2011 年底布朗山乡贫困农户有 2269户，总人数为 9640 人。他们当中住房为砖木结构的有 1992 户，占贫困农户总数的 87%，竹草屋 254 户，占贫困农户总数的 11.2%，土坯房 18户，占贫困农户总数的 7.9%①。乡政府所在地勐昂村委会勐安村及附近新曼峨出现了砖混结构住房。全乡 7 个村委会的一些村寨，少数较为富裕的布朗族家庭也开始建钢筋混凝土的新式房屋。

六　婚姻形态

布朗山布朗族与傣族都是信仰南传上座部佛教，布朗族婚姻也深受宗教的影响，男女双方在寨老等主持下举行栓线仪式。按照传统习俗，通过栓线仪式即可成为夫妻。布朗族实行族外婚，姑表亲等亲戚结婚遭人鄙视。在以前，布朗山布朗族早婚现象较为普遍。布朗族青年一般在 20 岁

---

① 数据来源于国务院扶贫办贫困农户信息系统 2011 年统计数据，由 X 傣族自治州扶贫办提供。

以前结婚,不符合法定年龄,大部分结婚的人不到民政部门办理结婚登记手续。特别在农村的布朗族,除嫁给外地人外,有95%的夫妻属事实婚姻,都不领结婚证①。在他们看来,只要栓线、请寨子人吃饭就是夫妻了。在乡计生服务站了解到,布朗山乡布朗族、拉祜族等早婚现象突出。据布朗山乡民政助理介绍,2012年全乡注册登记结婚为248对,但真正达到法定结婚年龄仅为一半,其余都是补办结婚证。由于未能达到法定结婚年龄,布朗族在宗教婚礼后就开始生育,乡计生站对未婚先孕进行处罚,每人次罚款2000元,对布朗族贫困家庭是沉重负担,但若不交罚款,夫妻就无法补办结婚证,小孩就无法落户,难以享有相关户籍权利。政府一方面宣传达到法定年龄再结婚重要性,另一方面也希望布朗族从早婚早育向优生优育转变。布朗族婚姻分为从妻居和望夫居两种。布朗山乡布朗族青年从恋爱到完婚,要经过求亲、订婚、结婚(从妻居)、妻从夫居四个阶段。

布朗族男女婚姻自由,父母也尊重子女,不对子女婚姻进行干涉。男女相处一段时间后,双方中意,男方就请自己亲戚到女方家提亲,带上茶叶、盐等物品。若女方同意,对方收下物品,择日结婚。结婚后,男方要到女方家干活三年,后妻子回丈夫家居住。据了解,布朗山曼果村布朗族还保留从妻居习俗。结婚后,丈夫在妻家居住3年,男方在女方家从事生产劳动、吃饭,晚上也在女方家住。我在个案访谈中也发现,勐昂村YSJ的大儿子娶了布朗女为妻,按照传统习俗,女婿需到岳父家做活三年作为补偿,在YSJ家,因大儿子刚结婚头三年,出现了农活没人干的情形。

随着经济社会发展,布朗族通婚圈亦日趋扩大,择偶标准也发生深刻变迁。在调查中发现,在40岁左右的布朗族人当中,多数娶媳妇在本村。通婚圈也多以本村、本乡为主。后来,布朗族通婚圈范围逐步扩大。一方面是布朗女招外地姑爷。据布朗山乡民政助理介绍,自1983年至今,外地人陆续来到布朗山打工并娶当地布朗女为妻,如个案中KXG、YGM等。在布朗女看来,外地男子聪明、能干、灵活,且一些外地人进入布朗族村寨后很快成为致富能手,示范效应促使布朗女选择外地男子。另一方面是布朗女外嫁。据布朗山乡民政助理介绍,内地如山东、河南、贵州等地农

---

①   中共M县委、县人民政府:《中国唯一的布朗族乡——布朗山》,(未公开出版)2005年,第50页。

村男子，他们鉴于内地娶媳妇成本高，而娶布朗女除了路费和礼金，也相对内地要少得多。布朗女勤劳、善良、贤淑也是外地男子选择的重要原因之一。此外，一些布朗族男子思想有些保守、封闭，有时也有些自暴自弃，也使布朗女选择外地男子作为结婚对象。

布朗女外嫁的一个重要原因是想脱离贫困境地，希望到外面去开阔眼界。布朗女外嫁，一方面布朗女也想改变自身的生活困境，另一方面布朗女外嫁也会给家里带来收益，如礼金等。通过熟人介绍，布朗族与外地人建立起信任关系。布朗山布朗族对布朗女外嫁时须让对方出具相关户籍、未婚证明且须在当地民政部门进行注册登记结婚等措施，维护了布朗女的合法权益不受侵害。

布朗山外嫁婚姻先在寨子请头人、本家等吃饭，举行传统的宗教婚礼——栓线，再到乡政府民政部门办理结婚登记手续。然后，前往新郎老家农村生活。布朗女外嫁也致使村内适婚男子结婚成为困难。一些较为能干的布朗族男子只能到缅甸娶外籍女子。根据国家对跨国婚姻出台的相关规定，缅甸布朗族外籍媳妇即使嫁到布朗山，她们也不能取得中国户籍，没有责任田，也无法享有医疗、养老、低保等社会福利。

随着布朗族择偶标准的变迁，布朗山布朗族通婚圈逐渐拓展，不再局限于布朗女招外来姑爷或是外嫁，而且一些布朗族男子开始走出布朗山去娶外地媳妇成家。布朗族男子在服兵役期间与当地女子相识、结婚，成为上门姑爷，转业后，媳妇跟着回到布朗山。布朗山乡民族宗教助理YXS的儿子就是在服兵役期间做了上门姑爷，转业后媳妇跟着回布朗山，现有1个儿子，民族宗教助理谈起儿子与儿媳婚姻时，感叹爱情力量的伟大，脸上不时洋溢着自豪的神情。但这是很少的个案。一些布朗族女干部也找其他乡镇的人作为结婚对象组成家庭。布朗山乡副乡长YGK认为，虽然她嫁的是其他乡镇布朗族，但对嫁本民族或其他民族没有特别的要求，主要是对方的文化程度要跟她差不多才行。

总而言之，布朗山布朗族的族源、宗教信仰、语言、婚姻等构成布朗族民族属性的特征，这些民族属性特征成为诠释布朗族整体贫困的视角。我们可以发现，历史上布朗族是长期因战争的因素迁到布朗山的弱势民族，长期受到其他强势民族的统治和剥削，从属于傣族封建领主，也是造成布朗族贫困的历史原因。新中国成立后，布朗族充分享有当家做主的权利。但布朗山地处偏远，远离行政中心，远离市场，长期处于与世隔绝的封闭状态。随着经济社会发展，布朗山布朗族经济社会发生深刻变迁。通婚圈扩大使布朗山布朗女及家庭与外地人之间实现"双赢"。一方面外地人与布朗女结婚成家在一定程度上可以使布朗族家庭更容易摆脱贫困。另一方面，布朗女对外面大千世界的向往和摆脱自身的贫困境地，同时也给家庭带来一部分收益。俗话说，人往高处走水往低处流。布朗女外嫁在某种程度是贫困的集中表现。

第二节　B 民族乡概况

一　地理位置

B 民族乡是我国唯一的以布朗族命名的民族乡，位于 X 傣族自治州 M 县东南部，离 X 州府景洪 126 公里，离县城 M 约 81 公里，从县城到 B 民族乡需经过一段原始森林。B 民族乡地处东经 99°56′—100°41′，北纬 21°28′—22°28′，东与景洪市勐龙镇交界，南、西南与缅甸第四特区接壤，西与打洛镇交界，东北与勐混镇相交。B 民族乡土地面积为 1016. 34 平方公里，约占 M 县土地面积的 1/5。

二　民族人口

B 民族乡是 M 县边境乡镇之一，有 4 个边境村，有 2 条边境通道，边境线长 70. 1 公里。乡政府驻地为勐昂村委会勐安村。B 民族乡辖勐昂、章家、新竜、曼囡、吉良、曼果、班章 7 个村，52 个村民小组，63 个自然村。截至 2011 年年底，全乡共有 4752 户，总计 20337 人。从民族结构来看，全乡居住着布朗、哈尼、拉祜、汉等民族，其中布朗族 12754 人，占全乡总人口的 62. 71%；哈尼族 3544 人，占全乡总人口的 17. 4%；拉祜族 2585 人，占全乡总人口的 12. 7%；其他民族 1438 人，占全乡总人口的 7%。布朗山是以布朗族为主体，由哈尼、拉祜、汉等民族组成的边境地区特困乡。

三　农业生产

布朗山是少数民族"直过区"，主体民族布朗族是从原始社会末期直接过渡到社会主义社会。生产方式单一落后，长期处于刀耕火种的生产方式，刀耕火种分为选地、砍树、烧地、播种、薅草、收割等步骤，不仅砍伐大量树木和植被，也严重影响当地自然生态保护，而且费时费力，投入高产出低。由于没有固定耕地，布朗族村民延用刀耕火种的生产方式。据了解，2009 年政府实施中低产田改造，连续两年实行以平地固耕为目标的"坡改梯""土地综合整治"，2011 年布朗山人均固定耕地 1.5 亩，争取在十二五期间实现人均固定耕地 3 亩的目标，到那时刀耕火种的生产方式将在布朗山消失。布朗山传统产业为茶叶、橡胶、水稻、旱稻等，茶叶54329 亩，2011 年采茶面积 41561 亩，采茶面积占总茶叶面积的 76.5%；橡胶 40527 亩，当年开割 170 亩，开割占总数的 0.4%；粮食分为中晚稻、杂交稻和旱稻三类，中晚稻种植面积 14500 亩，杂交稻种植面积 9293 亩，旱稻种植面积 6700 亩。可见，布朗山还存有刀耕火种的生产方式，农业产品以茶叶、粮食等为主，在政府扶持下，一些村委会开始种植经济作物橡胶，但开割率较低，农民收入仍以传统种植业为主。

四　自然资源

B 民族乡自然资源包括土地、森林资源和矿产资源。布朗山地处山区，土地、森林、生物资源丰富，矿产资源较少。全乡土地面积为1016.34 平方公里，占全县总面积的 1/5。全乡有林地 121 万亩，森林覆盖率达 78%，植被多为阔叶杂木林及针叶松林，其中松林面积居全县第一，木材蓄积量为 152 万立方米。为了加强对自然生态资源保护，X 傣族自治州建立了布龙州级自然保护区。布朗山乡矿产资源主要有锰矿、锡矿和煤矿。锰矿在章家一带分布，经分析，氧化锰占 23.4%，三氧化二铁占 20.98%，五氧化二磷占 0.75%，二氧化硅占 15.74%。锡矿位于乡政府驻地西南，矿石的平均品位为 0.51%，并含有 0.5%—2.5% 的铅，储量可达到 328.72 吨[①]。此外，布朗山乡还有石灰岩分布，可作为水泥、煤石、烧碱的原料，储量未明。布朗山矿产资源大多在布龙州级自然保护区范围内，被禁止开发，辖区内其他矿产资源存在储量小、品位低等问题，加上远离行政中心，交通不便，开发成本高。近年来，生态立州发展战略是 X 的一项绿色新政。政府也担心矿产资源的开发会破坏当地良好

---

① 中共 M 县委、县人民政府：《中国唯一的布朗族乡：布朗山》，（未公开出版）2005 年，第 21 页。

的生态自然环境，没有对辖区内矿产资源进行开发。所以，布朗山自然资源主要是土地、森林和草场，具有开发种植、养殖和林业产业的优势。

五　财政收入

目前，我国区县政府实行"乡财县管"，农业税的免除使乡一级政权财政收入大幅下降，乡镇级政权出现功能弱化趋势。1994 年实行分税制改革，政府把财权层层上收，事权向下转嫁，财权与事权不匹配，特别是农业税取消后，基层政府收支矛盾加剧。2012 年 B 民族乡地方财政现实收入 14 万元（据十二五时期末乡财政收入达 20 万元目标估算），B 民族乡除了履行一般的政治管理、经济管理与经济发展、文化管理与服务、社会管理和社会服务职能外，还要承担着正确处理民族关系，促进民族团结进步，使用和发展民族语言文字，推动民族文化发展，民族乡的财政管理、保护正常的宗教活动，打击各种各非法的宗教活动。民族乡尤其是人口较少民族乡难以有资金投放到贫困治理方面。据布朗山乡一位领导谈民族乡在少数民族扶贫过程中扮演的角色时认为，民族乡作为基层政府应发挥扶贫职能。但对于少数民族贫困而言，扶贫的大量工作还是中央、省、州、县政府各部门统筹各类资源，组织实施。民族乡既无资金、又无人力，人口较少民族扶贫只能依靠上级部门。民族乡仅起协调、配合作用。民族乡财政涉及以民生为重点的贫困、教育、医疗、养老、就业等的投入，但心有余而力不足。

第三节　B 民族乡贫困主要维度

2010 年人类发展报告《国家的真正财富：人类发展进程》中提出的多维度贫困指数（Multidimensional Poverty Index，MPI）包括了教育、健康和生活水平三个维度。对于少数民族贫困群体而言，教育意味着个人能力，健康和生活水平与收入关联，个人因素也是衡量贫困的重要指标。通过研究发现，B 民族乡贫困是在收入贫困、能力贫困、动机贫困、家庭耐用消费品和基础设施等方面得到的集中表现。

一　收入贫困

2011 年，云南省人口较少民族聚居区农民人均纯收入到达 2855 元，比全国贫困线高出 555 元[①]。2011 年，B 民族乡农业生产总值 8270 万元，农民人均纯收入 2185 元，还不足全县平均农民人均纯收入的一半。全乡 7 个村委会中仅有班章村委会农民人均纯收入超过全国贫困线，其余 6 个村委会均低于全国贫困线 2300 元。2011 年 X 傣族自治州农民人均纯收入为 5327 元[②]。布朗山乡农民人均纯收入仅为全州农民人均纯收入的 41%。布朗山农民增收面临巨大压力。2011 年布朗山乡 7 个村委会农民人均纯收入分别是勐昂村委会农村人均纯收入为 2185 元，章家村委会 1631 元，新竜村委会 1701 元，曼囡村委会 1776 元，吉良村委会 2087 元、曼果村委会 2153 元、班章村委会 2652 元。七个村委会中仅有 1 个村委会农村人均纯收入超过 2300 元贫困线。

表 4 –1　　　　　X 傣族自治州深度贫困人口确认表（部分）

市县	乡镇	行政村	村小组	人口数	深度贫困人数	深度贫困人口比例	扶贫方式
M	布朗山	勐昂	勐安	424	424	1.0	就地扶贫
M	布朗山	勐昂	邦诺董	136	136	1.0	就地扶贫
M	布朗山	勐昂	老南冬	225	135	0.6	就地扶贫
M	布朗山	勐昂	曼诺	615	300	0.49	就地扶贫
M	布朗山	勐昂	南朗	142	142	1.0	就地扶贫
M	布朗山	勐昂	帕点	258	200	0.78	就地扶贫
M	布朗山	勐昂	新曼峨	343	100	0.29	就地扶贫
M	布朗山	勐昂	新南冬	442	120	0.27	就地扶贫
M	布朗山	勐昂	勐囡	397	100	0.25	就地扶贫
M	布朗山	章家	空坎二队	274	274	1.0	就地扶贫
M	布朗山	章家	空坎一队	439	400	0.9	就地扶贫
M	布朗山	章家	新囡	258	258	1.0	就地扶贫
M	布朗山	章家	章家老寨	574	300	0.52	就地扶贫
M	布朗山	章家	章家三队	672	250	0.37	就地扶贫
M	布朗山	章家	章家四队	251	150	0.6	就地扶贫

---

①　胡远航、马骞：《云南人口较少民族农民人均纯收入超过国家贫困线》，中国新闻网，2012 年 10 月 17 日（http://www.chinanews.com/df/2012/10 – 17/4253891. shtml）。

②　熊玉林：《X 农民人均纯收入突破 5000 元》，云南省政府信息公开门户网，2012 年 2 月 24 日（http://www.ynf.gov.cn/newsview. aspx? id = 1695473）。

续表

市县	乡镇	行政村	村小组	人口数	深度贫困人数	深度贫困人口比例	扶贫方式
M	布朗山	曼囡	邦等	564	500	0.89	就地扶贫
M	布朗山	曼囡	道坎	117	117	1.0	就地扶贫
M	布朗山	曼囡	红旗	378	300	0.79	就地扶贫
M	布朗山	曼囡	曼班二队	463	400	0.86	就地扶贫
M	布朗山	曼囡	曼班三队	62	62	1.0	就地扶贫
M	布朗山	曼囡	曼班新寨	177	100	0.56	就地扶贫
M	布朗山	曼囡	曼班一队	246	200	0.81	就地扶贫
M	布朗山	曼囡	曼木	238	238	1.0	就地扶贫
M	布朗山	曼囡	曼囡老寨	111	100	0.90	就地扶贫
M	布朗山	曼囡	曼囡新寨	497	230	0.46	就地扶贫
M	布朗山	新竜	戈新竜上寨	104	100	0.96	就地扶贫
M	布朗山	新竜	戈新竜下寨	35	30	0.86	就地扶贫
M	布朗山	新竜	曼捌	453	250	0.55	就地扶贫
M	布朗山	新竜	曼纳	454	250	0.55	就地扶贫
M	布朗山	新竜	曼新竜上寨	218	200	0.92	就地扶贫
M	布朗山	新竜	曼新竜下寨	171	135	0.79	就地扶贫

资料来源：X 傣族自治州发展与改革委员会 2012 年统计数据（部分）。

　　截至 2011 年年底，M 县 B 民族乡农民人均纯收入 785 元以下的贫困村寨有 11 个，人数有 2101 人，其中布朗族村寨 7 个，分布在勐昂、章家、吉良、曼囡；布朗族深度贫困人口为 1699 人，占深度贫困人口的 2101 人的 80.8%。云南省把农民人均纯收入在 1196 元以下的农民划为深度贫困人口，B 民族乡农民人均纯收入在 1196 元以下的有 6501 人，其中布朗族有 3478 人，布朗族占贫困人口的 53.1%[①]。农民人均纯收入 2300 元以下为贫困人口。B 民族乡农民人均纯收入在 2300 元以下的有 2269 户，总人数达 9640 人，其中扶贫户 830 户，3695 人；扶贫低保户 1439 户，人数达 5945 人。B 民族乡农民人均纯收入在 2300 元以下的有 9640 人，占全乡总人口的 47.4%[②]。据国务院扶贫办贫困农户信息系统统计，

---

① M 县深度贫困人口统计表。

② M 县 2011 年度贫困农户分类情况统计表。

B民族乡农民人均年收入在300元以下的有36人，300元至400元的有64人，400元至500元之间由228人，500元至600元之间有229人，600元至700元的有248人，700元至800元的有394人，800元至900元的有410人，900元至1000元的有806人，1000元至1100元的有995人，1100元至1200元的有589人，1200元以上有5641人。可见，深度贫困人口所占比重较大。

据全国贫困村贫困指数统计，勐昂村绝对系数为2.99，相对系数为0.6，贫困指数为1.67；班章村绝对系数为2.59，相对系数为0.52，贫困系数为1.93；章家村绝对系数为2.65，相对系数为0.53，贫困系数为1.89；曼囡村绝对系数为2.38，相对系数为0.48，贫困系数为2.1；曼果村绝对系数为3.28，相对系数为0.66，贫困系数为1.53；新竜村绝对系数为2.57，相对系数为0.52，贫困系数为1.95；结良村绝对系数为2.54，相对系数为0.51，贫困系数为1.97。也就是说，B民族乡深度贫困人口占到全乡总人口的近一半，是贫困高发地区。贫困治理任务紧迫且艰巨。

二　能力贫困

1. 受教育年限低

布朗族是云南特有的少数民族，随着人口迁徙加快，布朗族开始向省外流动。目前，全国除了吉林省和宁夏回族自治区外，其他各省区均有少量布朗族分布。据第六次全国人口普查，全国布朗族人口达119639人，其中男61320人，女58409人。6岁以上人口为108074人，未上过学15420人，上过小学的63324人，上过初中20384人，上过高中的5084人，上过大学专科的2289人，上过大学本科的1528人，上过研究生的46人。其中6岁以上未上过小学和上过小学的有78744人，占6岁以上总人口108074人的72.8%。布朗山乡贫困农户劳动力文化程度统计显示，贫困农户共有劳动力6867人，其中文盲有980人，上过小学有5314人，上过初中420人，中专11人，高中有26人，大专有13人，布朗山乡文盲、半文盲占总人数的91.7%。可见，贫困发生与接受教育年限长短有关联。

长期以来，由于交通不便，布朗山布朗族各村寨居住较为分散，致使基础教育发展面临诸多困难，加上传统缅寺教育曾在布朗族心里占有一定地位，传统民族教育和现代国民教育之间冲突显现。布朗山布朗族由于多数是文盲，综合素质普遍低下。我在章家村委会调查时从新农村指导员那里得知，布朗族人有时见到生人怕生，村内也很少开展文化活动。一些布朗族人由于受教育年限低缺少文化，绝大多数不会看汉字，买农药不会配，买化肥看不懂说明书，缺乏病虫害防治知识。此外，政府给村里低保户的低保补贴通过存折发给农户，村民缺少操作技术不能单独把钱从银行取出来，政府规定禁止村委会干部帮农村低保户领取低保，他们只能求助新农村指导员带着去银行领取低保补助。

2. 劳动力素质整体偏低，三大产业结构严重失衡

各地区的劳动力从业结构是衡量经济社会发展的重要指标。劳动力从业结构不合理是贫困发生的一个重要原因。根据国务院扶贫办和国家统计局对扶贫重点县和边境扶贫县的三大产业劳动力结构监测发现，扶贫重点县为 76.2∶13.8∶10，边境扶贫县为 90.7∶4.2∶5.1，由此可见，产业结构失衡是扶贫重点县和边境扶贫县导致贫困的重要原因。

表 4-2　　　　　　　　　　　劳动力就业结构

指标名称	扶贫重点县		边境扶贫县
	2010 年	2005 年	2010 年
一、劳动力结构（%）			
第一产业劳动力比重	76.2	93.4	90.7
第二产业劳动力比重	13.8	2.1	4.2
第三产业劳动力比重	10.0	4.5	5.1
二、劳动力培训（%）			
曾受过技能培训的劳动力比重	15.8	13.4	19.5
三、劳动力流动			
外出劳动力比重（%）	20.8	7.6	10.9
平均外出时间（月/人）	7.8	7.3	6.2
平均工资（元/月·人）	1270.7	654.3	1333.3

资料来源：国家贫困监测抽样调查，《中国农村贫困监测报告 2011》。

我国国土面积幅员辽阔，区域之间发展不平衡，东部地区经济社会实现长足发展，中西部地区经济社会发展相对滞后。三大产业从业比重是衡量劳动力能力和素质的重要指标。可以将东部发达地区农村与西部欠发达少数民族农村的三大产业结构进行比较。2012 年 8 月，我在浙江省临安市天目山镇 C 村调研时发现，东部发达地区农村与西部少数民族地区农村发展差距很大，东部地区农村围绕"绿色家园、富丽乡村"进行新农村建设，西部少数民族农村仍在深度贫困中挣扎。东部农村发展得益于三大产业结构合理，农村劳动力实现较好转移。C 村陈支书向我介绍了村里农民从业情况，C 村 1/3 的人在村里种田，1/3 的人在外做生意，1/3 的人在外打工，村支书家儿子就是在杭州做生意，只有周末才回家。从三大产业从业人口比重来看各占 1/3。东部农村富裕原因是三大产业从业结构日趋合理，提高了农业生产效率，拓宽了当地农民增收渠道。

布朗山乡农业、建筑业和服务业三大产业发展失衡，农业从业人员比重巨大，建筑业和服务业长期发展滞后，三大产业从业人员分布极不均衡，农业分工不明显致使农业产出效率低下，也是造成布朗山贫困的原因。2011 年年底，布朗山乡有城乡劳动力总数为 11916 人，劳动年龄内人口数为 10731 人，其中劳动年龄内上学的 175 人，不足劳动年龄而参加劳动的人数为 581 人，超过劳动年龄而参加劳动的人数为 730 人，劳动年龄内丧失劳动力的人数为 126 人，合计 11052 人。农业劳动力为 10450 人，林业劳动力为 118 人。建筑业劳力 15 人，交通运输、仓储和邮政业劳力 39 人，批发零售业劳力 95 人，住宿和餐饮业劳力 14 人，居民服务和其他劳力 128 人，卫生、社会服务劳力 29 人，其他 164 人，其中外出合同工、临时工 162 人。布朗山贫困农户共有 6653 人劳动力在家务农，在县内务工的有 8 人，在县外省内务工的有 3 人，其他为 203 人。从事农业和林业的劳动力为 10568 人，从事第一产业的劳动力占农村劳动力总量的 95.7%，从事第二、第三产业的人数为 484 人，从事第二、第三产业的人数占全乡劳动力总数的 4.3%。第一、第二、第三产业在国民经济中的比重严重失衡，制约了全乡经济社会实现又好又快发展。

B 民族乡劳动力素质整体偏低，主要表现是三大产业从业结构严重失衡。一是低端劳动力充足，高端人力资源奇缺。二是农村劳动力资源丰富，但从业结构不合理，农民增收困难。根据 2011 年年底乡政府统计报表发现，布朗山乡农业、工业和建筑业、服务产业三大产业比重比边境扶贫县三大产业失衡程度更为严重，转变经济发展方式、产业结构调整任务更为紧迫。

三　动机贫困

动机是心理学词汇，一般被认为涉及行为发端、方向、强度和持久性。动机与贫困结合组成动机贫困,是指特定个人和群体对自我生存状态的认知,安于现状,缺乏通过自己行动来改变现状的主观意愿和能力。自20世纪70年代,美国学者把动机贫困列入贫困治理研究的范畴。动机贫困的内涵是特定个人和群体对贫困有无耻辱感,有无通过自身努力战胜贫困的信心,有无为结束自身贫困的自助行为。

B民族乡是人口较少民族、直过民族特困民族乡。我通过对调查对象对贫困感知、贫困治理意愿、求助对象、致贫因素等进行定量分析。提到的问题包括你认为家里生活情况如何、产生贫困的原因、如何进行反贫困、有无意愿到附近工厂去上班、遇到困难向谁求助等。通过对以上问题测量,得出布朗族是否存在动机贫困问题。

问题1:当被问到家庭贫困与个人面子之间的关系?

表4-3 　　　　　　　　贫困群体对贫困的感知

贫困及其个人面子之间关系		频率	百分比
有效	非常同意	89	38.9
	同意	48	21.0
	不同意	55	24.0
	非常不同意	11	4.8
	不知道	26	11.4
	合计	229	100.0

从问卷中发现,非常同意的占受访者总数的38.9%,同意的占受访者总数的21%,近60%的受访者对家庭贫困有耻辱感,他们认为家庭贫困是丢面子的事情,这部分受访者有通过自身努力改变当前困境的意愿。回答不同意占受访者总数的24%,回答非常不同意的占受访者总数的4.8%。两项之和为28.8%,可见,觉得贫困不丢面子的受访者,他们认为丢面子也无助贫困的解决,有安于现状、不思进取的思想倾向。有这种思想的贫困者倾向于"等、靠、要"。回答不知道的受访者11.4%,态度中间,既不同意丢面子也不同意不丢面子。近30%的受访者认为贫困不丢面子,把贫困产生的原因归因于各种社会制度不公正,自己无能力摆脱贫困,对面子已无暇顾及。

问题2:您认为当地摆脱贫困主要靠什么?

　　当受访者被问到要摆脱贫困靠什么时？受访者中58.6%人回答是靠自己勤劳。受访者中21.8%的人回答是靠科学技术。受访者中2.2%的人回答是靠老天保佑。受访者中7.4%的人回答靠提高教育。受访者中9.2%的人回答靠政府扶持。受访者中1.7%回答靠搬家。可见，布朗山布朗族受访中近60%的人认可勤劳致富，受访者中靠科技和提高教育脱贫两项之和为29.2%，他们认为要靠勤劳和科学技术来摆脱贫困。

表4－4　　　　　　　　　　　布朗族贫困治理的路径

脱贫主要靠什么		频率	百分比
有效	自己勤劳	132	57.6
	科学技术	50	21.8
	靠老天保佑	5	2.2
	提高教育程度	17	7.4
	靠政府扶持	21	9.2
	靠搬家	4	1.7
	合计	229	100.0

　　问题3：当被问到政府有扶贫资金，你认为应该用在哪方面？

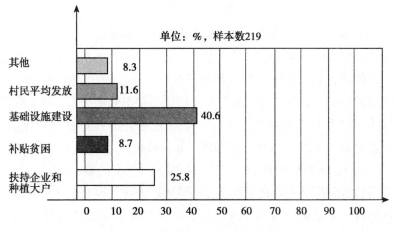

图4－4　布朗族扶贫资金的使用意向

　　在扶贫资金使用方面，受访者中占40.6%的人认为应投入基础设施建设，占25.8%的受访者认为应扶持企业和种养殖大户，认为应该村民平分发放扶贫资金的受访者占总数的11.6%，认为补贴贫困户的占受访者总数的8.7%，回答其他的占总数的8.3%，即说不清、不知道的。可见，村民已经认识到村内基础设施建设的重要性，扶持企业和养殖大户在受访者中也占不小比例，受访者中的11.6%认为扶贫资金应该平均分配，可见传统朴素的平均主义思想，认为扶贫资金补贴贫困户为8.3%，受访者中贫困是个人因素导致。从上图看出，村民对政府扶贫资金的投向意愿，重视基础设施建设，希望通过扶持企业和种植大户来带动就业，扶贫资金在满足各项生产性投入后，村民才认为补贴贫困户，实现村庄长远发展、可持续发展。

问题4：当你村有工厂，你会去上班吗？

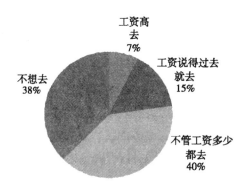

图4-5　布朗族到村企业就业的意愿

当被问到村里有企业，你想去上班吗？回答不管工资多少都会去的人占受访者的40%；回答工资高才去的人占受访人总数的7%，工资过得去就去占受访者总人数的15%；回答不想去人占总受访人数的38%。不想去的原因主要分别是：等村里有企业再说、年纪大不想去、身体残疾、担心技术不够进不了企业等。可见，有40%的受访者有去村企业的意愿，占受访总数的22%的人在一定条件下会去村企业上班。

问题5：当你碰到自己难以解决的困难，你会向谁求助？

当被问到生活中出现你自己无法解决的困难，你会向谁求助时？回答亲戚朋友占总受访人数的55%，回答向党政部门求助的占受访总人数的25%，向村委会求助的占受访总数的12%，回答向宗教机构求助的占3%，回答向民间组织求助的占受访者总人数的1%，向慈善机构求助的占受访总人数的1%，回答向银行求助的占受访总人数的3%。可见，布朗山布朗族属于传统型社会，社会网络建立在血缘、地缘基础之上。社会

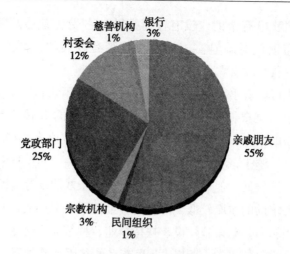

图4-6　布朗族向谁求助意愿

权利意识开始觉醒，受访者中25%人会向党政部门求助。少部分人向宗教组织、民间组织、银行和慈善机构进行求助。

问题6：农村政策对你家的影响？

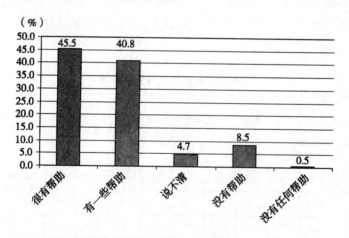

图4-7　布朗族群众对政府贫困治理政策的实效性感知

进入21世纪以来，中央连续出台10个中央1号文件，涵盖农业、农村和农民问题，包括免除农业税，义务教育两免一补，种粮补贴，新型农村合作医疗、新型农村养老保险等民生领域社会政策。在贫困治理方面，实施了整村推进、整乡推进、劳动力转移培训、小额信贷等。当被问到政府的农村政策对你家有无帮助时？回答很有帮助的占受访者总数的45.5%，回答有一些帮助的占受访者总数的40.8%，有4.7%的受访者认为说不清，回答没有帮助或没有任何帮助的占受访者总人数的 9%。可见，布朗山布朗族对政府实施的农村政策有较高的认同度，仅有不到 10% 的受访者认为政府农村政策对他们没有好处。

从问卷中可以看出，通过对布朗族村民对贫困认识、扶贫资金使用、向谁求助、愿不愿意就业、如何摆脱贫困等维度的 B 民族乡贫困检测，发现布朗山布朗族意识到政策带来的实惠，希望政府多扶持种植养殖业、基础设施建设，鉴于自身综合素质偏低，缺乏相关的实用技术，对通过就业摆脱贫困意愿较低。他们遇到困难倾向于向亲戚朋友等求助，向基层政府、村委会等求助的意愿较低，对扶贫资金使用范围形成多元化意愿，从传统补贴贫困转向基础设施建设、扶持企业、种植大户转变，以期通过就业来实现农民增收的目的。所以，B 民族乡的贫困在某种意义上讲是动机贫困，贫困群体的自主性、发展意愿有待于提升。

四　家庭耐用消费品

农村家庭耐用消费品是衡量家庭收入标准的一个重要指标。B 民族乡农户拥有家庭耐用消费品情况，见表 4 - 5（其中单位分别为：元、户、人、台、辆、部、台）。

表 4 - 5　　　　　　　　布朗族家庭耐用消费品情况

	农民人均纯收入	户数	人数	电磁炉	摩托车	小汽车	电话	手机（小灵通）	电视机	家用电脑	电冰箱	洗衣机
布朗山乡	2185	4752	20337	676	3998	157	483	4111	6252	49	1225	456
勐昂村	2185	796	3116	79	689	45	0	45	770	18	442	300
章家村	1631	568	2619	28	343	0	226	206	472	0	38	103
新竜村	1701	358	1613	27	288	0	233	254	335	0	65	0
曼囡村	1776	746	3016	88	578	3	0	449	680	6	316	9
吉良村	2087	457	2223	47	547	9	0	612	412	1	130	3
曼果村	2153	956	4340	307	1002	39	0	935	935	0	234	41
班章村	2652	676	2964	100	551	61	24	1610	2648	24	0	0
机关		195	402	—	—	—	—	—	—	—	—	—

注：根据 B 民族乡 2011 年年度报表整理，乡政府机关工作人员及家属的耐用消费品不在统计之列。

从表4-5可以看出，电磁炉、摩托车、小汽车、电视机等家庭消费品情况：

电磁炉　大约每8户家庭拥有一台电磁炉，拥有电磁炉的家庭仅占总户数的12.5%，高达87.5%家庭使用柴火做饭。布朗族的火塘仍是家庭生活中重要的组成部分。一方面火塘还具有传统的村社政治色彩，如栓线等仪式都在火塘边进行。另一方面火塘用来生火做饭，与日常生活密切相关。

摩托车　布朗山到M县城通乡公路路途较远，中间弯道多，驾车风险大。2009年6月布朗山通乡油路贯通，改善了县城至布朗山县乡交通条件。然而，乡政府到各村委会没有公交车，摩托车成为人们出行常用交通工具。家庭摩托车占有量较高，全乡共有3998辆摩托车，每5人拥有一辆摩托车，每户占有0.84辆，摩托车成为人们出行的主要交通工具。2012年4月，布朗山乡才建成第一个乡镇加油站，但尚未投入使用。2012年底，据了解，布朗山乡加油站因缺油而未使用。

小汽车　全乡共有小汽车157辆，约每30户拥有一辆小汽车，仅占总户数的3.3%，主要分布在勐昂村委会、曼果村委会和班章村委会，勐昂是乡政府所在地，曼果收入来自经济作物橡胶，班章主要依靠古树茶，老班章古茶具有较高知名度，售价高。其他村委会则因缺乏经济支柱产业，农民人均纯收入相对较低而缺乏小汽车的购买力。

电视机　全乡共拥有电视机6252台，每户拥有电视机1.3台。布朗山电视机拥有量较高得益于政府支持。据了解，2008年3月9日，全国"两会"期间，时任中央政治局常委李长春参加云南代表团讨论时要求，在2010年春节前让云南各少数民族家庭看上电视。政府给布朗山乡没有电视机的家庭都派发了电视机和电视信号设备，让每家每户都看上了电视。电视成为人们休闲的主要活动，从电视看到一些资讯，看电视成为人们生活的一部分。

通信方面　布朗族山乡有电话483台，全乡每10户拥有一部固定电话，手机或小灵通4111部，每5人拥有一部手机或小灵通。人均不到1部，手机或小灵通集中的村委会是班章、曼果、勐昂，主要与茶叶收入相关。

家庭电脑　全乡拥有电脑49台，每100户家庭拥有一台电脑，主要分布在勐昂、班章村委会，勐昂拥有家庭电脑18台，占全乡家庭电脑的

37%，勐昂是乡政府所在地，交通便利；班章电脑拥有 24 台，占到全乡家庭电脑的 50%，主要是茶叶收入高。其余的章家、新竜、曼果村委会没有家庭电脑。

电冰箱　全乡拥有电冰箱 1225 台，拥有电冰箱的家庭占总户数的 25%。全乡电冰箱各村委会分布不均，勐昂村委会拥有电冰箱最多的 442 台，占全乡电冰箱总数的 36%，曼囡村委会拥有电冰箱 316 台，占全乡电冰箱总数的 25%，而班章村委会则没有家庭拥有电冰箱。

洗衣机　全乡拥有洗衣机 456 台，拥有洗衣机家庭占全乡总户数的 9.5%，拥有洗衣机最多的村委会是勐昂，这里是乡政府所在地，全村拥有 300 台洗衣机，占全乡洗衣机总数的 2/3。中间的是章家和曼果，分别为 103 台、41 台。新竜和班章村委会则没有洗衣机。

从 B 民族乡拥有耐用消费品的情况来看，呈现以下特点：一是农村家庭使用火塘做饭比例高。电磁炉家庭户均占有率偏低。二是布朗山摩托车是出行常用工具。三是高档次家庭耐用消费品拥有量较低。小汽车、家用电脑、电冰箱、洗衣机等家庭拥有量偏低。四是低端家庭电子消费品拥有量较高。电视机是政府派发的，电话、手机等户均拥有量较高。可见，B 民族乡耐用家庭消费品呈现低端家庭消费品较多，高端家庭消费品较少，整体家庭耐用消费品拥有量偏低。这是农民人均纯收入偏低的主要表现。

五　基础设施的建设

近十余年以来，中央和地方各级政府加大了人口较少民族 B 民族乡贫困治理的资金投入力度，先后实施了人口较少民族山区综合开发试点、中低产田改造、整村推进、整乡推进、兴边富民行动等，有效改善了布朗山各村委会、村小组的基础设施建设情况，为人口较少民族深度贫困民族乡发展提供了重要的前提条件。

尽管如此，布朗山的基础设施仍显薄弱。一是人畜饮水基础薄弱。布朗山一年分为旱季和雨季，由于人畜饮水设施薄弱，一旦干旱季节造成人畜饮水困难。全乡 52 个村小组中有 31 个村小组急需人畜饮水工程设施建设或加固。政府利用全国人口较少民族扶贫综合开发试点乡和 X 傣族自治州政府山区综合开发乡政策，把人畜饮水过程列入政府"十二五"规划，在"十二五"时期末解决全乡人畜饮水安全问题。

表 4 - 6　　　　　　2011 年布朗山各村、村小组基础设施建设情况　　单位：村小组

	村民小组	自然村	通自来水	通电话	通电	通公路
勐昂村	9	10	9	9	9	9
章家村	6	6	6	6	6	6
新竜村	5	6	5	5	5	5
曼囡村	9	10	9	9	9	9
吉良村	9	9	9	9	9	9
曼果村	9	16	9	9	9	9
班章村	5	6	5	5	5	5

注：根据布朗山乡 2011 年年度报表整理。

二是道路交通基础薄弱，仍存在出行难、用电难等问题。经过中央、省、州、县各级政府的扶持，B 民族乡 7 个村委会、52 个村民小组，63 个自然村。勐昂、新竜、班章、曼囡 4 个村委会各有 1 个自然村尚未实现通自来水、通电话、通电、通公路。曼果村委会仍有 7 个自然村尚未通水、通电话、通电、通公路。B 民族乡各村委会、村小组、自然村虽已通电、通自来水、通电话，通公路占自然村总数的 82%，但通路的村寨通行质量不一；通电的质量不高，仅能照明，无法使用其他大件家电。其他仍有 11 个自然村尚未通路、通电话、通公路、通自来水。全乡 7 个村都建立村卫生室，但存在缺医少药问题，老百姓看病难问题在一定程度上存在。所以，B 民族乡贫困治理应继续改善基础设施，完善基础设施建设"最后一公里"，把尚未建设完的较少部分基础设施建设好，为布朗山经济社会发展的注入新的动力。

总而言之，B 民族乡贫困主要从农民人均纯收入、个人能力、个人动机、家庭耐用消费品拥有情况、农村基础设施五个维度进行检测，发现 B 民族乡农民人均纯收入偏低、自我发展能力较弱、自我贫困治理动机较弱、家庭耐用消费品不多，农村基础设施需进一步完善。

第四节　B 民族乡贫困的原因分析

一　历史因素致贫

我国少数民族贫困的一个重要因素是历史上各个民族之间为了争夺土

地、资源而爆发的民族冲突和民族战争。强势民族占据土地肥沃、自然条件较好的坝区，而弱小民族则被迫迁徙。历史上一些弱小民族为了躲避强势民族的剥削和追赶，只能往与世隔绝的山区迁徙。布朗山布朗族由于在民族之间的战争中失败，被迫前往山高谷深地区，长期处于几乎与世隔绝的境地。

布朗族何时迁入 X 傣族自治州，史书没有记载。公元 1180 年，傣族在今天的 X 地区建立起景龙金殿国，德昂、布朗、佤族等不断南迁。据说，大量布朗族曾集中居住在坝子上，傣族、布朗族之间经常发生战争，布朗族战败，开始迁徙至高山偏远地区。布朗族谚语"濮曼战败日，布朗上山时""强者占平坝，弱者钻山林"就是写照。布朗族迁入布朗山有两种说法。一种是内迁说，即从我国今天 X 傣族自治州境内的景洪、勐混等地迁入布朗山。布朗族迁入今天布朗山，主要是为了逃避过去傣族召片领的剥削。布朗族原先居住在景洪，当时坝区的傣族只有 7 个寨子，其他都是哈尼、布朗族的寨子，但经常发生战争。为了躲避战争，景洪的布朗族先迁徙到 M 县的勐混，后从勐混迁徙到今天布朗山的曼果、南温、吉良、曼邦。但后来发现，布朗族即使上了布朗山，也未能摆脱过去傣族召片领的统治。傣族召片领在布朗山设"卷"，对布朗山布朗族进行统治。另外一种是外迁说，即从缅甸的法荒南峨迁徙到今天的布朗山。公元 1206 年，傣族土司法苏脱带领 825 布朗人从缅甸经南东、帕盆、勐昂坝到了今天的曼峨①。从以上看出，X 布朗族生产生活、迁徙等与傣族有密切联系，正如上文所说，要么是摆脱傣族土司的剥削，要么是在傣族土司的带领下实现迁徙。我认为，历史上傣族是今天 M 县，乃至 X 傣族自治州主体民族，经济社会发展水平较高，文化相对比较发达，而布朗族则从属于傣族，布朗族上层受傣族召片领册封等维护在布朗山的统治，布朗族从属于傣族这种关系一直延续到了新中国成立。

中华人民共和国成立初期，布朗族因分布在不同的地区，受各地少数民族发展形态影响，社会发展呈现立体型发展形态。云南的双江、云县、镇康、永德、墨江等县境内的布朗族已经发展到封建地主经济阶段；X 傣族自治州边境地区偏远山区的布朗族仍然处于原始社会末期向农村公社过

---

① 张晓琼：《变迁与发展：云南布朗山布朗族社会研究》，民族出版社 2005 年版，第 20、21 页。

渡的阶段，同时还保留部分氏族公社的内容①。从新中国成立初期至今，布朗山布朗族也仅经历了几十年的发展，难以与一些经历上百年乃至几千年的民族发展程度相比较，所以布朗山布朗族的贫困是由历史因素造成的。

二　观念因素致贫

布朗山布朗族从原始社会末期直接进入社会主义社会的直过民族。从20世纪50年代至今也才几十年时间，经济社会发展长期滞后、贫困面大、贫困程度深有其必然性。同时，布朗山布朗族长期生活在大山深处，交通不便，与外界长期隔绝，在思想观念有保守倾向，容易形成安于现状，自身虽也有发展的愿望，但因诸多因素限制致使他们不得不接受现实。

我在调查中，曾询问村民对政府政策的意见和建议，多数受访对象认为没有意见和建议。是难以对政策做评判还是政策执行情况很好，不得而知。在即将结束对某村寨调研时，有位村民终于说出了他的想法，给了我难以名状的惊喜，这位村民说道："首先感谢政府扶持我们贫困民族，也没什么建议。只要过得去就行。因为从小在山里长大，没有很好的知识，也不懂什么，所以只是希望我们村发展得越来越好。"这位布朗族乡亲虽话语不是很流畅，但我还是听懂了内容。他们一方面希望村子发展得更好，另一方面也感受到对政府政策提意见和建议是需要知识的。他们当中因多数是文盲，因为缺文化而难以对政府的政策给予评价。

M县是连片特殊贫困地区边境县之一，B民族乡是没有经历民主改革的直接过渡的边境特困民族乡。另外，思想观念致贫还体现在政府部门曾经实施的"橡胶树事件"和"化肥事件"。据一位长期从事布朗山乡扶贫的干部介绍，20世纪90年代初，县乡镇企业局等单位帮助曼囡布朗族村寨种植了80亩橡胶，成活率很高。不料移交给村寨里管理后，仅一年就被野外放养的牛踩毁过半。村干部却跑到该局反映："你们种的橡胶没人管，被牛踩死了"，弄得该局干部哭笑不得。最后80亩橡胶仅剩80多棵，约3亩。还有一次扶贫失败案例是布朗山村寨遭受旱灾，旱稻缺肥虚弱，农业部门拉了两车化肥给受灾的布朗族群众使用，有的农民怕麻烦，将化

---

① 布朗族简史编写组：《布朗族简史》，民族出版社2008年版，第2页。

肥背到半路就倒了，觉得编织袋还结实、漂亮，就背着空袋子回家了。县乡镇企业局曾经在布朗山扶持种植橡胶失败的案例在 M 县干部中广为流传，也成为一部分地方干部理解布朗山贫困面大、贫困程度深原因的案例。我到该县进行调查时，不少干部用此来解释少数民族群众贫困原因。这两件扶贫事例让政府部门及干部加深了布朗山布朗族贫困归因于落后的思想观念的看法。

布朗山"橡胶树事件"和"化肥事件"一方面说明了布朗族群众在早期的扶贫项目中参与度不足，这里不排除贫困群体自身的因素，但也不能忽视提供扶贫项目单位的宣传力度，群众对项目了解很少甚至不了解，也就没有参与的积极性。另一方面，布朗山乡交通极为不便。乡镇到县城路长约 90 公里，中间有一段路经过原始森林。乡政府所在地勐昂村委会交通较为方便，其他村委会离乡政府 21—57 公里，老百姓出行极为不便。农业部门扶持的化肥被老百姓倒了留袋的情况就不足为奇。扶贫项目虽然花了钱，但效率低下，值得今后制定扶贫项目单位和个人反思。

布朗山布朗族是从原始社会末期直接过渡到社会主义社会的直过民族，从新中国成立至今仅有几十年发展时间，由于交通不便，长期处于与世隔绝的封闭状态，人们由于受南传上座部佛教影响，难以接受新事物、新观念。首先，思想意识长期处于封闭状态。布朗山布朗族由于与外界联系较少，眼界受到限制，再加上语言交流的障碍，他们很少与外界进行交往，造成信息的严重闭塞。据当地干部介绍，一位来自北京的中央领导曾到布朗山视察，与布朗族同胞进行交谈，一位布朗族群众问那位中央领导，你们北京有我们布朗山大吗？在一些布朗族群众眼里，布朗山已经占 M 县土地面积的 1/5，显然首都北京肯定没有布朗山大。其次，墨守成规、安于现状。布朗山乡政府早晨 7 点至 8 点，中午 12 点至 12 点 30 分，下午 7 点至 8 点分三时段播放"中国之声"广播，为布朗山乡各族人民提供各种国内外的信息资讯。对大多数布朗族村民而言，"中国之声"广播也不是他们各种信息的来源，他们主要通过电视获取信息。晚上 8 点左右布朗山就一片寂静，也无任何喧哗，人们过着日出而作、日落而息的传统生活。年轻人由于缺乏文化和技术，也缺乏外出"闯闯"意识，所以到外边打工挣钱的人较少。在调查中发现，全乡 11052 个农村劳动力中，仅有 164 人在外打工或做合同工，仅占农村劳动力总数的 1.4%。布朗山乡传统自给自足的小农"小富即安""小进即满"的意识在布朗族群众中广为流行，也是难以摆脱贫困的一个关键因素。布朗族由于受祖辈们世代沿袭下来的生活方式和生活习俗的影响，对外界的生活不了解也不羡慕和追求，对生活期望值也不高，温饱成为大多数人追求的理想。

三　教育因素致贫

目前，我国已建立起学前教育、小学、中学、大学、研究生等完整的教育体系。然而，我国区域之间、城乡之间、民族之间教育发展不平衡，呈现东部发达西部相对落后，城市发达农村相对落后，汉族发达少数民族相对落后的局面。M县布朗山乡是集边疆、民族、山区和贫困为一体的边境乡，布朗族受历史、宗教、文化等因素影响，民族教育发展面临诸多困难和挑战。

1. 布朗族传统佛寺教育和现代国民教育之间的冲突

布朗山布朗族信仰南传上座部佛教（俗称小乘佛教），南传上座部佛教有"送子为僧"的习俗，也就是布朗族小男孩要进缅寺当一段时间的僧侣，学习南传上座部佛教典章制度、文化、礼仪、习俗等。若不进佛寺当僧侣学习，被认为没有教养，缺乏礼仪等，会受人歧视，娶妻时也被人看不起。在调查期间，我观看了布朗族独具特色的缅寺，缅寺是布朗族的心灵家园。新南冬缅寺富丽堂皇、金碧辉煌，具有浓郁南传上座部佛教特色，一些着僧服的僧人出入其内，有的在专心致志地阅读佛经。经介绍，缅寺方丈会定期抽查他们背诵佛经的情况，会背经文会得到表扬，不会背就可能会罚扫地等。我认为，布朗族"送子为僧"的习俗延续至今，布朗族把儿子送入缅寺当僧人，缅寺成为布朗族重要的活动场所，在某种程度上表明布朗山远离政治中心，缅寺成为他们精神家园，布朗族"送子为僧"的动力是文化的信仰力量影响，但更深层次的原因是缅寺教育有助于布朗族小男孩在村社内部社会地位的提升。按照南传上座部教义教规，布朗族小男孩入寺当僧侣学习教义教规，几年后可出寺还俗，若不愿还俗，至20岁后可升为比丘，比丘还俗后，被称为"康朗"[①]。凡是进佛寺当过僧侣的人，普遍受到人们尊敬，而"康朗"是较高级别僧侣，因此布朗族大都会把小男孩送进缅寺当僧侣。

为了缓解佛寺教育与国民教育之间的矛盾，政府出台了《云南省X

---

① 云南省M县地方志编撰委员会：《M县志》，云南人民出版社1997年版，第744页。

傣族自治州民族教育条例》（下简称《民族教育条例》），第三十五条规定："宗教不得干预学校教育和公共社会教育，不得妨碍义务教育的实施，适龄儿童和家长或监护人信仰上座部佛教的，必须遵守《中华人民共和国义务教育法》，按规定的入学年龄送子女或被监护人到校学习，接受义务教育。在初等义务教育阶段，不得入寺当僧侣。在学校学习的僧侣及佛爷，必须遵守学校纪律……在学校内，不得从事宗教活动……"① 这样，政府通过行政手段保障了义务教育的正常秩序。政府也跟当地佛协会协调，小僧侣白天接受义务教育，课余时间可以进行佛寺学习。

随着经济社会发展，布朗族群众的思想观念也随之发生变迁。布朗族"送子为僧"观念随之变迁，有的布朗族青年接受义务教育后出去打工，或者初中毕业不久就娶妻生子，也就没进缅寺当僧侣接受佛寺教育。布朗族男孩进佛寺当僧侣比以前少很多，一些佛寺出现缺佛爷，因布朗山与缅甸第四特区接壤，缅甸那边布朗族较之布朗山更为贫困，缅甸布朗族也愿意到布朗山佛寺中当佛爷，按照地方宗教政策的相关规定，外来教职人员只有听当地佛爷宣讲的权利，没有向信教群众宣讲的权利，当地政府曾经遣返过一批缅甸籍的佛爷。可见南传上座部佛教的缅寺和佛寺文化对布朗族信仰中仍发挥着重要作用。

2. 义务教育与布朗族生产生活之间脱节致使"读书无用论"兴起

教育是现代社会成员阶层间流动的重要手段。布朗山布朗族父母多数是文盲，难以对子女学习辅导致使子女学习难度大，容易产生厌学情绪。教学内容和实践存在脱节也容易滋生厌学情绪。我国义务教育中的《语文》《历史》等科目的内容大多以汉族为主体的学习内容编排，义务教育中缺少少数民族题材的教学内容，致使布朗族男孩在接受教育后在村社中社会地位难以得到提升。相反，佛寺教育则可以实现布朗族在村社中获得认同，社会地位得到提升。因此一些家长甚至认为佛寺教育是自己的，而义务教育则是政府的事情。虽然一些地方也在尝试编写民族地区乡土教材，但至今民族地区乡土教材没有取得实质性进展。为了推进全州民族教育事业发展，X 傣族自治州人民政府出台《民族教育条例》，M 县、布朗山乡两级政府加大了教育的宣传，"今天不读书明天就是新穷人"，让各

① X 傣族自治州人大常委会：《X 傣族自治州民族教育工作条例》，1993 年 4 月 7 日（http：//www. X. gov. cn/zwgk/ShowArticle. asp？ArticleID = 8234）。

族群众意识到教育的重要性。

随着我国高等教育扩招，一些大中专毕业生就业难成为重要话题，布朗山布朗族家庭父母鉴于教育回报率低、风险大，送子女接受义务教育的积极性下降。父母对子女的教育也着重从经济角度考虑，对教育的投入和产出进行衡量后再做决策。若一个布朗族大中专毕业生没能找到工作，回到布朗山，那么对于家庭来说，他的劳动力熟练程度的价值可能比不上没有接受过高等教育的同伴。

近年来，中央、省、州、县各级政府加大少数民族干部培养力度，X傣族自治州布朗族干部已经任到州人大常委会副主任的职位，州人民检察院布朗族担任纪检组长（正县级），州群众工作部、州扶贫办、州民宗局、M县人民政府等均有布朗族担任副职，各市县、乡镇也有布朗族干部。一些布朗族村民也深刻认识到布朗族民族教育重要性。他们认为，布朗族民族教育与傣族、哈尼族等相比较，布朗族要落后一些，且布朗族的领导干部也较少，他们希望提高布朗族干部的人数和比例。只有发展布朗族民族教育才能实现全面提高领导干部人数及比例。况且，少数民族干部选拔任用是根据全州各民族的具体情况统筹规划发展的。若布朗族接受良好的教育，将有机会被培养成少数民族干部。但对布朗山大多数家长来说，他们认为能当上干部的人毕竟很少，还不如采茶、割胶等干活实惠。布朗山乡的茶叶种植等属于劳动力密集型产业，急需劳动力进行采摘。一些家长希望子女采摘茶叶，子女采茶的收入归自己使用，他们通过采茶等获得收入可以进行娱乐等消费活动，从而降低了他们对学习的兴趣。此外，政府推行集中办学是为了让布朗山学生接受更好的教育资源，但因布朗山村寨分散，家长送子女到学校上学需大量时间和精力，也是促使家长送子女上学积极性下降的原因之一。

经过长期调查了解，B民族乡因村寨分散、村寨校点分布也较为分散。布朗山民族教育方面主要存在的问题：一是校点教师严重不足。学生多、教师少。有的一个人上几门课，有的只能开语文和数学课，其他课程由于缺老师无法开课。二是教学设施缺乏。章家村委会校舍破旧，且有四个学点的教室不够用，课桌奇缺，教师缺住房，只能几个老师合住，居住条件差。三是家长不重视。由于父母的文化水平偏低，对子女的学习不关心，大多数认为教育是学校的事，不支持子女入学接受教育，认为读不读书无所谓，只要有力气干活就行。随着经济社会发展，政府将进一步加大对布朗山民族教育的投入，在政策、人力、财力进行优化整合，布朗山民族教育将会实现整体提升。布朗族也逐步意识到子女接受教育的重要性。通过政府、家长、学生三方共同努力，为布朗山培养更多的少数民族干部和专业人才。

我国边境扶贫县文盲半文盲、小学人数占调查总人数的近一半。初中文化程度占调查总人数的 41.3%，高中、中专、大专及以上学历总和仅为调查总人数的不到 10%。M 县是云南省 25 个边境县之一。文化程度低是造成贫困的重要因素。布朗山布朗族受佛寺教育影响、父母教育意识淡薄、教育内容与实践脱节等多种因素造成国民教育发展滞后。由于布朗山教育发展滞后，人们很难接受新知识、新技术，这在一定程度上延缓摆脱贫困的进度。

表 4-7　　　　　　　　　边境扶贫县劳动力文化程度构成　　　　　　单位:%

指标名称	扶贫重点县	边境扶贫县	
	2010 年	2005 年	2010 年
文盲半文盲	10.3	15.4	11.9
小学	32.1	41.4	36.0
初中	45.8	35.9	41.3
高中	8.5	5.6.	8.0
中专	2.0	1.3	1.7
大专及以上	1.3	0.4	1.1

资料来源：国家贫困监测抽样调查：《中国农村贫困监测报告 2011》。

四　市场因素致贫

B 民族乡国土面积 1016 平方公里，占全县的国土总面积的 1/5。全乡总人口为 20237 人，生活着布朗族、哈尼族、拉祜族等民族，但由于地广人稀，居住分散，各村寨之间交往较少，市场发育程度较低。

1. B 民族乡基础设施建设滞后

布朗山作为人口较少民族布朗族从原始社会末期直接过渡到社会主义社会的直过区。长期以来，布朗山乡道路、饮水、教育、产业开发等基础设施建设相对滞后。1998 年 3 月 12 日至 12 月 15 日，由省扶贫办、省教育厅、省人大侨办等 4 个单位共 13 人和县政府办公室、县文化局干部职工组成的省委"村建工作队"，投资 400 万元，实施了通电设施、产业开发、农业农村基础设施等近百个项目①。据了解，勐昂村到乡政府有 1 公里路，原来是土路，每逢雨季，人们出行极不方便。省委"农建"工作队引资 46 万把勐昂村到乡政府 1 公里土路改为柏油路，并投资 11 万元修建简易农贸市场，改善了出行条件，为农产品销售提供了重要平台。B 民族乡各村居住分散，交通不便。每天进入布朗山乡的人数不多，仅有 2 趟公交车到县城，早上 9 点从 M 县城出发前往布朗山，早上 9 点从布朗山发车前往县城；下午 3 点从布朗山出发前往县城 M，下午 3 点从 M 发车前往布朗山。人们进出布朗山办事和出差来回需 6 小时，有时当天无法往返需两天时间。据布朗山乡跑县乡班车的司机介绍，每天出入布朗山人不多，周末人多一点，主要是学生回家乘车，平时 40 座的班车仅有 10 多人乘车，从每天进入布朗山的人数就可窥见经济社会发展滞后的现状。

2. B 民族乡相关配套设施尚未建立起来

首先，乡镇无金融机构。长期以来，布朗山乡由于金融业务量小成为 X 傣族自治州少数没有金融机构的山区乡镇之一。2012 年 4 月，我再次到布朗山调研时，乡农村信用社已经建成但尚未投入使用。12 月，乡农村信用社营业所已投入使用，但每隔一周营业。据了解，布朗山乡农村信用合作社与西定乡八达营业所轮流营业，分别在布朗山、巴达各营业一周。其次，乡镇缺乏机动车加油设施。布朗山由于农用车、私家车、摩托车家庭占有量低且较为分散，全乡缺乏供各种机动车加油的基础设施。为农用车、摩托车加油，大多到百货店私下购买用饮料瓶散装的各类汽油、柴油。2012 年 4 月，布朗山乡汽车加油站正在修建，估计不久就会投入使用，既方便当地群众，也方便外来各种车辆。12 月，我再次到布朗山乡调研，汽车加油站虽已建成，但未投入使用，原因是缺油。再次，全乡公共活动场所缺乏。布朗山尚未建成具有布朗族文化特色的民族文化广场，在一定程度上制约布朗族文化的传承和发展。

3. 缺乏必要的市场意识和效益意识

长期以来，布朗山缺乏供各种农产品交易的乡镇农贸市场。1998 年，云南省委"农建"工作队在布朗山投资 11 万元帮助修建简易农贸市场。农贸市场建在乡政府所在地勐昂村，农贸市场出售的大部分粮食、水果、

① 中共 M 县委、县人民政府：《我国唯一的布朗族乡——布朗山》，（未公开出版）2005 年，第 8 页。

蔬菜从 M 县城运来，而少部分则是附近村寨村民出售自家种的蔬菜，由于是自给自足的自然经济，各村寨居住分散，农贸市场销售量不高。据该乡农经站统计，2012 年底，布朗山全乡共有小卖部 72 家，分布在全乡 7 村委会和 52 个村小组 63 个自然村，乡政府驻地勐昂村有 16 家餐馆，百货店、家电销售、手机销售、服装销售等 22 家店铺。农贸市场每天各类产品交易销售毛收入为 22000 元。

在布朗山开店的大多都是外地人，本地人大多数缺乏市场意识，也缺乏开店的资金。布朗山仅有为数不多的布朗族前往 M 县茶叶批发市场，从事贩卖茶叶。我曾在新竜村委会调研，村委会副主任介绍，老百姓种的茶叶主要是靠外地老板来收，有时村民为了让外来老板来收，尽可能把茶叶价格降低。老百姓不外出自己卖茶，主要是语言障碍，担心被商人欺骗，所以即使再低的价也想把茶叶卖给外来老板。布朗族村民市场意识薄弱是难以摆脱贫困的重要因素。

布朗山布朗族祖祖辈辈以种茶制茶为根本，布朗族年轻人也大多在家务农种茶，极少有人愿意走出布朗山去看外边的世界。由于布朗山地处偏远，交通不便，致使外边各种信息很难及时传进来。在生产中，布朗族较少采用工钱雇人，他们通过换工来弥补家庭劳动力供需矛盾，如在建房时，布朗族杆栏式民居建造，家族本家都有出工的义务，建砖混结构住房则请建筑队修建，但能修砖混结构住房为数不多。换工、人情工大量存在，表明市场发展处于较低阶段，布朗山布朗族缺乏市场意识致使难以更有效地利用劳动力资源。总体而言，B 民族乡市场意识薄弱，不仅与传统思想文化有关，而且也与市场发展密切关联的金融机构、加油站建设、餐饮、住宿等基础设施缺乏高度相关。因此，市场意识的培育不仅依靠个人主体性和创造性的发挥，而且也急需改善市场意识所急需的外部环境。

布朗山乡除以上致贫原因外，欠发达地区群众为发达地区支付发展的代价致贫也不应被忽视。目前，国家把生态文明建设放到"五位一体"格局高度，加大了自然和生态保护力度。发达地区一些人为了获取经济利益来到欠发达地区雇佣、教唆当地贫困群众砍伐森林、盗猎野生动植物等，而欠发达地区一些群众因缺乏相关法律知识而铤而走险，一旦被当地相关部门抓获就会受到法律等制裁，家庭劳动力减少，加剧了当地一些少数民族家庭的贫困。

第五节　小结

本章分为五节，第一节从布朗族的族源入手，分析布朗族的历史变迁、宗教信仰、语言、民居、婚姻等特点，通过对布朗族民族属性特征进行分析，从民族文化视角诠释布朗族贫困。第二节 B 民族乡概况从地理位置、人口与民族、生产水平、自然资源、财政收入等进行分析。第三节 B 民族乡贫困的主要维度，从收入贫困、能力贫困、动机贫困、农村家庭耐用消费品和农村基础设施建设情况入手。第四节分析造成 B 民族乡贫困的原因。从历史因素、观念因素、民族教育因素和市场发育因素等进行分析。

B 民族乡是从原始社会末期向社会主义社会直接过渡的直过区，布朗族是直接过渡的直过民族，B 民族乡的贫困主要体现在传统生产方式、传统观念、受教育年限短、劳动力的综合素质低等方面。B 民族乡贫困治理要从提高生产技术、提高民族教育受教育年限、提升劳动力的整体素质等方面入手，立足实际、着眼长远，不仅要注重贫困治理的制度创新，也应关注布朗族贫困群体主体性发挥，以人为本，推进民族直过区 B 民族乡经济社会科学发展和直过民族布朗族的全面发展。

第五章

国家视阈下的民族乡贫困治理

国家参与贫困治理经历了前福利国家阶段、福利国家阶段和后福利国家阶段。前福利国家阶段主要是消除绝对贫困，福利国家阶段为社会成员提供了"从摇篮到坟墓"的福利体系，后福利国家阶段解决绝对贫困和相对贫困并存的转型性贫困，同时福利提供主体也呈现多元化趋势。伊瓦斯（Evers A. & Olk T. , 1996）的福利三角理论认为，国家作为福利提供方，公共部门作为福利生产部门，按照科层制确定社会成员获得社会福利，为那些有社会权的公民提供福利。一般而言，衡量国家提供福利有效的准则是否缓解社会矛盾、促进社会和谐。同时，国家作为福利提供方，在福利供给过程中也存在对少数群体需要的忽视和降低他们自助的动机、选择自由的下降等不足。

我国是多民族组成的统一的社会主义发展中国家，不同民族之间发展存在差异。为了实现各民族共同团结奋斗、共同繁荣发展，我国加大了力度对后发展多民族聚居地区的贫困治理。2012 年 11 月，党的十八大报告曾指出，全面正确贯彻落实党的民族政策，坚持和完善民族区域自治制度，牢牢把握各民族共同团结奋斗、共同繁荣发展的主题，深入开展民族团结进步教育，加快民族地区发展，保障少数民族合法权益，巩固和发展平等团结互助和谐的社会主义民族关系，促进各民族和睦相处、和衷共济、和谐发展。加大对边境地区、少数民族地区扶持力度，加快推进以改善民生为重点的社会建设①。少数民族地区社会建设就是国家在少数民族地区实施医疗、养老、教育、就业等民生领域的建设，贫困治理也从少数

---

① 胡锦涛：《坚定不移沿着中国特色社会主义道路前进 为全面建成小康社会而奋斗——在中国共产党第十八次全国代表大会的报告》，新华网，2012 年 11 月 15 日（http：//news. xin-huanet. com/18cpcnc/2012 – 11/17/c_ 113711665. htm）。

民族贫困群体个人的基本需求转变为人的全面发展。

民族乡是我国特有的少数民族自己管理自己内部事务，依法行使当家做主权利的基层政权形式，是解决我国散居少数民族问题的重要形式，是民族区域自治制度的重要补充。关于民族乡设置的相关条件，1983 年 12 月 29 日，国务院下发的《关于建立民族乡问题的通知》指出，少数民族人口占乡镇总人口 30% 及以上的可以建立民族乡，少数民族群众建立民族乡意愿强烈、情况特殊的，可以低于这个比例建立民族乡。民族乡的名称由地名和单一的或多个自治民族名称组成①。

新福利三角理论国家一角作为福利提供方参与民族乡贫困治理。本章从相关理论、国际经验入手，回顾国家参与贫困治理的相关理论和国际经验，阐释 B 民族乡贫困治理的历史变迁，重点论述 B 民族乡贫困治理的现状，突出国家贫困治理的政策、人力、资金维度，阐述 B 民族乡贫困治理的本土实践，分析 B 民族乡贫困治理存在的问题与不足。

第一节　相关理论与国际经验

一　相关理论

1. 国家社会主义：福利国家的源起

1884 年前后，德国时任首相俾斯麦（Otto von Bismarck）推动并实施了《疾病保险法》《工伤事故保险法》《养老保险法》等一系列保护劳工的法令，俾斯麦的社会福利政策被称为王朝福利主义。国家是个人真正的理性和自由意志的体现，个人必须绝对服从国家。这种国家社会主义不是反对资本主义生产资料个人所有的制度，而是提倡一种能和社会化生产大分工相适应的以国家为主体的生产分配调控机制。国家社会主义强调的是生产资料在所谓国家意志影响下的监控，政府并不直接控制生产资料的配置和使用，但政府代表国家拥有对生产资料的绝对控制权、使用权和分配权。国家把生产资料获得的社会资源分配给社会成员，促使社会成员对国家权威的认可。

---

① 《国务院关于建立民族乡的通知》，《中华人民共和国国务院公报》，1983 年第 26 期（http://www.cnki.com.cn/Article/CJFDTotal - GWYB198326000.htm）。

2. 马克思、列宁国家保障思想

马克思、列宁国家保障思想由马克思、恩格斯和列宁的社会福利思想组成。马克思（Karl Marx）认为，社会主义社会生产资料归社会占有，由于消灭了人剥削人的经济基础，使得生产社会化成为真正的事实。通过社会生产，不仅可以保证一切社会成员有富足的生活，而且还可以保证他们体力和智力获得充分自由的发展，国家加强和完善社会保障体系。恩格斯（Friedrich Engels）在《英国工人阶级现状》发现无产阶级的贫困化问题。为此，他通过对无产阶级的生存权、发展权和受教育权保障实施贫困治理。列宁（Vladimir Ilyich Ulyanov Lenin）提出工人阶级的保障制度应为"国家保险"。应通过以下原则建立：第一，工人在下列一切场合（伤残、疾病、养老、残疾、怀孕、生育、养育者死后所遗寡妇和孤儿的抚恤）丧失劳动力，或因失业失掉工作工资时国家都要给个人保障。第二，保险要包括一切雇佣劳动者及家属。第三，对一切保险者都要以补助全部工资的原则予以补助，同时一切费用由国家和企业承担。第四，各种保险都由统一保险组织办理；这些组织应该按区域或被保险者费用完全自理的原则建立①。列宁强调社会保障是国家的责任，任何个人和团体无法替代，满足劳工阶层及家属的基本生活需求，免除生存危机。

3. 凯恩斯国家干预市场思想

20世纪30年代，美国爆发了经济危机，此次危机后来波及当时的整个资本主义世界。凯恩斯经济学思想是此次大危机的直接产物，也是国家垄断资本主义发展的必然产物。凯恩斯认为，在资本主义社会产生经济危机和"非自愿失业"的原因是有效需求不足，即消费和投资不足。解决有效需求不足，不能靠市场经济的自发调节，而必须靠国家的干预，特别是财政税收的干预。凯恩斯主张把富人收入的一部分用累进税的办法集中于国家手中，再通过政府转移支出的办法分配给穷人，或由政府兴办公共工程，这样既可解决由消费倾向过低造成的消费需求不足，也可增加政府投资，从而达到刺激需求、促使供求平衡和增加就业。

4. 坦普尔、贝弗里奇福利国家思想

1941年，坦普尔（william Temple）最早提出了英语中发音相近的

---

① 列宁：《俄国社会民主工党第六次"布拉格"全国代表会议》，《列宁文选》第十七卷，中央编译局译，人民出版社1959年版，第448页。

"福利国家"（welfare state）和"战争国家"（warfare state）的概念。坦普尔希望通过改善住房、提高教育、增加收入、鼓励参与、尊重信仰自由六个方面来实行社会改良，推动福利国家思想在英国的传播，为福利国家在英国实施奠定了思想基础。1941 年 6 月，当时英国政府委托贝弗里奇（William Beveridge）组成的专业委员会，着手治理战争对英国造成的创伤，解决广泛存在的贫困、疾病、无知、肮脏、懒惰等不良行为。1942 年，英国发布《社会保险及相关服务》（亦称贝弗里奇报告）。贝弗里奇指出，现代社会保障体系应由社会保险、国民救助和自愿保险三个层次构成，通过社会保险来消除贫困。该报告对当时英国现有福利制度进行批评，提出以下建议：一是国家要努力实现充分就业。二是国家要为全民的健康服务。三是国家要提供家庭津贴。由于报告的大部分内容被战后英国政府采纳，为英国福利制度的建立奠定了基础。英国以贝弗里奇报告为蓝本，为社会成员建立起从"摇篮到坟墓"的福利制度，英国因建立了福利政策和福利制度被称为福利国家。英国的福利制度对西欧、整个欧洲乃至世界各国福利制度的建立产生了深远影响。

国家福利理论是对传统市场主义至上的思想的反思，国家职能也从被动的福利提供向主动为社会成员提供福利转变，国家福利注重社会保险制度的建设，社会成员个人风险转化为社会风险，提高应对风险的能力。社会成员享受到的福利范畴与福利水平得到整体提升。

5. 福利三角中的国家

福利三角（welfare triangle）和福利多元组合（welfare mix，又译为福利混合、多元福利）。罗斯（Rose，1986）认为，一个社会总体的福利是重要的议题，社会中的福利来源于家庭、市场和国家，这三者作为福利的提供方，任何一方对其他两方都有贡献，将三方提供的福利进行整合就形成一个社会福利的整体，这三者成为社会福利的多元组合。约翰逊（Johnson，1987；1999）在罗斯的福利多元部门组合中加进了志愿部门，丰富了福利多元组合理论的内容。伊瓦斯（Evers，1988）借鉴了罗斯的多元福利组合理论。他将罗斯的福利多元组合在不同的社会制度中家庭、市场和国家为总体演绎为家庭、经济和国家共同组成的福利整体，伊瓦斯称之为福利三角（welfare triangle）。

罗斯提出社会政策的福利三角模型，后经约翰逊和伊瓦斯的发展，最后伊瓦斯的福利三角（welfare triangle）由家庭、经济和国家组成。按照福利三角理论，国家、市场和家庭作为社会福利提供方之间的关系是相辅相成、相互促进的，福利三角的任何一方的改变也会引起其他两方的改变。伊瓦斯把国家作为福利生产部门之一，各国福利制度建设是通过社会政策实施来实现的，各国先后出台和完善失业保险、养老保险、医疗保险、工伤保险、生育保险、社会救助、住房和教育保险等社会政策，为各国居民提供不同类别的国家福利。我的贫困治理研究对象是处于后发展阶段的边疆少数民族贫困乡，非政府组织、志愿部门等第三部门介入贫困治理时间较短，后因管理方面原因被迫撤离，所以福利三角模式而非福利多元主义模式。西方福利三角理论致使社会福利主体得到扩展，国家提供福利将改变以往的随意性和偶然性，国家参与贫困治理实现义务型向责任型转变。

二　国际经验

福利国家的产生与发展是经济社会发展到一定阶段的产物。福利国家不仅是国家福利发展的高级阶段，而且是特定环境下产生的福利制度，国家提供福利经历从单一主体向多元主体的福利多元化发展。那么，西方的福利国家对处于经济社会转型加速期的中国能提供怎样的福利经验？

1. 国家福利制度的建构及出台一系列政策法令

福利国家制度从最初的德国发源，后经不同时期的演变。在"二战"前被发展成为国家社会主义，此后德国福利制度传到了法国等西欧其他国家。1942年，英国颁布《社会保险及相关服务》（也称贝弗里奇报告）为国民解决贫困、疾病、肮脏、无知、愚昧等困扰当时英国社会的诸多问题。贝弗里奇提出，不论社会保障受益者的收入高低，均按统一标准领取津贴，也不分贫富均按统一标准缴纳国民保险费，旨在满足全体国民的基本生活需要，成为国民的权利，为国民建立从"摇篮到坟墓"的福利计划。贝弗里奇还指出，通过维持收入摆脱贫困是不够的，因为摆脱贫困只是满足人类的基本需求，按照贝氏设计，不仅仅是劳动者本人，还需要子女补贴、全方位医疗和康复服务、维持就业政策。1944年至1948年，英国先后出台《教育法》《家庭补助法》《社会保险法》《国家健康服务法》《国民保险工（伤）法》《国民救济法》。这些福利政策的实施满足了国民不同层次的生活需求，提高了国民生活质量。

2. 国家福利制度建构重视对人力资本投资

英国福利国家重视对国民人力资本投资，提高国民的综合素质。人力资本投资主要是通过提升国民受教育年限及水平。英国政府先后出台《安德森报告》《1962 年教育法》《罗宾斯报告》等，为全日制大学生支付学费，为贫困生提供生活费解决生活问题的福利政策。1973 年，因石油危机引发的全球性经济危机，致使经济陷入低迷。国民对教育的经费资助方式也备受质疑，政府教育经费也出现紧缩，后来以"谁受益、谁付费"原则，出台"助学金"和"贷学金"相结合的混合资助教育制度。北欧瑞典的社会民主党也积极推动国家教育事业，鼓励国民接受新知识、参与社会互动，成为国家经济建设的主要力量。

3. 国家福利制度构建重视对资金的投入

西方的福利国家不仅以政策法令形式建构福利制度，而且还大量投入资金为福利制度注入动力。英国通过向富人征收高额的税收为福利国家提供充足资金，建成第一个被称为"从摇篮到坟墓"的福利国家。英国国家为福利建构注重投入大量资金，凸显国家的责任。以 1970 年至 1979 年政府缴纳社会福利费用变化为例，1970 年 37280 亿英镑，1975 年 101140 亿英镑，1979 年 204580 亿英镑，10 年间增长 499%[①]。英国不仅国民健康服务、社会服务以及非缴费性收入支持保障项目的经费，基本上都是由国家通过一般税收承担，而且就连要求个人和雇主缴费的国民保险领域，也提供了一定的补贴。北欧的瑞典也以较高的税收为高度发达的社会福利制度筹措资金。1997 年，瑞典的总税收占国内生产总值（GDP）的 54.8%，而英国为 35.3%，欧盟国家平均为 40%，而美国仅为 28.5%[②]。瑞典通过高税收筹集了充足的社会福利资金，为国民建立起儿童保障、教育保障、医疗和病休保障、事业救济保障、住房保障和养老保障的全民性、高福利、均平性的福利制度。

同时，我们也应该注意到，国家福利制度建构应从福利提供单一逐步向多元转变，满足社会成员多层次物质和精神需求。福利制度构建应建立在特定的经济社会发展基础上，走可持续发展道路。福利制度建设与政党制度、政治生态有关。福利制度构建与特定文化密切相关。因此，国家参与贫困治理应立足实际、着眼长远，借鉴西方国家经验的同时，应积极探索促其实现本土化，建立科学有效的福利制度。

---

① 赵立人：《各国社会保险与福利》，四川人民出版社 1992 年版，第 78 页。

② 闫安：《瑞典的社会福利制度及其特点》，《科学·经济·社会》2006 年第 1 期。

第二节   B 民族乡贫困治理的历史变迁

中国共产党是以马列主义为指导思想的无产阶级政党，不论在民主革命时期、抗日战争时期还是解放战争时期，都以马列主义民族观指导开展国内民族工作，赢得各民族群众的信任和拥护。马列主义民族观是各民族一律平等，每一个民族，无论其大小，都有自己本质上的特点，都有只属于该民族而为其他民族所没有的特殊性。一切民族，无论其大小，都处于同等重要的地位，每个民族都是和其他任何民族同样重要的[①]。在中国共产党的领导下以汉族为主体，各少数民族共同参与建立独立、自由、民主的中华人民共和国。新中国成立标志着我国民族关系进入新的阶段，各少数民族一改长期以来被奴役、压迫的地位，充分享有宪法赋予的各项权利，实现真正意义上的当家做主。

新中国成立前夕，X 傣族自治州 M 县布朗山布朗族还处于原始社会末期。布朗山布朗族村社内部还残留着农村公社的"讨种""借种""送种"和相互协作、共同开垦公地的土地关系，但同时也存在租佃、雇工和借贷等剥削关系，农村公社的生产关系与私有制剥削关系常常交织在一起，构成了村社内部复杂的生产关系[②]。与生活在半山区的布朗族相比，布朗山布朗族生产力低下，刀耕火种，生产工具以木制工具、石制工具为主，铁制工具数量很少。

1952 年 8 月，《中华人民共和国民族区域自治实施纲要》发布，规定了实行民族区域自治总的原则，民族自治机关的组成和隶属原则，自治机关自治权利的范围，调整民族区域自治区内民族关系的原则，以及上级人民政府对民族自治区的领导和帮助的原则等重要内容。1953 年 1 月 23 日，X 傣族自治区成立。1954 年 3 月 19 日，布朗山召开各族人民代表大会。3 月 21 日，布朗山区人民政府从版纳勐混划出在新曼峨成立。1954 年 6 月 15 日，中共西边工委派出慰问团到布朗山区政府及前沿一线的新

---

① 《马恩列斯论民族问题》语录编写组：《马克思恩格斯列宁斯大林论民族问题》，社会科学文献出版社 1978 年版。

② 张晓琼：《人口较少民族实施分类发展指导政策研究——以云南布朗族为例》，民族出版社 2011 年版，第 9 页。

竜、章家、南洞等村寨，对当地驻军武工队、各村寨民族上层及群众进行慰问，向布朗山区各族人民赠送了大批生产生活用品，并进行慰问演出。为了提高布朗山布朗族生产力水平，政府派发各种铁制农具给布朗族群众并教习农业生产方式①。1955 年，X 傣族自治区改 X 傣族自治州，下辖12 个版纳，M 县辖区内有 5 个版纳，格朗和自治区和布朗山自治区。布朗山区人民政府由 X 傣族自治州直接管辖。

1956 年，中央民族工作调查团在布朗山发现，布朗山生产水平极其低下，生产方式为"刀耕火种"，生产工具缺乏。根据布朗山实际，制定山区后进少数民族直接过渡到社会主义社会，在布朗山不进行土地改革，不废除原有债务，土地谁开谁种，集体开的土地共同使用，债务当事人协商，本着团结、互助、互让的精神，解决历史遗留问题。

1956 年 5 月，布朗山区新曼峨试办第一个合作社，在工作组的帮教下，勐昂村布朗族开田种水稻。1956 年上半年，布朗山区被确定"直接过渡"地区，在农村不实行土地改革，从原始社会末期直接过渡到社会主义社会。少数民族内部"直过"政策，消除了布朗族内部上层的疑虑，布朗族不同阶层本着互谅互让的方针，积极化解民族内部矛盾，推进布朗族实现"一步跃千年"，布朗族实现了跨越式发展。1958 年，布朗山区改属 M 县政府，成为全县 10 个村公所之一。20 世纪 50 年代，党中央和毛主席的关怀如同春风化雨，吹遍了布朗山的村村寨寨，吹进了布朗族同胞的心田。

1969 年至 1984 年为布朗山人民公社时期。农村人民公社是政社合一的组织，是我国社会主义社会在农村中的基层单位，又是我国社会主义政权在农村中的基层单位。1969 年布朗山区人民政府更名为"五一公社"。1973 年"五一公社"更名为"布朗山公社"。

1983 年，为了维护散居少数民族的平等权利，国务院发布了《关于建设民族乡问题的通知》，通知指出凡是相当于乡的少数民族聚居的地方，少数民族人口占 30%的乡，应当建立民族乡。1984 年机构改革，布朗山撤销"五一"公社建制，恢复布朗山区公所名称。1984 年 5 月 31日，全国人大六届二次会议通过了《中华人民共和国民族区域自治法》，

---

①　中共 M 县委员会、M 县人民政府：《中国唯一的布朗族乡——布朗山》，（未公开出版）2005 年，第 2 页。

这是新中国成立以来第一部关于民族区域自治的专门法律，它的制定是我国民族区域自治制度建设和法制建设的一个空前成就。1987 年 10 月，布朗山撤区建乡，更名为 B 民族乡，是我国唯一以布朗族命名的民族乡①。从此以后，B 民族乡一直沿用至今，也标志着布朗山的发展与内地同步进入新的历史时期。中央在布朗山实施的一系列政策使人口较少民族、直过民族布朗族意识到布朗族是中国多民族国家中的成员，增强了对祖国和对民族的认同。

第三节　B 民族乡贫困治理的现状

B 民族乡贫困治理的现状分为国家贫困治理的维度和 B 民族乡贫困治理的本土实践两部分。

一　国家贫困治理的维度

我在回顾英国福利国家发展历程时发现，国家提供福利突出了政策、人力、资金等维度，为国民提供完善社会福利。在此基础上，我国国家视阈下民族乡贫困治理是以政策、人力和资金为维度，分别是国家在贫困治理中政策投入的实施情况，人力投入的实施情况和资金投入的实施情况。国家通过政策、人力、资金三维投入着力提升贫困群体人力资本、社会资本和社会网络等建设，提升民族乡、少数民族贫困群体自我发展能力。下面分别对国家贫困治理的政策维度、人力维度和资金维度进行论述。

1. 国家贫困治理的维度：政策

新福利三角理论政策作为国家一角的维度参与贫困治理。新中国成立以来，我国贫困治理政策分为"输血式""造血式""多元式"三阶段。

首先，国家救济"输血式"贫困治理政策（1949—1978）。

新中国成立后，我国建立起人民当家做主的社会主义国家。开始医治长期战争给国家造成的严重创伤，解决城乡普遍存在的贫困问题，实现国

---

① 据《云南民族乡工作条例》第三条规定，除特殊情况外，民族乡名称由地方名称和民族名称组成。

民经济社会恢复发展。一是国家通过出台一系列法律法规对城乡居民享有福利作出规定。1951 年 2 月，当时政务院出台《中华人民共和国劳动保险条例》对城市职工享有相关待遇做出规定，同时还对因公负伤、非因公负伤、疾病、残疾人在享受待遇上也做了明确的规定，为以上弱势群体的贫困治理提供制度保障。1954 年颁布的《中华人民共和国宪法》指出，"公民在年老、疾病或者失去劳动力的时候有获得物质帮助的权利。国家举办社会保险、社会救济、群众卫生事业，并逐步扩大这些设施，以保证劳动者享有这些权利"。二是以规章制度为依托，为城乡贫困居民提供二元化福利。在城市，建立起涵盖养老、疾病、工伤、生育等被称为"摇篮到坟墓"的福利体系，解决了城市职工及家属的后顾之忧。同时，对未就业及单位以外的人员实行"民政福利"方式进行保障。在农村，推行农业合作化，各地在互助组的基础上成立农业合作社，建立人民公社制度。以生产合作社为基础，对农村居民实施以基础教育、合作医疗、集体养老和五保户制度内容的福利制度。从这段时期来看，农村实行人民公社制度，劳动者生产积极性较低，生产力发展滞后，农村贫困问题比较严重。国家在农村贫困治理仅以"五保户"等对象少数弱势人群，采用现金、实物等"输血式"贫困治理。以五保户制度为例，五保户是指农村无劳动能力、无收入来源、无法定抚养人的孤寡老人、伤残退伍军人、孤儿等特殊弱势群体，国家对五保户实行以"保吃、保穿、保医、保住、保葬（儿童保教）"福利政策。然而，"五保户"涵盖面较窄，难以满足贫困群体的需求。

1949—1978 年，我国在城市建立较为完善的福利制度，贫困人口主要集中在农村，政府主要通过投入资金、实物进行"输血式"救助解决贫困群体基本生活所需，对贫困地区的自然环境、贫困群体发展能力等贫困关注不够，贫困治理的效果整体偏低。

其次，国家"造血式"贫困治理政策（1978—2000）。

改革开放初期，我国城乡贫困问题很严重，按照世界银行统计标准，1978 年，我国贫困人口达 7.9 亿，贫困治理任务显得艰巨而繁重。1949 至 1978 年，我国在城市实行职工低工资、高就业政策，城市职工享有较为完善的福利制度安排。改革开放初期，全国贫困人口主要集中在农村。我国开始通过制度改革、大规模的开发和大力发展经济等进行"造血式"贫困治理，贫困治理经历以下阶段：一是 1978 年至 1985 年制度改革推进扶贫阶段。1978 年党的十一届三中全会确立以经济建设为中心，对内实施改革，对外实施开放。由于人民公社制度存在政社不分、集体出工干好干坏一样等弊端，农村生产得不到发展，农村普遍出现"饿肚子"情况，严重挫伤了农民的生产积极性。国家在农村实行改革，取消人民公社制度，实施家庭联产承包责任制，粮食获得增产，调动农民的生产积极性和创造性，推进农村经济社会发展。二是 1986 年至 1993 年国家大规模的扶贫开发阶段。1986 年 6 月，我国首次建立了专门扶贫机构"国务院贫困地区经济开发领导小组及其办公室"，各级地方政府也建立起相应的领导小组及机构，形成了中国农村开发式扶贫的组织体系。鉴于一些地区农村经济增长和生活状况陷入停滞状态，特别是在革命老区、民族地区和边境地区，中央确定以贫困县为有针对性的扶贫投资单位。三是 1994 年至2000 年大力发展贫困地区的基础设施及基本公共服务。国家贫困治理主要从农村基本农田改造，鼓励贫困户发展副业，实施"通电""通路"工程，解决贫困村的人畜饮水问题，逐步普及初等义务教育和基层医疗卫生建设等。

最后，国家多元主体参与式贫困治理政策（2000 年至今）。

2000 年至今，我国贫困治理形成多元式参与体系。一是中央、地方政府出台一系列"自上而下"城乡贫困治理政策，为我国贫困治理提供重要的制度保障。国家在城市扶持促进创业解决失业人员贫困问题。随着国有企业改革的推进，城市出现大量下岗失业人员，下岗失业人员成为贫困群体的重要组成部分。同时，随着高校扩招，一些未就业的毕业生也日益成为贫困群体。2010 年 10 月，财政部、国家税务总局出台《关于支持和促进就业有关税收政策的通知》，对包括毕业年度内的高校毕业生、失业登记达半年以上的人员、低保家庭、零就业家庭登记失业人员，并给与享受税收优惠政策；国家也出台一系列扶持农村发展的政策。国家先后出台《中国农村扶贫开发纲要（2001—2010）》《中国农村扶贫开发纲要（2011—2020）》等，国家把扶贫重点县进行调整，把工作重点放在西部地区、民族地区和边境地区。贫困村成为基本瞄准单位，且涵盖非贫困县的贫困村。针对革命老区、民族地区、边境地区的贫困治理。2005 年，国务院批准实施《扶持人口较少民族发展规划（2005—2010）》，云南省也出台《云南省扶持人口较少民族发展规划（2006—2010）》；2007 年 6月 9 日，国务院办公厅印发《关于兴边富民行动十一五规划的通知》；

2011 年 6 月 5 日，国务院办公厅印发《兴边富民行动规划（2011—2015 年）的通知》；2011 年 6 月 20 日，国家民委、国家发展改革委、财政部、中国人民银行和国务院扶贫办联合编制《扶持人口较少民族发展规划 (2011—2015 年)》；2011 年 9 月 7 日，云南省出台《云南省扶持人口较少民族发展规划（2011—2015)》。各级政府按照中央相关会议文件精神根据实际出台了兴边富民行动、扶持人口较少民族发展等一系列政策的实施意见。

二是形成多元化贫困治理格局。这一阶段，形成部门扶贫、专项扶贫和社会扶贫多元格局。国家通过部门扶贫、行业扶贫逐步把贫困治理的重点从贫困县转向贫困村。专项扶贫涵盖易地搬迁、整村推进、以工代赈、产业扶贫、就业促进、扶贫试点、革命老区建设等扶贫方式。部门扶贫是以明确部门职责，各行业部门把改善贫困地区发展环境和条件作为本行业发展规划，在资金、项目等方面向贫困地区倾斜的行业扶贫。社会扶贫涵盖定点扶贫、东西部协作扶贫、军队和武警扶贫、企业和社会各界扶贫，以发动社会力量，发展扶贫事业的扶贫类型。一些境外和本土的公益组织参与贫困治理，如境外的福特基金会、国际"小母牛"组织、美国"妈妈联谊会"以及本土的中国扶贫基金会等非政府组织。一些知名人士凭借强大的企业集团也积极参与贫困治理，如邵逸夫、宗庆后、陈光标等。

国家实施一系列"自上而下"政策参与贫困治理，不仅优化整合相关部门资源，而且贫困治理的重心也随着经济社会发展发生转移，突出针对性和实效性。政策作为新福利三角理论国家一角的治理维度，有利于发挥政府相关部门的职能，积极吸收境外非政府组织和本土非政府组织参与贫困治理，一些知名企业家、社会名人也积极投身贫困治理，形成多元化贫困治理格局。

2. 国家贫困治理的维度：人力

新福利三角理论将人力作为国家一角的维度参与贫困治理。美国著名经济学家西奥多·舒尔茨（Theodore Schultz）指出，贫困的关键因素在于人，在改善穷人福利的过程中，提高生产的决定性因素并非空间、能源和耕地，而是人口素质，人力资本的提高是帮助穷人摆脱贫困的决定因素①。国家贫困治理的人力维度主要通过大力发展基础教育和派干部

---

① ［美］舒尔茨：《人力资本的投资》，商务印书馆 1990 年版，第 50 页。

驻村提升贫困地区的人力资本，使人力资源优势转化为人力资本优势，把潜在的人力资本优势转化为现实的经济社会发展优势。

第一，内生：贫困群体提升人力资本。

自新中国成立以来的60多年时间，政府把提升人力资本作为一项重要任务。初期，政府创办基础教育、中级教育，适龄人群可以接受国民教育。然而，"文革"期间国民教育一度中断。改革开放以来，政府已建成涵盖学前教育、小学教育、中学教育、高校教育、职业教育等体系。在一些革命老区、民族地区、边境地区也普及九年制义务教育，着力提升公民的知识水平和业务技能。

我国少数民族大多居住在中西部地区、边境地区，这些地区远离行政中心、交通不便，一些少数民族地区经济社会发展落后，缺乏推进教育必要的基础和条件，严重制约了少数民族发展。我国通过大力发展国民教育提升少数民族地区的人力资本：一是全面提升少数民族群众的知识文化水平。在少数民族地区，大力发展少数民族教育，建立起中央、省、州（市）、区（县）的小学、中学的民族教育体系。如北京建立起西藏中学，深圳也在一些中学开设新疆班等。同时，为了加强少数民族人才培养力度，建成以中央民族大学为代表的15所民族院校，一些全国重点高校设立少数民族预科教育，针对西藏自治区、新疆维吾尔自治区还设专门招生，专门培养全国少数民族高层次人才，为培养少数民族人才提供了制度保障。二是大力培养少数民族干部。少数民族干部是少数民族中的优秀分子，对于深入贯彻落实党的民族政策，实施民族区域自治制度具有人文优势、语言优势、认同优势。鉴于少数民族干部在推进少数民族地区经济社会发展中的关键作用，自1954年以来，中共中央党校开设面向新疆维吾尔自治区、西藏自治区以半年为时限的地厅级和县处级干部培训班，培养了大量少数民族人才。国家民族事务委员会下属的中央民族干部学院主要以云南、贵州等民族八省区的少数民族干部为主要培训对象，进行专题培训、轮训，已经形成各级党校、团校、干部院校、培训中心、高等院校的少数民族干部培训体系。三是农村实用技术培训。一些少数民族由于知识文化水平偏低，缺乏种植、养殖等方面的技能，政府通过农村实用技术培训提升农业生产技能，推进农业增产增收。因此，大力发展少数民族地区基础教育、中等教育和高等教育，加大对贫困群体的人力资本投资，提高少数民族贫困群体自我发展能力。

　　第二，外介：政府人力介入贫困治理。

　　我国逐步建立城市以最低生活保障制度为主体，临时救助和优惠政策为补充，医疗、教育及住房相结合的贫困治理制度。进入 21 世纪以来，我国实施工业反哺农业、以城带乡、以乡促农、城乡一体化发展政策。2005 年 10 月，党的十六届五中全会报告提出，社会主义新农村建设要围绕"生产发展、生活宽裕、乡风文明、村容整洁、管理民主"的方针。自 2006 年以来，X 傣族自治州、M 县推进社会主义新农村建设。为了推进新农村建设，各级政府选派新农村指导员组成新农村工作队，从省、州（市）、市（县）、乡（镇）四级政府机关、事业单位抽调工作人员驻村进行指导新农村建设。省级行政机关、事业单位选派一名领导干部挂职县委副书记兼县新农村工作队总队长，省级行政机关事业单位的新农村指导员或州级机关科级领导干部挂职乡镇副书记兼新农村工作队队长，省、州、县、乡均抽调干部组成新农村指导员队伍，派一名指导员进驻村委会。新农村指导员职责是宣传党委政府的政策，协助村委会干部工作，了解社情民意，调解各种农村矛盾纠纷，为村庄发展出谋划策，积极争取外部力量资源加大对农村的发展扶持。同时，把贫困治理的重点集中在中西部地区的革命老区、少数民族地区、边境地区的特困地区。

　　新福利三角理论中人力作为国家一角贫困治理的维度就是国家通过大力发展民族教育，提高人力资本和社会资本。人力作为贫困治理的维度促使贫困群体转变观念，通过潜能开发增强脱贫致富的信心，通过技能开发有效拓展生存发展空间。简而言之，就是促使贫困群体接受外来理念和新事物，接受各种技能培训，提升贫困群体自我能力和素质的过程。

3. 国家贫困治理的维度：资金

　　新福利三角理论中资金作为国家一角参与贫困治理的维度。自 1978 年以来，我国实施了制度改革推进扶贫阶段、国家大规模扶贫阶段、参与式扶贫阶段、多元式可持续扶贫发展阶段。自国家实施大规模扶贫以来，国家投入大量资金向贫困地区。在 1988 年至 2007 年这段时期内，中央政府在生产领域的财政扶贫投资就高达 1700 亿元，占中央财政支出的 2% 至 3%。政府的金融机构发放了 1800 亿元的信贷扶贫资金。另外，中央政府在贫困地区还投入上百亿元用于教育和卫生领域的社会发展资金。同期，地方政府的扶贫投资至少 700 多亿元，各种国际机构和社会扶贫资金据统计也超过了 1000 亿元①。

进入 21 世纪以来，国家先后出台《中国农村扶贫开发纲要（2001—2010）》《中国农村扶贫开发纲要（2011—2020）》，为我国扶贫事业发展提供了制度保障。21 世纪以来，我国贫困人口呈现大幅减少，并向中西部地区、民族地区、边境地区集中，贫困治理的重点为少数民族地区和边境地区的贫困。2005 年，国务院批准实施《扶持人口较少民族发展规划（2005—2010）》，云南省出台《云南省扶持人口较少民族发展规划（2006—2010）》，对全国总人口在 10 万以下的 22 个民族聚居区的 640 个行政村给予重点扶持。规划实施 6 年来，共投入各项资金 37.51 亿元，实施项目 11168 个。主要任务是加强基础设施建设，改善生产生活条件。实施人畜饮水、交通项目、通电项目、广播电视电话项目、安居工程、基本农田项目、易地搬迁。二是调整产业结构、发展特色产业，促进农民增产增收。实施种养业项目、特色农产品项目、第三产业项目，发展特色旅游。三是发展社会事业。发展科技、教育、卫生、文化等社会事业，促进社会进步。四是培养人口较少民族人才。加强培训，提高人口素质。云南省出台《云南省扶持人口较少民族发展规划（2005—2010）实施意见》中指出，云南省共投入资金 27.2 亿元，规划内 175 个建制村全部实现"四通五有三达到"的目标。

从"十一五"开始，由国家民委牵头制定兴边富民行动、扶持人口较少民族发展、少数民族事业发展的"十二五"规划等加强民族工作的三个国家级专项规划，形成了民族工作专项规划的"三驾马车"。2011年，国务院批转由国家民族事务委员会、国家发展和改革委员会、财政部、中国人民银行、国务院扶贫办五部委联合印发的《扶持人口较少民族发展规划（2011—2015）》，扶持对象从少数民族总人口在 10 万以下扩展到 30 万以下，22 个民族拓展到 28 个民族。据了解，我国"十二五"规划实施 3 年来，国务院有关部门结合各自职能，不断加大对边境地区、人口较少民族聚居地区的支持力度，全力推进规划的贯彻落实。中央财政安排兴边富民行动补助资金 42.11 亿元，两倍于前十年总和；安排扶持人口较少民族发展资金 18.9 亿元，超过前 9 年总和的一倍还多。向边境地

---

① 汪三贵：《在发展中战胜贫困——对中国近 30 年大规模减贫的经验总结和评价》，《管理世界》2008 年第 11 期。

区转移支付资金达 277.5 亿元。国家发展和改革委员会累计安排中央预算内投资专项 40 亿元，用于边境一线基础设施建设以及人口较少民族聚居区改善民生、生态环保、特色产业等方面建设，着力改善这些地区人民群众的生产生活条件。人民银行积极改进和完善金融服务，支持边境地区和人口较少民族发展，截至 2013 年年末，边境九省人民币各项贷款余额 11.21 万亿元，同比增长 16.05%。人口较少民族聚居区涉及的 13 个省区预计贴息 17.94 亿元，受惠企业达 1412 家[①]。中央各部委办局按照国务院安排部署，积极安排筹措扶持少数民族发展资金，为我国少数民族地区、边境地区的贫困治理提供了动力。

云南省出台的《云南省扶持人口较少民族发展规划（2011—2015）》指出，到 2015 年，人口较少民族聚居建制村基本实现"五通十有"，人口较少民族聚居地区基本实现"一减少、二达到、三提升"。主要措施有：一是加强基础设施建设，提升发展保障能力。涵盖建制村水泥路、自然村通公路、中低产田改造、中低林业改造、农村安全饮水、建制村通公路、自然村通电话通电、清洁能源建设、农村危房改造、卫生厕所、易地搬迁、特色小镇建设；二是发展特色优势产业，促进农民增收。涵盖农产品基地建设、特色经济林、建制村增收产业培育、非公中小企业、农民专业合作组织、农家超市、农资店、乡镇集贸市场、自然村整村推进、整乡综合扶持、独龙族整族扶持；三是保障改善民生，促进基本公共服务均等化。涵盖学前教育、中小学教育、寄宿制学生补助、开办本科及大中专班、建制村标准卫生室、新型农村合作医疗、新型农村养老保险、农村居民最低生活保障、农村敬老院；四是大力发展文化事业，繁荣民族文化。涵盖广播电视建设、综合文化室建设、农家书屋建设、农村阅报栏建设、民族特色村寨、民族文化传承示范点、民族文物古迹保护、公共体育文化活动产地；五是加强人力资源开发，增强自我发展能力。涵盖干部培训、教师培训、卫生人才培训、农村实用技术培训、农村劳动力转移培训、农村经纪人培训、当家理财人培训、民族文化传承人培训、妇幼保健及健康生活习惯培训；六是促进民族团结，建设和谐家园。涵盖村两委办公室及

---

① 国家民族事务委员会经济发展司：《兴边富民行动协调小组办公室成员暨扶持人口较少民族发展部际联席会议联络员全体会议召开》，国家民族事务委员会网站，2014 年 1 月 17 日（http：//www.seac.gov.cn/art/2014/1/17/art_ 31_ 198791.html）。

议事场所建设、扶持人口较少民族发展示范村建设、开展民族团结宣传进步创建。实施以上六大工程 56 个项目，预计总投入 68 亿元。

新福利三角理论国家一角通过政策实施、人力投入和资金投入三维度参与贫困治理，为我国贫困地区，特别是边疆少数民族地区贫困治理提供了制度保障，我国贫困治理也取得贫困线大幅上升、贫困人口大幅减少的举世瞩目成就。

二　B 民族乡贫困治理的本土实践

近年来，中央、省、州、县各级政府出台一系列扶持边境地区布朗山发展的政策，内生型贫困治理主要是大力发展少数民族教育，外介型贫困治理主要出台扶持少数民族发展的政策。

1. 内生型贫困治理：发展民族教育

B 民族乡是我国的"从原始社会末期直接过渡到社会主义社会"的少数民族直过区，布朗山布朗族是直过民族，也是 28 个人口较少民族之一，义务教育发展长期滞后。为了实现布朗山乡普及九年制义务教育和消除青壮年文盲的目标，当地政府曾投入高达 574.11 万元的教育"普九"攻坚费①。在政府财政大力投入下，B 民族乡通过"基本普及九年制义务教育、基本消除青壮年文盲"的国家检查。然而，布朗山乡实现义务教育阶段"两基"目标，但因布朗族受传统佛寺教育、思想观念等因素影响，学生小学基础较差，升入初中成绩提高困难，因此布朗山义务教育在"控辍保学"中面临很大压力，教师在完成教学任务的同时，还要动员学生返校学习。虽然全国义务教育"控辍保学"问题具有一定的普遍性，但布朗山乡情况尤为突出。

布朗山布朗族各村寨由于居住分散，难以有效接受教育，因此布朗族群众多数是文盲，也谈不上对教育的重视，少部分家长重视教育显得凤毛麟角。布朗族村民评判教育的标准是看村寨中受过良好教育的人能否找到工作，反之，他们也会加深他们对"读书无用论"的认知。通过小学语文教师 YXJ 和副乡长 YGK 了解布朗族家庭对子女教育的一些情况。

---

① 刘小龙、韩萍、马银、邢开蓉：《云南人口较少民族聚居地区科学发展问题研究：以基诺山基诺族和布朗山布朗族为例》，《经济研究参考》2009 年第 52 期。

个案：YXJ，女，布朗族，45岁，小学语文教师，班主任。她介绍了她从事语文教学的经历，由于教学方式灵活多样，深得学生的喜爱，她感受最深的就是教学要注重培养学生的语言习惯、思维能力。当前，一些家长出于对子女关心，一心让子女专心学习，从不让他们做家务。YXJ认为，其实做家务与学习并无矛盾，做家务可以培养学生的独立生活能力，也为学生的学习写作提供了重要的素材。对小学生而言，第一次做饭、第一次洗衣服等都是很好的素材。她介绍了自己的学生如今已有进入高校，而且还保持联系，学生感谢她的培养。这也是教师最自豪的地方。目前，多数家长日趋重视教育，但少数家长还是没有摆脱传统观念，对子女教育重视不够，她有一个学生曾在作业中留言说，"老师我想读书，但是父母不让我读，我不知道该怎么办"。YXJ就开导学生，让学生跟家长说："首先，父母不让子女读书是违法行为。其次，可以试着用不吃饭的方式让父母让你读书。"虽然方式有失偏颇，却是对学生的关爱，而且也对一些孩子重回学校读书是有效果的。

个案，YGK，女，布朗族，30岁。2003年中专毕业，后来读了大专，毕业后参加全州乡镇公务员考试，成为布朗山乡党政办秘书。为了培养布朗族妇女干部，YGK现为B民族乡副乡长。YGK家有三姐妹，她排行第二，姐姐也是公务员，妹妹是老曼峨小学教师。她们三姐妹都是通过读书获得一份较好的工作，她切实体会到教育对布朗族发展的重要性。希望布朗族家庭都送子女上学。用她的话说"人误地一年，人误人是一辈子"。碰到家长对子女教育不重视的情况，她有时甚至很生气地说："你们（布朗族乡亲）总是让政府给你家上低保等，但政府让你们送子女上学你们却不当一回事。"虽然有失偏颇，但只能通过这种方式让布朗族家庭送子女上学。

为了推进X傣族自治州民族教育发展，州、市县两级政府成立教学督导团，团长分别由州长、市县长聘请在任或退休领导干部担任，我在布朗山调研期间正好碰上州、县教育督导团到布朗山乡中学检查工作，他们检查的目的是了解学生的在校人数、到课率情况。经布朗山乡中学一名副校长介绍，近年来，国家对少数民族特别是人口较少民族教育的扶持力度大，乡政府从救济粮中拿出两吨大米用来解决家庭困难学生的吃饭问题，不存在因贫困失学的现象，只要学生来学校，都会有生活补贴，食宿自然不成问题。为了提高升学率，学校在每年四五月份组织毕业班学生家长会。学校介绍毕业班学生的学习情况，并询问学生家长收入情况，希望家长积极支持子女的学习。这样通过学校和家长共同努力，共同推进布朗山民族教育的发展。

B民族乡民族教育是一项综合性系统工程，需要政府、家长、学生三方良性互动。政府加大教育基础设施方面投入，为学生提供良好的学习生活条件。家长应充分意识到子女接受教育的重要性，不能只顾眼前利益，应把子女教育作为家庭的一种长期的投资。据国内外经验证明，公民缺乏必要文化知识是贫困的根源。美国奥斯卡·刘易斯（O'Lewis）曾指出，贫困群体中形成的"安于现状、难以接受新事物、新思维"等亚文化造成贫困在代与代之间传递，造成贫困的恶性循环。学生自身也要通过教育使自己成为具备现代文化知识的现代人。以前，接受良好教育就意味着就业机会，而现在接受良好的教育如同看电影，学习结束正如电影结束，不一定给受教育者带来就业岗位，但学生在接受教育的过程中学到新的思想、观念和技术则是终身受益的。尽管当前确实存在毕业生就业难问题，但也不能因此拒绝接受教育。

图5-1   国家扶贫综合开发试点乡纪念碑

国家通过对少数民族贫困群体人力资本的投资，提高贫困群体个人自我发展能力。目的是让布朗族贫困群体接受教育，接受新的思想和行为方式，提高综合文化水平和实用技能，摆脱贫困在代际之间的恶性循环，从而有效参与到劳动力市场中，通过就业提高个人和家庭的整体收入实现职业福利。

2. 外介式贫困治理

第一，扶持人口较少民族发展政策。早在 20 世纪 80 年代，费孝通先生对赫哲族等少数民族发展问题进行的调研发现，一些人口较少的民族面临重重困难。世纪之交，人口较少民族发展问题才真正纳入学界、政界视野。国务院先后制定了《扶持人口较少民族发展规划（2005—2010）》《扶持人口较少民族发展规划（2011—2015）》，中央加大人口较少民族扶持范围，把原来人口在 10 万以下增加到 30 万以下，由原来的 22 个民族增加到 28 个民族。X 傣族自治州贯彻中央和省委出台相关政策。2010年，X 傣族自治州制定了《B 民族乡山区综合开发规划（2011—2013）》，共涉及产业发展、基础设施、社会公益事业三大类，计划实施项目 182项，计划投资 12858.42 万元，其中：国家和省级补助 11030.42 万元，州级补助 369 万元（含州级山区综合开发专项资金 300 万元），县级补助506 万元，群众自筹 953 万元①。政府和布朗族群众自筹致使资金优化整合，推动布朗山基础设施、特色产业、道路、水、电、安居等民生领域的建设，提高了布朗山各族群众的生产生活条件。

中央及各级政府在布朗山实施以下贫困治理政策，2005 至 2010 年人口较少民族规划，布朗山从 2007 年开始实施扶持人口较少民族发展项目，省民委、省广电厅等单位共同出资，群众自筹、投工投劳，以劳抵资等。

> 扶持人口较少民族示范村——吉良
>
> 吉良村民小组位于布朗山乡政府西北面，距乡政府 41 公里，是典型的布朗族自然村，村民信仰南传上座部佛教。全村共有 48 户，248 人，耕地 1503 亩，其中水田 361 亩，旱地 1142 亩，全村土地肥沃，适宜种植茶叶及热带作物，主要以种植水稻、茶叶、甘蔗为主。长期以来，由于自然、历史等因素的制约，这个边远山村的布朗族村寨，劳动者整体素质偏低，基础设施落后，产业单一，农民增收困难，群众脱贫致富速度慢等，直接影响着吉良村的经济、社会发展。
>
> 2007 年至 2009 年吉良实施扶持人口较少民族发展项目，共投入建设项目资金 362.6 万元，其中省民委投入 93 万元，实施项目有：一是道路交通建设。完成投资 11.7 万元，其中省民委投入 9 万元，

---

① M 县委县政府农村工作委员会办公室 2011 年度工作总结，2011 年 11 月 29 日。

群众自筹或以劳抵资 2.7 万元。完成村内硬化道路长 500 米宽 3 米，美化了村寨居住环境，改善了村民生产生活条件。二是种养业方面，完成投资 26.7 万元，其中省民委投入 17 万元，其他部门投入 4 万元，群众自筹或以劳抵资 5.7 万元，建盖猪圈 700 平方米，购买猪仔 150 头，发展种植茶叶 100 亩，及开办科技培训，参训人员达 100 人次。达到调整产业结构，增加农民收入，促进农民增收致富的目标。三是卫生建设方面，完成投资 8.3 万元，其中省民委投入 7 万元，群众自筹或以劳抵资 1.3 万元。修建卫生间 3 个共 200 平方米，架设人畜饮水，解决全村饮用水安全，提高了村民生活质量，改善了村容村貌。四是文化体育方面，完成投资 64.2 万元，其中省广电厅投入 63 万元（整合资金），群众自筹或以劳抵资 1.2 万元。建设了数字电视光缆，布朗族群众看上了数字电视，满足了群众日益增长的精神文化和资讯信息需求。

通过项目的实施，进一步拓宽了全村 48 户 248 人经济发展渠道，增强了发展后劲，促进了农民增收优化能源使用结构，保护生态环境，促进生态建设，改善了群众生活条件，为经济发展，民族团结，建设社会主义新农村奠定了坚实的基础。①

进入 21 世纪以来，中央、省委的扶持人口较少民族政策在布朗山吉良村委会吉良村小组实施，在村内住房、道路、自来水、种养业、卫生、民族文化等方面都取得显著成效。吉良村是国务院原副总理回良玉曾经视察过的布朗族村寨，回副总理对布朗族村民嘘寒问暖，与布朗族老人交谈的情景至今还回荡在村民脑海中。布朗族是一个懂得感恩的民族。2009 年，村民为了对中央和省委扶持人口较少民族发展政策表示感谢，村里委托年龄最长的 YKY 老人给中央领导人写信，表达布朗族人民对中央扶持人口较少民族发展政策的感激之情。尤为重要的是，人口较少民族示范村建设不仅使布朗族同胞切实享受到政策带来的实惠，增强了摆脱贫困的信心，而且增强了布朗族对党的民族政策和多民族组成国家的认同。

第二，B 民族乡的兴边富民行动。1998 年，国家民族事务委员会发

---

① 此案例根据 X 傣族自治州民族宗教事务局 2010 年人口较少民族示范村典型材料整理而成。

起"兴边富民行动"倡议，兴边富民工程是国家为加快边境贫困地区发展的国家专项资金项目，以解决边境地区少数民族温饱，水、电、路等基础设施，产业结构调整，对外边贸、义务教育、民族文化、生态等内容，以边境县为单位，以资金、政策等为主要支撑而采取的一项综合扶贫项目。兴边富民行动开始于2000年，先后出台《兴边富民行动规划（2005—2007）》《兴边富民行动（2008—2010）》，在实施两轮兴边富民行动后，中央又制定《兴边富民行动规划（2011—2015）》。根据布朗山2012年兴边富民行动实施方案，中央安排M县布朗山乡"兴边富民"行动项目建设项目10项，涉及农田水利、基层活动场所等基础设施，项目总投资1365万元。

图5-2 B民族乡"整乡推进"扶贫开发启动仪式

第三，B民族乡的整乡推进。2007年7月，云南省会泽县五星乡实施了以转变观念探新路、创新模式强产业、整合资源大投入、发动群众建家园、健全组织强保障、落实责任立机制为内容的扶贫整乡推进试点。云南省人民政府制定出台了《云南省扶贫开发整乡推进试点工作指导意见》。2011年7月15日，X傣族自治州M县B民族乡整乡推进扶贫开发试点项目正式启动，总投资1.02亿元，涉及产业开发、基础设施、社会事业、生态能源、科技培训与推广、民生保障六大方面16个项目190个子项目，用3年时间农民人均纯收入到达3000元，年均增长15%，人均占有粮食350公斤，最终实现农户的"8有"，自然村、行政村、集镇的

"6有"目标①。布朗山整乡推进扶贫开发项目试点正在有序推进。

第四，B民族乡的整村推进。整村推进就是以扶贫开发工作重点村为对象，以增加贫困群众收入为核心，以完善基础设施建设、发展社会公益事业、改善群众生产生活条件为重点，以促进经济社会文化全面发展为目标，以整合资源、科学规划、集中投入、规范运作、分批实施、逐村验收的扶贫开发为工作方式。B民族乡吉良村、新曼峨实施整村推进，村内住房、道路、水电等基础设施得到整体改善和提高。

目前，我国已形成多元化、体系化的贫困治理政策体系，对不论是一般的扶贫政策，还是少数民族地区的扶贫政策都要做辩证的分析，特定的贫困治理政策既有优势也存在不足。以兴边富民行动为例，优势是扶贫资金相对较多，不足是贫困治理的对象必须在边疆多民族聚居地区边境县、乡辖区内。整村（乡）推进的优势是可以整合各类扶贫资源，综合治理、整体开发，制定参与式村级扶贫规划，扶贫效果好；不足是整村（乡）推进的资金需求量大，村内农户受益不均衡，许多项目需农户自筹，参与门槛问题致使低收入农户排斥在外等，因此多民族聚居地区少数民族贫困治理政策要突出针对性和实效性，趋利避害，用足、用活国家福利主导型政策。

第四节　B民族乡贫困治理的问题与不足

一　政府包办型致自我发展能力和意识较弱

从新中国成立至今60多年时间里，B民族乡是全国唯一以布朗族命名的民族乡，也是云南省506个扶贫攻坚乡、8个少数民族边境特困乡之一，受到中央、省、州、县各级政府长期关注，先后有国务院原副总理回良玉，国务院扶贫办原主任高鸿宾，云南省委原书记令狐安，云南原省长和志强、徐荣凯，云南省委原副书记王天玺，云南原副省长黄炳生等省部级领导，州、县主要领导先后到布朗山进行视察调研，大量扶持项目和资金投入到布朗山的贫困治理，充分体现了中国共产党全心全意为人民服务

① M县人民政府：《M县B民族乡整乡推进扶贫开发试点项目规划》，《X报》2011年7月18日（http：//www.X.gov.cn/jinri/ShowArticle.asp？ArticleID＝18103）。

的宗旨和社会主义社会各民族一律平等，共同团结奋斗、共同繁荣发展制度的优越性。中央及地方政府扶持布朗山发展政策推进了布朗山各民族生产方式、基础设施、经济建设等发展，布朗山各民族人民也切实享受到政策带来的实惠。

尽管如此，政府包办型、统揽型贫困治理难以使布朗山各民族群众自我发展能力、主体意识得到提升。全心全意帮助布朗族发展的主观愿望会随着时间推移扶贫效果下降，甚至会转变成对扶持对象的一种同情施舍心理和负担，本来是贫困治理主体的布朗族转变为贫困治理客体，扶贫对象成为被动的受众和施舍接济者。由于长期的无偿援助已经使受助者形成了对政府的严重依赖心理和脱贫与发展是政府的责任的观念，布朗族贫困治理的主体意识和自我发展能力难以得到有效的提升。通过对多名新农村指导员了解发现，布朗山布朗族传统思想形成的"等""靠""要"思想还一定程度地存在。美国罗伯特·J. 林格（Robert J. Ringer）在其《重建美国人的梦想》一书中对福利政策导致的后果引出担忧，他认为："政府通过大量施舍无情地戏弄每个人。首先，它夺走了人们的骄傲和自尊心——夺走想自食其力的愿望。其次，大多数享受福利的人，无法理解过多福利的一种不幸后果是使生产者的刺激消失得无影无踪。不劳而获的越来越多，干活的越来越少。"① 虽然布朗山与美国贫困问题差异较大，不可等量齐观，但贫困治理中主体性缺失导致自我发展能力弱的问题具有相似性。尽管政府贫困治理政策从"输血式"物质性救济方式向"造血式"开发性扶持发展转变，但布朗山布朗族自我发展能力尚未实现整体提升。

二　政府贫困治理相关部门之间的协调问题

我国在 B 民族乡实施的政策体现中央对边疆多民族聚居地区的关爱，在资金筹措方面，有的是国家财政全额拨付，有的是省、州、县各级政府配套相关份额的扶贫资金，这种扶贫资金筹措方式充分发挥了各级政府的积极性，也取得显著成效。然而，不容忽视的是，多民族聚居地区大多是后发展地区，农业成为传统产业。近年来，国家出台免除农村农业税政策给农民带来实惠，然而，农业税取消，致使多民族聚居地区财政收入大幅

---

① ［美］罗伯特·J. 林格：《重建美国人的梦想》，转引自张晓琼《人口较少民族实施分类指导政策研究——以云南布朗族为例》，民族出版社 2011 年版，第 96 页。

下降，地方政府难以配套相关资金。由于扶贫项目预算与实际财政投资存在差异，致使一些项目实施过程中难以实现预期目标。

我国多民族聚居地区贫困治理实施扶贫资金多元拨付制度。扶贫资金除由各级财政部门拨付以外，县以上各级农业、林业、水利等职能部门也层层下拨到县级对口部门，形成资金来源渠道多、投入分散的状况。以2010年B民族乡22个村民小组三年发展规划建议（草案）为例，22个村民小组涉及6个村委会，占全乡52个村民小组的42.3%。涵盖农户1224户、人口5607人。22个村小组中布朗族村17个，拉祜族村4个，哈尼族村1个。计划用3年时间，建成以特色农业经济为主的新农村，从根本上解决群众温饱问题。该项目涵盖农田地建设、基础设施、人畜饮水、科技培训、产业开发等，涉及县扶贫办、县交通局、县水利局、县农业局、县科技局、县国土资源局、县林业局、农委办、民宗局组成的扶贫承办单位。B民族乡有7个村委会，每一个村委会每一具体项目有4至9个单位承办单位合作实施，条块分割，步调不一，协调困难，致使扶贫项目难以发挥应有的成效。

B民族乡扶贫项目涉及政府层级多，部门广泛，在具体实施过程中也出现相关部门协调不够、难以配合等问题。据布朗山乡一位干部介绍，由于缺乏统一的领导和协调机构，从而使项目的管理和协调难以到位，无法形成扶贫项目的整合，不能发挥扶贫资金的整体效应。在扶贫项目实施过程中，各部门有时出现彼此分离，存在各自为政，甚至相互扯皮的现象。有的项目由于技术跟不上，影响项目整体效益发挥，致使受助对象对政府的扶持项目产生不信任心理，直接影响到党和政府对少数民族实施扶持的良好意图。

三 贫困治理政策难以突出区域性和族群性

中国共产党领导下多党合作政治协商制度在干部的任命和使用上实行选拔任命制，领导干部选拔和使用主要是上级政府选拔任用制，领导干部要对上级党委政府负责，而对于各级政府领导干部而言，有时在个人政绩的驱动下，把政府有限的贫困治理资源倾向于投向那些能立竿见影的地区和族群，造成贫困治理资源多数有锦上添花之嫌，而那些处于偏远地区，又较少出现在政府视线内的弱势少数民族群体，较少得到政府的扶持和照顾，难以真正实现雪中送炭。

　　边疆多民族聚居地区人口较少民族、直过民族 B 民族乡是各级政府长期关注的焦点，出台了一系列扶持 B 民族乡发展的政策。贫困治理政策呈现区域之间、民族之间的趋同性，缺乏与特定区域、特定族群发展实际有机结合的本土贫困治理政策。政府主导型的体系化贫困治理注重普遍性，缺乏特定性、针对性的少数民族本土贫困治理政策。

　　需要指出的是，我国长期以来的贫困治理常常仅以单一的农民人均纯收入为衡量标准，缺乏更为科学合理的贫困治理评价指标体系。以农民人均纯收入作为评价标准存在以下存在不足：从纵向来看，少数民族贫困群体的收入逐年增加，但与农民收入密切相关的诸如农药、化肥及当地物价也随之攀升，致使少数民族群体难以感觉到的收入增长带来的幸福感；从横向来看，少数民族地区与发达地区农民人均纯收入、全国农民人均纯收入也出现日趋扩大的趋势，若将以上因素考虑进去，贫困治理的成效将会有一定的减损。因此，少数民族地区贫困治理应从全国、全省的大局出发，合理有效制定贫困成效评价体系，从而推进少数民族地区经济社会的繁荣发展。

第五节　小结

　　当前，东西方国家因社会制度存在差异，国家为社会成员提供福利方式和路径亦存在差异。西方国家福利取决于各国的党派政治力量分布格局。我国建立起以中国共产党领导的多党合作的政治协商制度，实施举国体制确保国家福利的整体性和可延续性。因此，举国体制为国家作为福利提供方提供了重要保障。

　　新福利三角理论国家作为一角参与贫困治理。本章首先从国家福利的相关理论、国际经验入手，相关理论回顾了俾斯麦国家社会主义即福利国家的起源，马克思、列宁等的国家保障思想，凯恩斯的国家干预市场思想，坦普尔、贝弗里奇的福利国家思想和福利三角理论国家作为福利提供方，国际经验通过国家福利制度建构出台一系列政策法令，国家福利制度建构重视对人力资本投资，国家福利制度构建投入大量资金等突出新福利三角理论国家一角的职能。其次阐释 B 民族乡贫困治理的历史变迁，重点论述 B 民族乡贫困治理的现状，分别从国家贫困治理的政策、人力、资金的维度和 B 民族乡贫困治理的本土实践。再次分析 B 民族乡贫困治理存在的问题及不足，主要存在政府包办型致自我发展能力和意识较弱、政府贫困治理相关部门之间的协调问题、贫困治理政策难以突出区域性和族群性等不足。最后是小结。

新福利三角贫困治理中国家作为福利提供方，不能割裂市场与社会作为福利提供方。重点是如何协调国家、市场与社会三者之间关系。政府应从"无限责任向有限责任"、"全能政府向效能政府"转变。我国少数民族贫困治理中福利三角的国家角色，应把历史与现实、眼前与长远有机结合，转变传统社会政策作为资源再分配的认识，强调社会政策对少数民族贫困群体进行投资职能，应充分利用现有的制度设置优势，为贫困群体建立社会资本和社会支持网络体系构建，为非政府组织提供贫困治理平台，完善国家在福利三角贫困治理中的作用和职能。

第六章

市场视阈下的民族乡贫困治理

市场是人类社会生产力发展到一定阶段的必然产物。人们生产了不仅满足自身需求的产品而且还有充裕剩余劳动产品能满足其他群体需求。为了满足不同群体对劳动产品的需求，群体之间开始在固定场所进行物物交换，后来货币充当等价物用来商品交换，早期市场开始形成。市场的出现是人类社会发展的重要标志，不同群体和个人通过市场连接起来、互通有无，满足不同区域、不同社会群体的需求。19 世纪中后期，西方主要资本主义国家先后完成了工业革命，为了扩大商品市场和抢占原料产地，它们先后对亚非拉等大洲的欠发达地区实行侵略，原来的区域性市场逐步被扩展为全球性市场。

随着经济社会的快速发展，许多国家先后确立以人为本的发展理念，社会政策也随之成为国家为社会成员提供福利的重要手段。在传统社会政策中，国家和市场之间的关系一直是研究的核心问题。国家作为福利提供方经历从国家福利职能从道义型向责任型，从责任型向独揽型，从独揽型向主导型的演变。市场作为福利提供方随着国家福利职能的演变而发生变迁。福利市场化思潮在福利经济学中一度兴起。人们把目光投向古典经济学的亚当·斯密。那么市场能否成为社会成员提供福利的场所？古典自由主义代表人物亚当·斯密认为，市场是一个完美的体制，能够进行自我调节并有效运作。自由竞争是实现社会福利的最有效的方法。他还指出，要关心劳动者的福利，尽量改善他们的生活，大部分成员陷入贫困的社会不是好社会，企业要根据经济形势尽可能提高劳动者的工资。

20 世纪 30 年代，以美国为代表的西方国家资本主义经济出现大萧条，强调市场自由竞争、自由调节、自我放任原则，且把政府对市场干预降到最低行为引起人们的反思。凯恩斯批评了亚当·斯密的古典自由主义立场，强调自由放任式的市场经济会造成有效需求的缺乏，有效需求不足将难以实现充分就业，是社会贫困现象的基本原因①。20 世纪中期，鉴于"二战"造成的战争创伤，英国为了实现战后复兴，为国民建起从"摇篮到坟墓"的福利国家体制。然而，20 世纪 70 年代，西方国家爆发大规模经济危机致使福利国家制度饱受诟病。西方社会福利思想家已经深刻意识到国家作为唯一福利提供方，必然会造成沉重的财政负担和低效的福利效能。

市场视阈下民族乡贫困治理就是在自由主义福利模式的基础上，掌握市场机制的优势及不足，利用市场福利分配手段，扬长避短，满足民族乡各族群众的福利需求。新福利三角理论中市场作为福利提供方及福利整体参与民族乡贫困治理。本章从相关理论、国际经验入手，阐释 B 民族乡贫困治理的历史变迁，重点论述 B 民族乡市场贫困治理的现状，突出市场贫困治理的维度和 B 民族乡贫困治理的本土实践，分析 B 民族乡贫困治理存在的问题与不足。最后进行小结。

第一节　相关理论与国际经验

传统经济学是建立在自由主义基础之上的，以"自由市场、自由经营、自由竞争、自动调节、自动均衡"为五大原则，其核心是"自动均衡"理论。因此他们认为，一切人为的干预，特别是政府干预都是多余的，什么也不管的政府是最会管理的政府，应该信守自由竞争、自动调节、自由放任的经济原则，政府对经济的干预只会破坏这种自动调节机制，反而引起经济的动荡或失衡。

一　相关理论

欧洲先后经历了英国资产阶级革命和法国大革命的洗礼，各国国民深受自由主义思潮的影响，人权思潮日趋兴起成为欧洲国家民主化的显著特征。一种强调个人主义的自由主义思潮开始形成。传统经济学和自由主义代表人物亚当·斯密（Adam Smith，1723—1790）主张个人利益和公共利

---

① 林卡、陈梦雅：《社会政策的理论和研究范式》，中国劳动社会保障出版社 2007 年版，第 45—46 页。

益会在市场中得到协调，每个人追求自己的利益会促成社会利益整体实现，因此政府应该放任自由主义的市场行为。

1990 年，埃斯平·安德森（G. Esping-Andersen）在《福利资本主义的三个世界》（*The Three World of Welfare Capitalism*）以非商品化和社会分层化为依据，提出社会民主主义、自由主义、保守主义三种福利体制。市场作为福利提供的重要手段的自由主义福利模式，主要国家为英国。自由主义福利主张个人利益和公共利益会在市场中自然得到协调，每个人追求自己的利益会促成社会整体利益的实现。自由主义福利模式把市场作为福利提供的主体，减少甚至是杜绝政府对市场行为的干预。

1. 哈耶克新自由主义思想

西方新自由主义的代表人物是哈耶克（Friedrich August von Hayek，1899—1992）。哈耶克一直反对社会主义，反对计划经济，他认为社会目标是个人目标的总和，社会目标不能抑制个人目标。社会主义的不足在于贬低人的个人目标，促使其遵从社会的目标，限制了利己的动力①。哈耶克认为，计划经济集中决策没有市场经济中的分散决策灵活，所以社会主义不可能有高效率。社会主义违背人性，计划经济导致政府集权，是"通向奴役的道路"。哈耶克的福利思想还对福利国家进行批判，他认为福利国家违背自发秩序，违背正义公平，破坏经济发展。

2. 弗里德曼新自由主义思想

弗里德曼（Milton Friedman，1912—2006）继承了古典自由主义社会福利思想的原则，反对国家对经济和社会生活的干预，强调依靠和发挥市场的调节和作用。反对福利国家和集体福利，提倡社会福利的市场化和私有化。提倡将政府的角色最小化以让自由市场运作，以此维持政治和社会自由。他的政治哲学强调自由市场经济的优点，并反对政府的干预。弗里德曼社会福利思想包括负所得税与贫困问题、教育券问题。他主张政府应向个人支付所得税作为个人福利补助。政府应减少对教育的干预，让学校自筹资金、自选办学模式，付费接受教育，鼓励学校之间竞争。

3. 艾哈德社会市场经济思想

德国著名经济学家艾哈德的社会市场经济思想则认为，应把市场上的

---

① 林闽钢：《现代西方社会福利思想——流派与名家》，中国劳动社会保障出版社 2012 年版，第 35—42 页。

自由原则和社会平衡同个人对社会的责任精神有机结合起来。不能过分夸大市场福利功能，也不能否认市场福利功能，关键是政府实行有针对性领域福利市场化，而不是国家退出福利领域。也就是艾哈德的社会市场经济思想就是在国家和市场中找到平衡点。艾哈德的福利国家社会市场是根据人的需求、依赖性和利他情结、社会义务和慈善动机和对公共服务的渴望来分配商品和服务。

从哈耶克、弗里德曼的新自由主义思想到艾哈德社会市场思想，市场作为社会成员福利提供的范围得到拓展。到了吉尔伯特，这种市场福利思想变得更加清晰具体。在吉尔伯特看来，市场作为福利提供方应分为经济市场和社会市场，两者区别在于福利分配的原则和动机差异，非福利国家的商品和服务通过经济市场来分配，以个人进取心、生产效率、消费者选择、支付能力和利益追逐为基础。福利国家社会市场根据人的需求、利他情结、社会义务和慈善动机等提供社会服务①，经济市场和社会市场并存成为福利市场化的核心内容。

4. 福利三角中的市场福利

罗斯（Rose，1986）认为，一个社会总体的福利是重要的议题，社会中的福利来源于家庭、市场和国家，这三者作为福利的提供方，任何一方对其他两方都有贡献，将三方提供的福利进行整合就形成一个社会福利的整体，这三者成为社会福利多元组合（welfare mix，又译为福利混合、多元福利）。约翰逊（Johnson，1987；1999）在罗斯的福利多元部门组合中加进了志愿部门，丰富了福利多元组合理论的内容。伊瓦斯（Evers，1988）借鉴了罗斯的多元福利组合理论。他将罗斯的福利多元组合在不同的社会制度中家庭、市场和国家为总体演绎为家庭、经济和国家共同组成的福利整体，伊瓦斯称之为福利三角（Welfare triangle）。

罗斯提出社会政策的福利三角模型，后经约翰逊和伊瓦斯的发展，最后伊瓦斯的福利三角由家庭、经济和国家组成。福利三角中的国家、市场和家庭作为社会福利提供方之间的关系是相辅相成、相互促进的，福利三角的任何一方的改变也会引起其他两方的改变。伊瓦斯把市场作为福利生产部门之一，社会成员通过等价交换、相互竞争获得福利，福利对象都是消费者，社会成员通过货币取得社会福利。社会成员通过自由选择、通过

---

① Gilbert, N., "Remodeling Social Welfare", *Society*, 35（5），1998.

货币交换取得所需社会福利。福利三角中的市场福利功能就是通过发展经济，培育贫困地区完善的市场体系和贫困群体的市场意识，建立劳动力市场和商品市场体系，基于传统的政府主导的贫困治理体制边际效益降低，利用市场的机会和风险的双重特点进行贫困治理，机会是指从绝对平均向机会均等转变，从起点公平和结果公平到过程公平，社会成员不论性别、民族、地域、宗教信仰等差异都应享有基本的社会权利。市场通过商业保险体系构建有助于贫困群体把个体化风险转化为社会化风险，提高贫困群体应对风险的能力。然而，人们意识到市场不是万能的。市场也存在不平等、对精神需求和情感慰藉等非货币化结果的忽视等缺陷。市场福利的风险还表现在市场自身追求最大化利益时，提高准入门槛而把弱势群体排斥在社会权利之外。

市场机制引入福利体系构建是一把"双刃剑"，不仅可以提高福利的质量和效率，同时也会为造成对弱势人群利益的损害，特别是那些经济社会发展整体相对滞后的人口较少民族、直过民族。因此，伊瓦斯把市场作为的福利三角理论之一，把市场作为社会福利体系中的有机组成部分，可以有效发挥市场的优势，规避其弊端和不足。

二　国际经验

20世纪70年代，西方福利国家由于石油危机引发的金融危机导致经济停滞、失业率上升，通货膨胀，政府难以承担从"摇篮到坟墓"的高额的福利支出。国家作为提供公共产品的唯一主体也遭遇了广泛批评。国家对公共产品作为国家福利出现的机构臃肿、效率低下，难以满足社会成员不同层次的需求。鉴于此，国内有学者提出福利私营化，福利私营化是指政府将社会福利的供给，完全或部分转移到私营部门，同时引进市场经营的规则，以价格机能调节供需，重视成本回收，并强调服务使用者的购买力和受益者付费的措施，以分配并有效利用资源①。我们回顾西方国家福利市场化的历程发现，一些西方国家把作为福利的公共服务进行界定并采取了不同政策措施。福利市场化具有以下经验可以提供借鉴。

---

① 陈武雄：《我国推动社会福利民营化的具体做法与政策发展》，《社区发展》（季刊）1997年第18期。

1. 市场福利建构应重视培育突出福利生产和消费双赢的市场化

英国社会福利市场化主要是为了提高福利生产与消费之间的效益。政府为了维护社会公平正义确定社会福利的目标，把市场作为中介，通过市场的力量去完成，充分发挥政府的权威与市场交换的比较优势，把政府部门和市场部门有机结合，涉及国家重要领域由国家垄断供给，民生领域社会服务实施市场化改革。英国通过福利市场化改革实现把传统的公共服务由政府垄断供给向市场化改革，有效缓解政府财政负担，提高了福利提供质量和福利使用的效率。英国社会福利市场化改革的做法主要是：一是国有企业私有化。把能源、航空、电信等国有资产私有化。二是凭单（券）制度。政府采取"补助生产，不如补助消费者"，市场部门通过提供社会福利数量获得政府派发的社会福利单（券），市场部门通过社会福利券、票获得政府补贴，实现消费者和服务提供者双赢。三是用者付费。消费者在使用政府部门、市场部门提供的社会福利时，必须向福利提供方付费，"谁享用、谁付费"，通过付费把价格引入社会福利。这样不仅有利于打破政府独家垄断，避免政府财政负担重、社会福利效率低下。市场利用自身的价格优势、服务优势为自己赢得发展空间。社会成员也可以对不同社会福利提供者提供的福利做出选择，提高了社会成员的福利。

2. 市场福利建构应注重个体、要素、组织的市场化

20世纪70年代，英国福利国家制度的弊端日益凸显，对福利国家制度改革的呼声不绝于耳。英国政府主要通过以下方式：一是国民市场福利的培育。1979年，撒切尔夫人出任首相后出台了对福利国家制度的渐进性改革，以市场化的自由贸易代替国家干预，强调个人责任、充分动员和利用市场和社会力量，鼓励市场机会与私营企业的发展，弥补国家财力与服务的不足。二是人力资本提升市场福利。1997年，英国工党上台执政，布莱尔在经济上继承了撒切尔夫人的思想并提出"从工作到福利"政策，实施不仅推动国民接受教育和各种培训来实现就业，还提供工作搜寻、临时岗位帮扶等服务的积极劳动力市场政策。三是劳动者组织化。1992年，英国职工大会有850万会员，按产业和行业分布在近100个工会组织（尼尔·阿什、Neil Ash，1992）。通过提升劳动力的人力资本，规范劳动力市场，劳动者组织化水平得到整体提升为国民获得职业福利。因此，英国福利市场化改革中国家应承担起主导责任，重视提高福利生产和消费的高效率，及时修正调整过度市场化造成负面效应。政府的"政府退后、市场往前"，强化政府与市场合作的社会政策思路值得借鉴，市场福利建构通过个体、要素和组织之间以市场手段实现资源优化配置，提升了国民的福利。

第二节　B 民族乡贫困治理的历史变迁

新中国成立初期，少数民族地区正处于后发展阶段，一些地区甚至仍处于原始社会末期，中央在这些地区实施特殊的经济政策。布朗山布朗族是原始社会末期直接过渡到社会主义社会的直过民族。布朗族生产落后，耕作技术普遍停留在刀耕火种的原始落后的生产阶段。中央出台一系列扶持少数民族地区经济发展的优惠政策为少数民族免费发放农具、拨给生产资金、减免农业税、提供无息贷款等。直到 1954 年，布朗山一些村寨的布朗族还不会用锄头种植粮食。外派干部到布朗山教布朗族群众开田、耕田的相关技术。外派干部在布朗山建立生产合作社，鼓励村民加入生产合作社以便提高相关生产技术。

由于农业生产水平低下，布朗山还没有农业分工，手工业亦不发达，商业还没有形成。布朗山早期商业由政府建立贸易小组和民间物物交换两种类型。一是贸易小组。据了解，1955 年 5 月，西双版纳贸易公司布朗山贸易小组成立，为布朗山提供食盐、布匹等生活必需品和向当地驻军和政府部门提供各种干菜副食品。政府的贸易小组副食品主要供应驻军和政府工作人员。供应的副食也以肉干巴、豆腐皮、干鱼、粉丝等干菜，而蔬菜则是用马驮到五六十公里外的勐混乡运来。据曾在布朗山工作过的 SCZ 回忆，"当时布朗山商品全部都是勐海、勐混等乡镇用马、骡驮运上去的。对外国边民也是以物易物，用食盐等交换。整个布朗山区年营业额仅为三四万，供应商品主要有食盐、棉布、副食、日用品等。1955 年、1956 年只收购茶、棉花、皮张、辣子等品种，到了 1962 年，收购品种上升到 30 多种。工业品销售也从原来的五六种上升到一百种，销售金额从原来的三、四万元上升到十万元左右，收购的品种也上升。贸易小组改组为中心商店，人员也增加到 8 人"。二是民间布朗族头人组成的为数不多的商人。新中国成立以前，布朗山的初级交换市场尚未形成，民族之间交换不发展，民族内部少有交换，亦没有本民族的商业交换集市，但也有当地布朗族头人兼营商业的商人出现，而经营的资本也不少，但只是少数个案。布朗族过去与外族和外国自己用所产的茶叶、棉花、大烟等换回盐铁、锣锅等日用品。本民族商人较少，大多都是头人兼商人，如章家的旧保长等布朗族头人兼商人参与初级市场交易。

中华人民共和国成立初期，布朗山以自给自足的生产方式为主导，布朗族市场意识薄弱，市场发展缓慢。改革开放后，党的工作重心转向了"以经济建设为中心"，大力发展经济，着力改变少数民族地区贫困局面。政府在布朗山实施了家庭联产承包责任制，提高了布朗山布朗族生产积极性。政府鼓励缺地、少地的农民开田、种茶叶。布朗山的市场经济发展缓慢，人员进出布朗山较少，布朗山人也很少走出布朗山。1989 年 10 月，布朗山开通了到县城的客运班车，乡政府组织了布朗山乡史上第一次集市贸易活动，此后形成 7 天 1 次街市。布朗山只有少数布朗族群众把少量的棉花、辣子、香冬瓜、芝麻、猪、鸡等拿到勐混、景真、勐海街上出售，然后买回盐、筒裙、农具等。布朗山地处偏远，交通不便，远离行政中心县城勐海 90 多公里，出行不便制约了市场的发展。

党的十四大报告提出了建立社会主义市场经济的目标，也为布朗山市场经济的发展指明了方向。随着肉食、禽蛋的购销价格放开，统购统销政策取消，农贸市场开始发展起来，各种农产品种类增多。由于缺少农产品交易场地和平台也制约了布朗山市场的发展，1998 年，省委下派的"村建"工作队引资并耗资 11 万元建成简易农贸市场。粮食、蔬菜、肉类等通过县城勐海或勐遮等被运到布朗山。当地老百姓也卖自家种的蔬菜。据乡财政所统计，2012 年底该乡农贸市场每天毛利润为 22000 元左右。此外，农贸市场附近也出现了餐馆、小卖部、药店、旅店、文化娱乐室等。布朗山经济社会发展滞后，市场发展亦随之发展滞后。截至 2012 年年底，布朗山市场发展得到迅速发展，拥有旅社 7 家，餐馆 16 家，店铺 22 家，小卖部 72 家，涵盖家电销售、服装、家电维修、住宿、餐饮等。布朗山的茶叶等主要靠外来商人收购，但也有较少布朗族做起把布朗山茶叶销往外地的生意。

第三节　B 民族乡贫困治理的现状

B 民族乡贫困治理的现状分为市场贫困治理的维度和 B 民族乡贫困治

理的本土实践两部分。

一　市场贫困治理的维度

市场的本质是基于供求关系、自由交换和完全竞争来配置资源和劳动产品的一种经济和社会的机制（陆益龙，2012）。市场在社会福利方面的功能主要是生产和购买商业性福利产品和服务，包括各种营利性社会服务、商业保险和社会工作。由于边疆多民族聚居地区经济社会发展长期滞后，市场福利难以与西方国家所实施市场在生产和购买商业性产品和服务上同日而语，各种营利性社会服务、商业保险和社会工作等正处于缺位状态。

罗斯的福利三角理论市场福利功能以工业化时期的城市为研究对象，强调通过扩大就业促进城市居民的福利，用工作福利来满足自身的各种福利需求。英国、瑞典等国家通过培育劳动力市场、提高劳动者素质和提升劳动者组织化实现市场职业福利，而对于与城市相比经济社会处于后发展阶段农村，市场的福利功能不能仅仅局限于就业提供的社会福利功能，应通过劳动者市场化、生产资料市场化等路径提升市场福利。多民族聚居地区的市场福利可以通过建立劳动力市场、生产资料市场化、农民专业合作组织三个贫困治理维度进行阐释。

1. 市场贫困治理的维度：劳动者市场化

新福利三角理论劳动者市场化作为市场一角参与贫困治理的维度。自由主义者倡导工作福利的福利政策，工作福利要求人们投入市场，通过劳动和就业来获得福利保障。劳动力市场是由劳动力市场制度和劳动力市场机制构成。市场福利就是贫困群体通过就业实现职业福利。贫困群体市场福利实现取决于农村劳动力综合素质和劳动力市场的发展程度。劳动力市场就是劳动力供求之间关于劳动力使用权的转让和购买达成一系列契约的总和。劳动者出卖自己的劳动力获得雇佣金维持生活，雇佣者支付使用劳动力的费用获得劳动力为其使用的权利而获得剩余价值的利润。劳动力市场还取决于劳动力的技能和水平，供方和需方之间的平衡。刘继同指出，劳动市场是增进个人福利的最佳途径，又是社会福利体系的重要组成部分（刘继同，2004）。边疆少数民族地区群众市场意识淡薄，市场空间狭小，人们传统的生产生活方式难以形成有效市场。劳动者通过就业实现市场化职业福利，须把劳动力综合技能与劳动力市场构建有机结合起来。

第一，劳动者综合技能。

阿玛蒂亚·森（Amartya Sen，1999）认为，贫困不仅仅是维持基本生活必需品的需要得不到满足，而是贫困群体能力缺乏，可及能力的贫困。贫困不止是物质上贫困，还包括权利贫困、人力贫困和知识贫困。可见，贫困群体因权利缺乏而贫困。那么贫困治理就应该围绕贫困群体赋权而进行。萨拉蒙（Salamon，1999）在他的《黑人的赋权：社会工作与被压迫的社区》中首次提到赋权，"赋权"一词传入我国后，译法各异。为了突出对象的主体性，卫小将主张用"充权"，充权是使其有能力，使其有能量，使其觉醒，包含激发潜能，助人自助，当事人主体性和自主性①。赋权为贫困治理提供新的视角，从传统现金和实物的救济式向贫困群体自身的权利拓展，注重贫困群体自我发展能力，有效避免了贫困群体"等、靠、要"的依赖思想。

长期以来，由于经济社会发展长期滞后，一些地方农村还存有传统的"养牛为耕田、养猪为过年、养鸡为花钱"的自给自足的生产方式，人们缺乏商品观念和市场经济的意识。同时，他们在思想上的安于现状、思想保守，即使在市场经济大潮的冲击下，他们也很难意识到提高自身综合能力，在激烈的市场竞争中占有一席之地的重要性。他们面对贫困的困扰，却发现自身处于被疏离、被排斥、无能、无助、无资源、无生命掌控能力的状态。赋权就是不仅通过对贫困群体的科技知识、农村实用技术、市场信息知识等方面的培训，而且还进行劳动力转移相关技能的培训，整体提升贫困群体综合发展水平和能力。因此，少数民族贫困治理把建立信心放在首位，让贫困群体免于被疏离、被排斥、无能、无助、无资源和无生命掌控能力的状态，需要政府与贫困群体、非政府组织与贫困群体、政府与非政府组织要加强沟通与协作，各司其职，做到资源整合、优势互补，提高劳动者的综合技能。

第二，劳动力市场构建。

当前，我国农村劳动力市场分为城市劳动力市场、农村劳动力市场，对于边疆少数民族地区而言，还则存在国内市场和国外市场。贫困群体应通过属地就业和跨区域就业获得职业福利。长期以来，我国城乡二元体制长期存在，导致了城乡劳动力市场处于割裂状态，就业信息缺乏，就业机

---

① 卫小将：《社会工作"充权"的本土诠释》，《学习与实践》2011 年第 3 期。

会少，实现劳动力有效转移的难度大。对于边境地区的贫困群体而言，贫困治理需要从人力资源优势转化为人力资本优势，把潜在的经济发展优势转化为现实的经济发展优势。首先，劳动力市场构建以贫困群体获益为准则，尽量减少风险成本。传统农民是理性经济人，他们能否有效参与贫困治理取决于我国当前农村扶贫政策实施能否为自己带来实实在在的利益和实惠。少数民族贫困群体通过权衡利弊、风险，若利大于弊则参与，反之，则拒绝参与。其次，建立健全贫困群体市场风险防范，积极参加专项保险进行风险管理的贫困治理。近年来，政府先后出台扶持农民发展养殖和种植等政策，一些贫困群体也曾尝试通过养殖来脱贫，自身投入了大量资金，但因缺乏技术、管理等技能造成养殖失败，承担了巨大的经济负担，因受失败打击，再也无力投入相关项目发展。为了把贫困群体在种植、养殖方面的风险降到最低，政府可以组织种植、养殖等方面的培训，同时也可以派农业科技人员定期对农民进行技术指导。尤为重要的是，倡导贫困群体树立风险防范意识，把个人风险转化为社会化风险，提高应对市场风险能力参与贫困治理。再次，扩大劳动力市场信息化和体系化参与贫困治理。政府应搭建城乡劳动力市场信息平台，分期分批进行有序的劳动力跨区域输出，增加就业机会。边境地区凭借得天独厚的区位优势，劳动力还可以向境外国家和地区进行转移。劳动力市场应把城乡市场、跨区域市场和跨境市场有机地结合起来。

新福利三角理论劳动力市场化作为市场一角参与贫困治理的维度就是政府倡导贫困群体转变观念树立市场意识和风险防范意识，千方百计地为贫困群体拓宽就业渠道和就业机会，提升贫困家庭和个人的发展能力，贫困群体通过就业和参与市场来实现增加个人和家庭收入。

2. 市场贫困治理的维度：生产资料的市场化

新福利三角理论的生产资料市场化作为市场一角参与贫困治理的维度。长期以来，我国农村市场发展缓慢，导致农民从市场获得的收益偏低。为了扭转农民从市场获得的收益偏低的局面，党中央国务院明确市场在资源配置中的决定性地位，提升市场在资源配置中的决定性作用，建立社会主义市场经济体系。党的十八届三中全会报告指出，紧紧围绕使市场在资源配置中起决定性作用，深化经济体制改革，坚持和完善基本经济制度，加快完善现代市场体系、宏观调控体系、开放型经济体系，加快转变经济发展方式，加快建设创新型国家，推动经济更有效率、更加公平、更可持续发展①。贫困治理的市场维度涵盖生产资料、资本等要素的市场化。

第一，市场要素：土地产权制度的创新。

土地是农村主要生产资料，是农民赖以生存与发展的主要收入来源。土地不仅涵盖农田、山地，而且也包括林地、荒山、荒地。土地产权涵盖所有权和使用权，所有权归国家所有，使用权属于享有承包权的农民。土地产权不仅包括使用承包权，而且也包括土地的占有权、使用权、收益权以及收益、租赁、流转、抵押等处置权。党的十八届三中全会报告指出，坚持家庭经营在农业中的基础性地位，推进家庭经营、集体经营、合作经营、企业经营等共同发展的农业经营方式创新。鼓励农民把土地承包经营权在公开市场上向专业大户、家庭农场、农民合作社、农业企业流转，发展多种形式规模经营。随着全国范围内林权改革的总体完成，绝大多数农民已拿到属于自家的林地、荒山、荒地等产权证，产权证明确土地面积及四周边界，是农民拥有财产的体现。保障农民集体经济组织成员权利，积极发展农民股份合作，赋予农民对集体资产股份占有、收益、有偿退出及抵押、担保、继承权。

2014年1月19日，中共中央、国务院印发的《关于全面深化农村改革加快推进农业现代化的若干意见》提出，坚持家庭经营为基础与多种经营形式共同发展，加强政府支持保护与发挥市场配置资源决定性作用的互补功能。对于农村发展而言，今后政府将加快构建新型农业经营体系，赋予农民更多的财产权，推进城乡要素平等交换和公共资源均衡配置，推进农业人口市民化等重要举措。随着党的十八届三中全会精神和2014年中央1号文件深入贯彻实施，农村在生产资料市场化影响下，农民从生产资料市场化中的收益将大幅增加。政府将对农民的土地承包权、住宅等不动产进行产权登记，办理产权证，农民可以通过产权证抵押向金融机构贷款，获得必要的生产启动资金。农民的土地等生产资料也通过统一的交易平台，以市场作为资源配置机制合理定价，增加农民的收益。农民可以在以往土地出租向以土地入股参与到"公司＋农户"的经营模式，年底参与分红，增加农民的生产资料收益率。同时，农民市民化的举措则可以提升市场福利的重要举措，将大幅提升农民的在市

---

① 习近平：《中共中央关于全面深化改革若干重大问题的决定》，新华网，2013年11月15日（http://news.xinhuanet.com/politics/2013－11/15/c_118164235.htm）。

场化中的收益。

第二，市场要素：外来资本。

长期以来，我国区域之间、城乡之间、民族之间发展不平衡，发达省份和地区拥有大量资金和技术，城市比农村也具有更为充足的资金和技术，资金通过扩大再生产就会形成增加收益的资本。近年来，我国出台一系列扶持农村发展政策，投入大量的资金和人力，通过工业反哺农业、以城带乡、以乡促农，实现城乡一体化发展。

资本的本性就是追逐利润。资本的力量是巨大的，它发挥积极作用的时候，可以成为带动农民增收的重要渠道。政府应把欠发达地区的资源优势和人力资源宣传出去，加大对外招商引资的力度，并给予外来投资兴业者政策上的优惠。发达省份和发达地区的企业家和知名人士可以在良好的政策环境下，利用农村良好发展前景去贫困地区农村去投资，去拓展自身企业新的增长点。在一些少数民族地区，随着林权改革的结束，农民获得承包使用权，一些外来企业和资本陆续进入少数民族农村，有效推进农村市场发展，当地农民收入也随之增加，成为当地农村贫困治理的有效路径。我在调查中发现，西双版纳傣族自治州景洪市大渡岗乡是由傣族、汉族、彝族、布朗族等组成的多民族聚居乡，也是全州为数不多的国家级生态乡，凭借森林覆盖率高、生态环境好的独特优势，积极招商引资外来企业投资兴业。湄公河生物科技有限公司进入大渡岗乡租地，建立珍贵野生动物繁殖基地，他们规划养殖老虎、大熊猫等珍贵野生动物。珍贵野生动物养殖基地有助于保护生物多样性，同时也为建成药用原料提供重要条件。农户通过出租或入股等方式用林地承包权作为生产资料参与到"公司＋农户"模式，增加了当地农户的收入。与此同时，天源林石斛种植公司也在大渡岗乡和附近乡镇租地建立生产基地，进行天然林下防生态石斛等珍贵药材的种植。农户可以申请加入，公司对农户林地进行考察是否适合种植药用石斛，若适合，农民就可加入，建立"公司＋农户"运营模式。公司为农户免费提供种苗，并定期派技术员到农户林地察看石斛长势情况，成品石斛最终向公司出售。据公司工作人员介绍，2013 年天源林公司带动 23 户农户户均增收6000 元。可见，外来资本进入贫困地区农村有助于贫困治理，拓宽农民增加收入的渠道。

同时，资本自身也存在不足之处，它发挥消极作用时，也会成为损害农民利益的工具。一些地方出现外来资本扰乱新农村建设的情况，一些外来资本进入农村后，一些不法商人想方设法地算计农村的新村建设、哄骗当地农民进行非法矿产开发等，导致农民总体收益甚微①。农民的利益受到损害，农村的环境遭到破坏，也为农村的和谐稳定埋下隐患。可见，资本的消极作用也不容忽视。

因此，资本具有积极作用和消极作用双重属性。贫困地区贫困治理应趋利避害，充分发挥其积极作用，政府通过招商引资，提升引资的效率和质量，引进具有发展前景，具有较好口碑的企业和资本，对那些公信力缺失，口碑不良的资本企业应限制甚至杜绝进入农村地区。

3. 市场贫困治理的维度：专业合作组织化

新福利三角理论农民专业组织化作为市场一角参与贫困治理的维度。农民专业组织化由农民专业合作社、农村经纪人组成。

第一，农民专业合作社。

农民专业合作社是把农民带入市场的主要载体，可以提升农民抵御市场风险冲击的能力。农民专业合作社是建立在农村家庭联产承包经营基础上，同类农产品的生产经营者或者同类农业生产经营服务的提供者、利用者，自愿联合、民主管理的互助性经济组织。我国农业生产具有规模小、技术含量低、农产品市场占有率低的特点，农民生产分散、组织化程度低，难以应对市场对小农生产带来的风险。2007 年 7 月 1 日，国家颁布《中华人民共和国农民专业合作社法》，明确了农民专业合作社的法律地位及职能。农民专业合作社组织农民进行统一生产、统一管理、提高农业生产效率，使农产品在激烈市场竞争中占据有利地位。

农民专业合作社作为提升少数民族村民组织化程度的组织形式，不仅能有效解决农村发展中农民"小、弱、散"的不足，提高少数民族贫困群体生产组织化程度，而且能有效解决农民个体市场中信息缺乏等问题，为农户生产种植提供技术信息支持。农民专业合作社提高了农产品生产的管理水平，提升了个体农户有效应对各种风险能力，增加了贫困农户在市场中收益。因此，农民专业合作社可以提升贫困农户市场福利水平的组织形式。

---

① 邓华宁、李均德、董振国、苏万明：《外来资本侵农乱象》，《中国扶贫》2011 年第 3 期。

第二，农村经纪人。

经纪人是指为交易各方提供中介服务而获取佣金的经纪有限责任公司、经纪事务所、个体经纪户和兼营经纪业务的企事业单位。农村经纪人是近年来在一些发达省份农村持续发展起来的行业，同时在一些经济社会发展相对滞后的地区农村也日益出现。在过去，农村市场规模小、农产品的生产信息、销售信息缺乏，致使农村市场长期处于滞后状态。随着农村经济社会发展，一些活跃在田间地头的各种专业人士日益增加，他们掌握了农产品的销售市场的供求信息、农产品的科技信息、农产品运输物流信息等，成为推动农村商品市场发展的关键力量。农村经纪人的类型可分为农产品销售经纪人、信息经纪人、科技经纪人和运输物流经纪人等。按照组织形式可分为个人、农村经纪人协会和农村专业合作经济组织。表现形式包括个人、农户和团体组织。

农村经纪人将有效推进农场市场发展与繁荣，主要表现为：一是调整农村产业结构的优化升级。农村经纪人见识广、信息灵，能有效把握农村市场发展规律，有利于指导农民农产品种类的选择及种植，解决供给与需求之间的瓶颈。二是有效保证了农民的增产增收。农业科技经纪人有助于增加农产品产量，农民农产品销售经纪人则有助于扩大销售量，增加农民的收入，实现农户增产增收。三是促进农村劳动力就业。农村经纪人一方面可以把农民组织起来进行农产品的种植与运输，另一方面，可以为农村劳动力转移提供必要的信息和条件，从而促进农民增加收入。

市场贫困治理的维度应回到马克思主义经典理论的论述。马克思主义认为，人类社会发展的基本矛盾是生产力和生产关系的矛盾，生产力决定生产关系，生产关系对生产力具有反作用。生产关系是在物质生产中表现的生产、分配、交换、消费中的关系。生产关系的要素包括劳动者、生产工具和生产资料。劳动力是生产关系中最具活跃的因素。市场贫困治理的维度从劳动力的市场化、生产资料的市场化、生产关系的市场化等入手，建立具有地方特色的农副产品市场，注重对资金市场、劳务市场和技术市场的培育，着力提升贫困地区市场发展的水平，提升劳动力的素质，扩大商品市场，让贫困群体在劳动力市场化、生产资料市场化、生产关系市场化过程中增加收益，为发展市场经济创造基础条件。

二　B民族乡贫困治理的本土实践

由上看出，布朗山布朗族乡的市场规模和发展水平还处于市场意识薄弱、市场规模小等较低层次，B 民族乡传统市场的转型滞后问题，是历史和现实诸多因素综合作用的结果。奂平清对华北农村传统市场进行研究并指出，传统市场发展缓慢主要原因来自两个方面：一是农民收入和消费水平始终维持在较低水平；二是农村劳动力向外转移缓慢①。布朗山是云南省 506 个扶贫攻坚乡、8 个少数民族边境特困乡之一。市场本质属性对提高贫困治理的资源配置效率具有重要作用，新福利三角理论市场一角参与贫困治理就是对生产关系中的一部分要素市场化，即劳动力市场化、生产资料的市场化和专业组织的组织化。当前，布朗山各族群众自给自足的生产方式占主导地位，收入偏低，缺乏一定的市场意识，加上居住分散，尚未形成一定的市场规模，难以有效形成市场机制。B 民族乡市场贫困治理的本土实践分别为劳动力市场建设、商品市场建设、专业合作组织建设和劳动力个人能力发展。

1. 贫困治理的举措：劳动力市场培育

随着城市化、工业化进程的加快，政府加大了市政建设力度，急需大批农村劳动力参与建设，也为农村劳动力跨城乡就业提供了机会。然而，劳动力若实现转移就业必须提升相关的技能，否则难以有效地进入当地劳动力市场。KXG 在布朗山长期从事建筑行业，兴建了政府大楼、街道上的各种砖混结构住房建设，通过这些工程建设，KXG 成为当地有名的富裕户。据了解，KXG 在工程建设中招聘的工人都是从老家石屏县请来的，不仅路途远而且成本高，但是当地的工人不能达到他的技术要求，只好作罢。因此，政府不仅要组织种植、养殖等实用技术培训，也应组织培训劳动力外出转移的相关技术，把有技术的布朗族劳动力向外转移，扩大就业区域和范围，提高布朗族家庭的收入。据了解，勐昂村委会新曼峨布朗族青年在农闲时间前往县城 M 或州府景洪打工，男女都有，一般是农闲时间出去，农忙时间回到勐昂村。一方面可以接触新鲜事物，另一方面还可以为自己带来一定的收入。尽管如此，布朗山跟内地一些地方情况存在差异，内地是人多地少，布朗山是资源丰富、地广人稀，每平方公里 19 人，普洱茶、橡胶产业都是劳动密集型产业，需要大量劳动力，政府组织劳动力培训时要结合实际，充分发挥布朗族社会成员的主体性，社会成员选择

① 奂平清：《中国传统乡村集市转型迟滞的原因分析》，《西北师范大学学报》（社会科学版）2006 年第 4 期。

从事农业生产还是劳动力转移，政府都应尊重他们的主观意愿。

2012年，X傣族自治州州委、州政府提出后工业发展道路，大力发展服务产业，走后工业发展道路。B民族乡后工业发展道路是大力扶持旅游、服务、民族文化、生态文化等为内容的第三产业，突出民族文化旅游、普洱茶文化旅游等。在"十二五"期间，政府将大力发展普洱茶文化旅游专线，开通景洪—M—布朗山普洱茶观光线，吸引各地游客来布朗山旅游观光，带动当地住宿、餐饮、就业等相关产业发展。同时，加大招商引资力度，建立绿色、特色食品加工企业，为当地布朗族群众就业创造条件。也加大对农村劳动力使用技术培训力度，让布朗族群众参与旅游、餐饮、服务等行业，通过就业实现增加个人和家庭收入的目的。随着经济社会发展，布朗山将通过引进绿特产品加工企业，可以吸收当地少数民族群体通过就业实现市场福利，也可以通过建立劳动力市场把劳动力向内地进行输出和向境外缅甸进行集中输出，通过跨区域和跨境实现就业而提高B民族乡贫困群体福利水平。

2. 贫困治理的举措：商品市场建设

图6-1　布朗族采茶

商品市场发展是经济发展的集中表现。布朗山商品市场不仅包括普洱茶、粮食等传统产业，也涵盖农产品、日常生活用品、住宿、餐饮等行业。由于布朗山处于中国与缅甸的边境地区，商品市场还包括国内市场和国际市场，一些边民往返于布朗山和缅甸之间，成为推动布朗山商品市场发展的关键力量。布朗山商品市场的发展可以为各少数民族提供不同生产生活用品，提高生活水平和生活质量，也为吸引各地游客提供了前提性条件。

普洱茶产业是布朗山支柱性产业，普洱茶产业收入是当地布朗族群众的主要收入来源。2011 年底，B 民族乡有茶地 54329 亩，当年采茶面积41561 亩，茶叶生产量为 1105.6 吨，主要以绿毛茶为主。由于茶叶种植面积广，茶产业从业人口多，几乎每家都有茶叶地，我在勐昂村调研不时看见布朗族家庭炒茶、揉茶的身影，种茶、制茶已成为布朗族生产生活的重要组成部分。自 2007 年普洱茶价格飙涨后普洱茶价格跌入低谷，布朗山布朗族农村收入也随之大幅下降。近年来，普洱茶价格回升，布朗山农民茶叶收入也随之上升。截至目前，布朗山还没有一家茶叶生产厂，农户自己通过采摘青叶茶，采用家庭式手工进行炒茶、揉茶，最后等老板来收。一些外地老板也为了减少成本，自己到布朗山来收茶叶。每年的 3月、4 月份春茶上市季节，我国东南沿海福建、广东等地茶叶老板前来 M县收购普洱茶，他们当中的一些老板也纷纷前往布朗山收购普洱茶。我在勐昂村委会新曼峨寨了解到，村小组长 YZY 与外来茶叶老板建立合作关系，老板出资建了茶叶手工作坊。由于人手不够，手工作坊请了村民前来帮忙，每人每天工钱 60 元。YZY 去收青叶茶，然后在茶叶手工作坊进行加工，最后由老板批量销往外地，老板喜欢新曼峨寨的一种苦茶，据说适合广东人喝茶口感，在那里新曼峨的苦茶被当作"布朗山老班章茶"卖，销路不错。布朗山布朗族也开始了解并投身市场，在勐昂村委会新曼峨村YXN 就是代表，我与她的访谈是在布朗山前往县城 M 的公交车上，通过交谈得知她家的生产生活的一些情况。

　　YXN，女，布朗族，37 岁，文化程度小学二年级。虽然文化程度不高，但与她交流很流畅。她家有茶叶地 15 亩。这几年茶叶价格好，收入比前几年增加。她和丈夫经常到 90 公里以外的县城看茶叶市场，以便收茶叶卖给县城老板。YXN 家已买了皮卡车。此次出行因丈夫有事不能与她同去，只好坐布朗山乡到县城的班车。她跟茶叶老板打交道日益频繁，也深得茶叶老板的信任，老板建议她不要满足于现状，要尽可能买一些茶地，为以后发展做好准备。她也曾打算在附近乡镇买茶叶地，但因那块地须有那个乡镇的户籍才能购买，所以没有买到那块茶地。看着她能说会道，与其他布朗族妇女似乎有些不同，是难得的布朗族妇女干部人选，但鉴于丈夫不希望她为村里事忙活，所以也没当村干部。

个案 YZK 的儿子通过在外打工经历积累的驾驭市场经验，积极投身市场，利用布朗山普洱茶产业的优势，从事普洱茶生意，通过市场手段获得了丰厚的收益，市场福利摆脱了 YZK 的生产生活困境，成为近年来变化较大的富裕户。

> YZK，男，布朗族，50 岁，家里有 4 人，有茶地 30 亩，可采茶有 10 亩。水田 8 亩。2009 年，YZK 是村里贫困户，住房简陋、低矮、光线不足。2012 年底，我到 YZK 家发现，YZK 已是村里的富裕户，家里耐用消费品如高清电视、电冰箱、洗衣机、沙发等，一应俱全，墙上有毛主席的画像。原来低矮的住房变成了沿街二层砖混结构楼房，一楼作为铺面出租，二楼用于自家居住。YZK 家变化的主要原因是儿子做茶叶生意。YZK 的儿子今年 31 岁，起初在广东、广西等地打工，后来去了北京。2008 年茶叶价格回暖。YZK 儿子在外打工积累了一些经验，后来回布朗山做起茶叶生意。YKZ 儿子长期在外奔波做茶叶生意，把布朗山的茶叶销往外地，通过市场增加了收入和福利，成为村里远近闻名的富裕户。

自 2008 年以来，政府投资兴建了乡镇集贸市场，位于勐昂村。勐昂村附近的新曼峨村村民经常到集贸市场出售粮食、肉类、蔬菜、水果等农产品，也有一些村民到 M 县城和勐遮等地贩来各种农产品来集贸市场出售，但由于布朗山各村委会、各村小组居住分散，乡镇集贸市场出入人流量不大，销售额也偏低。一些外地人来布朗山后，与当地布朗女结婚，成为名副其实的布朗山人，KXG、YGM 是具有开拓意识、市场意识的，他们长期穿行于布朗山和缅甸之间，特别是 KXG 曾在缅甸伐木取得收入，YGM 把布朗山的特产贩到缅甸去卖，也把那边货物贩到布朗山来卖，通过两地之间所需货物的互通有无，他也为自己增加了收入。

> KXG，男，38 岁，彝族，红河州石屏县宝秀镇人。15 岁跟亲戚

来布朗山从事建筑行业。后与勐昂村布朗族姑娘 YMY 结婚。他曾出去缅甸打工，帮人伐木材，后妻子也随去帮忙，有时为了节约路费，他们曾从缅甸走路回到布朗山，伐木虽很辛苦，但对当时来说收入很高。他获得一定收入以后，就回到布朗山建立建筑工程队，修建房子。KXG 因信誉好，工程质量好，布朗山乡政府大楼、政府食堂和沿街旅馆等成为他的建设项目。工程队人数最多时达 60 多人。目前，KXG 已成布朗山远近闻名的致富带头人。

　　YGM，男，48 岁，汉族，贵州人。20 多年前随亲戚来到布朗山乡勐昂村。后与现在妻子结婚。有两个儿子，大儿子在县城读高中，二儿子在乡里读中学。YGM 家有 5 亩水田，15 亩茶地。他家收入主要来源是买卖布朗山的特产，也曾到缅甸卖布朗山的布匹、衣服，把那边特产也拿回来卖。YGM 认为，由于政府对布朗山的重视，布朗山的发展速度要比家乡快得多。希望政府进一步扶持茶产业，树立自己的"普洱茶"品牌，提高茶叶附加值，建立一个茶叶加工厂，这样可以解决老百姓的就业，还能增加老百姓的收入。

　　YF，男，40 岁，汉族，浙江省温州市人，现住曼囡村委会曼囡小组。2006 年不远千里从浙江温州来到布朗山，起初在布朗山做茶叶生意，后因 2007 年茶叶价格暴跌，致使亏损严重。后来发现布朗山具有良好的养殖条件，当地的冬瓜猪肉质优良具有较高的口碑。YF 不断总结经验，转向投资生态冬瓜猪养殖，建立生态冬瓜猪专业合作社。专业合作社与农户双方约定：专业合作社先向农户提供小猪，等猪出栏再扣除小猪价格。农户用芭蕉杆、草料等喂养，不准喂激素饲料。YF 专业合作社生产的生态冬瓜猪已销往景洪、昆明等地，市场上已供不应求。2013 年末，专业合作社已有 800 多户成为合作养殖成员，来年将扩大养殖农户的规模。为了更好与当地布朗族交流，他不断学习布朗族文化，与当地老百姓交朋友，YF 娶布朗族媳妇并有小孩，已经成为名副其实的布朗人。

　　布朗山商品市场由外地人和本地人组成，外地人占商品市场的绝大部分，他们主要从事营业额较大茶叶销售、家电销售、旅馆经营、服装销售等。当地人也逐步树立起市场意识，不再局限于把自家种的菜拿到农贸市场上出售，也投入开饭馆、收购茶业等行业。商品市场的发展改变了布朗山逐步改变了自给自足、日出而作、日落而归的传统的生活方式，人们逐步意识到商品市场给个人和家庭带来诸多实惠。可见，商品市场发展促使布朗山各族群众逐步树立市场意识，不仅改变了传统生产方式与生活方式，而且从商品市场中自身不同层次的需求也逐步得到满足，商品市场是布朗山贫困治理的有效路径。

3. 贫困治理的举措：专业合作组织建设

由于受传统思想影响，布朗族市场意识淡薄，个体难以应对市场带来的风险。个案中 YXN 是布朗族妇女中少有的具有市场意识和商业头脑的人。其他多数妇女都很少跟生人说话，更不用说做生意。我在调查过程也发现，人们宁可降低茶叶价格，也不愿自己出去卖茶叶，不了解市场行情，也不愿自己去了解，担心上当受骗。只有把分散的个体组织起来建立农民专业合作社共同应对市场带来风险，提高市场带来的收益。

近年来，政府在科技上攻克高海拔橡胶种植难题，把橡胶产业作为布朗山扶贫开发的重要产业。目前，布朗山乡橡胶46527亩，其中开割仅为170亩，橡胶分布在勐昂、章家、新竜、曼囡、吉良五个村委会。橡胶种植是新兴发展产业，橡胶是原料型产业，价格随着市场供求上下波动。随着布朗山橡胶种植面积扩大，为了提高橡胶种植效益，实现农民增产增收，布朗山建立橡胶种植专业合作组织成为必然选择。

布朗族是最早种植茶叶的少数民族。布朗山布朗族茶叶是布朗山乡支柱性产业。目前，茶叶种植管理粗放式，农户缺乏相关的技术，农民小型化生产、技术含量低、成效不明显。班章村老班章古茶价格达到每公斤2800元，但由于古茶树少，古茶产量有限。老班章为了使班章茶更好的发展，成立了老班章茶农协会，制定了协会章程，与 M 县陈升茶厂建立"农户＋企业"的运营模式。2012年，老班章茶农协会已有会员33名，会员占全村农户的1/3。据村小组长介绍，茶农协会的"农户＋企业"模式规定茶叶保护价，企业到村寨来收购青叶茶，后经陈升茶厂进行加工、制作等，最后出厂销售。茶农协会的保护价为300至400元之间。政府倡导提高农民组织化程度，建立农民专业合作社，把分散农民集中起来。农民专业合作社进行统一规划、统一种植、统一管理、统一包装等，可以申请注册商标和质量认证，为农产品进入市场提供前提条件。马克思曾形容19世纪的法国农民"小农人数众多，但彼此之间分散、联系少"的"马铃薯"式的生活方式①。我认为，我国传统农民也存在人数众多、个体分散，生活如同"马铃薯式"，难以有效联合起来形成一种合力共同应对市场风险。少数民族地区农民这类特征更为明显。农民专业合作社是把分散农民组成利益共享、风险共担组织。据我调查发现，专业合作社成员也是理性经济人，市场农产品价格低，专业合作社成员则把农产品销往专业合作社，而一旦市场价格好于专业合作社价格，农民也会把农产品私下卖给商户，若不进行有效管理将导致专业合作社解体。要让专业合作社成员意识到成员之间是一荣俱荣、一损俱损的利益攸关方，个体违背契约将有损相关产业的良性发展。因此农民专业合作社应加强规章制度建设。

图6－2　乡农技人员指导布朗族村民种章家辣子

章家辣子专业合作社

章家辣子是B民族乡布朗族村民长期以来种植的地方优良的辣椒品种，具有抗逆性强、丰产优质、外形美观、香味浓郁独特、辛辣味适中等特点，备受消费者喜爱，因在章家村等地集中分布而得名。长期以来，章家辣子种植分散、管理粗放，难以形成脱贫致富的特色产业。

2009年以来，为了扶持特色产业发展，州科技局协同M县农业和科技局、M县农业技术推广中心拟定对章家辣子进行规模化、规范化露地种植试验，对布朗族群众章家辣子种植提供科技支持，并取

---

① 马克思：《路易·波拿巴的雾月十八日》，《马克思恩格斯选集》第1卷，人民出版社1972年版，第693页。

得显著成效。为了推进章家辣子特色产业发展，2010 年 3 月，章家村成立章家辣子农民专业合作社，内设理事长、副理事长和理事会，制定农民专业合作社章程，起初会员有 8 户，乡政府牵头进行章家辣子质量认证、注册商标、寻找销路等。章家辣子专业合作社进行统一种植、统一管理、统一营销，从最初的零星种植到现在进行连片种植，据了解，2012 年章家村连片种植面积达到 200 至 300 亩，同时也集中解决章家辣椒种植技术问题、管理问题和市场问题。在空坎一队了解到，该村有 4 户是章家辣子专业合作社成员，每年入会缴纳 200 元会费，但专业合作社给会员的实惠远超过会费，空坎一队章家辣子专业合作社会员较少的原因是雨水冲毁田地，无地种植章家辣子。另外，一些村民担心村干部会挪用会费，因此参与专业合作社的人较少。目前，章家辣子干辣椒每公斤达到 60 元，以规模化、高效化的种植为特征的农民专业合作社是有效组织形式，章家辣子特色产业成为当地布朗族贫困群众脱贫致富的产业之一。

4. 贫困治理的举措：个人发展能力提升

随着市场经济建设推进，为了提升布朗山农产品在市场经济中的竞争力，农民如何提升种植、养殖技术已成为面临的难题。布朗山贫困治理把提高贫困群体的发展能力作为重要抓手，县乡两级政府相关部门举行了一系列香冬瓜、辣椒、橡胶、木薯、玉米的种植和养殖等实用技术培训。

首先，农产品种植实用技术培训。

（1）香冬瓜实用技术培训。香冬瓜是一种在高山上种植，不施加任何肥料或农药的原生态农产品。布朗山香冬瓜具有清热解毒、利水消痰、除烦止渴、祛湿解暑等功效。布朗山是香冬瓜的主要产地。县、乡两级政府把发展香冬瓜作为增加农民收入的一项举措。据统计，2012 年县乡两级政府分别在章家村委会新囡、空坎二队、章家老寨，章家三队和兴竜村委会曼兴竜上寨组织现场培训 5 次，参加人数 469 人次，培训内容为香冬瓜种植密度、排灌、管理。（2）辣椒实用种植技术培训。章家辣子集中分布在布朗山乡章家村，具有抗逆性强、丰产优质、外形美观、香味浓郁独特、辛辣味适中等特点原生态农产品，备受消费者喜爱。县乡两级党委政府把发展章家辣椒作为一项农民增收的举措。据统计，2012 年组织章家辣椒实用栽培技术在章家村新囡、老寨、空坎二队和新竜村委会曼兴龙上寨现场培训4次，培训内容为辣椒种植密度、排灌、管理等一系列技术要点等，参加人数为338人次。（3）木薯实用种植技术培训。木薯是从国外引进的农作物。最先在广东省高州种植，现已分布在广东、广西、福建、湖南、江西、云南、贵州等省。主要用于食用、饲用、工业用原料。县乡两级党委政府把木薯列为农村增收的一项举措，发展木薯产业。据统计，2012年县乡两级相关部门在吉良村委会回环、曼龙组织木薯实用技术培训4次，培训内容为讲解了木薯适宜种植的地理气候条件、木薯高产栽培技术，涵盖平放、斜插、直插等。其中两次为木薯中期管理的相关知识培训。参加培训人数达174人次。（4）橡胶实用管理技术培训。橡胶是热带经济作物。20世纪70年代从海南省引进，目前，西双版纳已成为国内最大橡胶种植基地。近年来，政府科技部门攻克高海拔橡胶种植难题，把橡胶产业作为扶贫开发的重要产业。目前，布朗山乡橡胶46527亩，其中开割仅为170亩，橡胶分布在勐昂、章家、新竜、曼囡、吉良五个村委会。据统计，2012年县乡两级政府在曼囡村委会曼囡新寨、红旗两村寨组织橡胶实用技术培训现场教学两次，培训内容为橡胶中后期管理、病虫害防治及施肥、割胶技术的现场培训指导，并赠予村民割胶刀具140套，参加人数达260人次。（5）玉米实用种植技术培训。玉米是布朗山传统的种植作物。玉米分为食用和饲用两种，发展养殖业离不开玉米种植。县乡两级政府把发展玉米种植作为农民增收的一种方式。据统计，2012年，县乡两级政府在勐昂村委会南朗村、曼诺村组织玉米种植实用技术现场培训两次，培训内容为玉米种植的季节、品种特征、泡种、技术要点，讲解了栽培管理技术，参加培训人数达402人次。

其次，养殖实用技术培训。

小冬瓜猪养殖实用技术培训。布朗山属南亚热带季风气候，阳光充足，雨量充沛，年平均降雨量1374毫米，年平均气温在18℃到21℃之间，全年基本无霜或霜期较短。布朗山良好的气候条件适合发展现代农业和养殖业，布朗山小冬瓜猪肉质鲜嫩、口感好，市场上有较好的口碑。县乡两级政府把发展养殖业作为农民增加收入的一种途径。据统计，2012年县乡两级政府在曼囡村委会曼木组织小冬瓜猪养殖实用技术培训一次，培训内容为小冬瓜猪的科学饲养管理、疫病防治、本地饲料资源利用等方面，参加培训人数达75人次。组织食品安全知识培训一次，培训内容为如何识别病害猪肉及危害，参加培训人数达65人次。

第四节 B 民族乡贫困治理的问题与不足

新福利三角理论市场作为社会资源优化配置的重要手段。市场作为社会福利提供方具有提高资源利用效率的优势，也面临不同贫困地区存在发展差距和对贫困群体非货币化结果的忽视等不足。职业福利是满足贫困群体福利需求市场福利的重要表现形式。新福利三角理论市场福利的优势，市场福利实现需建立在劳动力市场、生产资料市场化和农民专业组织合作化的基础上，实现劳动力资源的优化整合。然而，当前，我国少数民族贫困治理仍存在劳动力实现就业市场福利难、生态优势难以转化为发展优势，人文优势难以转化为市场福利优势等问题。

一 劳动力优势难以转化为市场优势

英国社会政策学家蒂特姆斯（Richard M. Titmuss）把福利分为公共社会服务的社会福利、税收减免和救济的财政福利、雇主提供的津贴和服务的职业福利三部分。在市场领域，职业福利为社会成员提供福利的重要组成部分。刘继同指出，劳动市场是增进个人福利的最佳途径，又是社会福利体系的重要组成部分（刘继同，2004）。

由于布朗山市场处于社会主义初期阶段的较低层次，社会福利的市场化仅能依托布朗族贫困群体通过教育、技能培训等提高综合素质来实现就业而获得的职业福利。布朗山市场福利是通过劳动力转移输出增加就业机会，提高贫困者个人和家庭的收入的福利总和。2011 年年底，B 民族乡农村劳动力达 11052 人。其中女劳动力为 5207 人。农业劳动力为 10450 人，林业劳动力为 118 人。劳动力资源使用情况，建筑业劳力 15 人，交通运输、仓储和邮政业劳力 39 人，批发零售业劳力 95 人，住宿和餐饮业劳力 14 人，居民服务和其他劳力 128 人，卫生、社会服务劳力 29 人，其他 164 人，其中外出合同工、临时工 162 人。可见，布朗山第一、第二、第三产业从业人口分布严重失衡，传统农业从业人口达 97.2%，农业分工不明显，致使农业投入和产出率低下。布朗山每年有劳动力 1 万多人，仅有 98 人外出打工，外出人员较少，难以形成规模优势，推进贫困群体的脱困，其主要原因是布朗族综合文化素质低、缺乏实用的技术，难以实现劳动力转移和输出。因此，布朗山的劳动力优势难以转化为经济优势，为贫困家庭和个人提供市场福利。

二 生态资源难以转化为市场优势

布朗山阳光充足、雨量充沛，适合农作物的生长，土地、森林、草场资源丰富。一是养殖业资源因市场发展滞后尚未成为农民增收的有效途径。据了解，布朗山有自然草山 45 万至 50 万亩，总产草量近 10 亿公斤，有效产量达 5 亿公斤，具有发展特色养殖的天然条件。养殖业尚未成为农民增加收入的产业。二是农产品种植因市场因素尚未成为增收的有效产业。近年来，政府开始利用生态优势发展特色产业。农产品生产基地建设将有助于商品市场的形成。2011 年，全乡种植木薯 11248 亩；香蕉 8236 亩；章家辣子 1055 亩；香冬瓜 355 亩；苡仁 2250 亩；原竹 9.2 万株 5409 亩，西南桦 2500 亩；杉松 2200 亩；海船 957.3 亩。对冬作物开发，采取政府扶持、种植大户带动及合作开发分成的模式，完成了近 1000 亩连片备耕。通过以上调整布局，实现了巩固提升传统产业，全力培育新兴产业，打造特色产业。布朗族村民开始连片种植木薯、香蕉、辣子、香冬瓜等农产品，通过市场途径，依托章家辣子农民专业合作社和木薯农民专业合作社为布朗族村民增加收入。同时，专业合作组织发挥风险共担和利益共享职能带动农户发展，农民生产效益得到大大提高。尽管如此，布朗山的生态资源优势尚未通过种养业和特色农产品基地建设成为贫困家庭和个人的市场福利优势。

三 人文优势难以转化为市场优势

布朗山布朗族乡是人口较少民族、直过民族布朗族单一命名的少数民族边境特困乡。布朗族是中国和缅甸的跨境少数民族，具有历史同源、文化同脉、语言相通、区域毗邻的特点。在不同时期，勐海县境内布朗族前往缅甸的景栋、泰国的一些地区，他们大多从事黄金、玉石、珠宝、建筑等行业，具有一定经济实力。他们对国内布朗族前往打工者都会给予帮助。目前，布朗山布朗族难以充分利用人文优势实现跨境就业市场福利。

布朗山独具特色的民族文化。布朗山具有普洱茶文化、边地文化、布朗文化、生态文化、探险文化。以普洱茶为例，布朗山班章村委会老班章普洱茶举世闻名。布朗族是云南省种植茶叶最早的民族，具有上千年历史。布朗弹唱是布朗族独具特色的民族文化。2008 年，布朗弹唱已被国务院认定为第二批非物质文化遗产名录。布朗弹唱具有较好的民族文化展演市场前景。布朗山民族生态旅游区建成将是国内外游客的绝佳旅游目的地之一。2007 年 12 月，勐海县旅游局对布朗山制定了《勐海县布朗山民族生态旅游区招商项目》，预计投资 5000 万元。政府还在招商项目中出台一些优惠政策。尽管如此，《勐海县布朗山民族生态旅游招商项目》发布近 6 年，一些投资商考虑到布朗山民族生态旅游前期基础设施投资较大，回收投资成本和实现盈利的周期长，布朗山民族生态旅游较少有人问津，致使人文优势难以转化成市场福利。

B 民族乡经济社会处于后发阶段，人口较少民族、直过民族布朗族为主体的布朗山乡，市场意识薄弱、市场份额狭小，市场福利主要通过就业来实现职业福利。通过劳动力转移和输出、劳动力就业、农产品市场、农民专业合作组织等来提高布朗族的组织化水平，加大招商引资力度，建立茶叶为主的加工企业，不仅增加就业机会，同时也提高少数民族群众的收入。多民族聚居地区通过专业合作社提高农民组织化程度，提高贫困个体应对市场风险能力，运用市场实现劳动力优化配置，扩大少数民族贫困群体的就业范围，通过劳动力就业、商品市场交换和专业合作组织等来提高少数民族贫困群体的市场福利。

第五节　小结

目前，我国少数民族地区福利市场化存在以下不足：首先，少数民族地区经济社会处于后发展阶段，市场作为福利提供方的方式难以有效推广。少数民族地区长期存在自给自足的生产方式，市场意识薄弱、市场份额较少。少数民族地区应大力培育发展市场体系建设。其次，少数民族地区劳动力难以有效转移实现劳动力供求的就业的职业福利。少数民族地区生产率低下，且分工不明显。三大产业分工中农业占有极大比重，第二、第三产业从业人员比例偏低，农业生产投入与产出失衡。尤为重要的是，粗放式生产致使农村劳动力难以通过劳动力市场实现有效转移，提高非农领域就业职业福利的市场福利。

本章通过新福利三角理论市场参与贫困治理进行论述。首先，从相关理论、国际经验入手，相关理论回顾了以哈耶克新自由主义思想、弗里德曼新自由主义思想、艾哈德社会市场经济思想为内容的自由主义的"福利市场化"和福利三角中的市场福利，借鉴西方国家市场福利建构应重视培育突出福利生产和消费双赢的市场化，市场福利建构应注重个体、要素、组织等市场化的经验。其次阐释了 B 民族乡贫困治理的历史变迁，重点论述 B 民族乡贫困治理的现状，分别从 B 民族乡贫困治理的维度和贫困治理的本土实践，分析 B 民族乡贫困治理存在的问题与不足。主要表现为贫困治理存在劳动力难以市场化，生态优势难以转化为发展优势，人文优势也难以转化为发展优势等问题。最后进行总结。

市场视阈下民族乡贫困治理应避免福利市场化形成的货币福利取代社会福利、市场机制可以代替社会福利的认识误区，应立足特定区域、特定族群实际，发挥政府贫困治理的主导，突出少数民族贫困群体的主体性，积极引导少数民族贫困群体充分认识并利用市场的机会与风险并存的特性，趋利避害，把丰富的生态资源和人文资源逐步实现市场化、资本化，把潜在的自然资源优势和人文资源优势转化为现实的经济发展优势，提高少数民族地贫困群体的福利水平。

第七章

社会视阈下的民族乡贫困治理

社会福利是一种公共品分配用来满足社会成员需要的制度设置，是社会成员从政府和市场以外获得的收入和服务的总和。早期社会福利主要由家庭提供，进入工业化社会后政府从道义型向责任型转变，承担了一部分社会福利的功能。进入 21 世纪以来，我国政府出台扩大社会福利供给主体范畴的政策，社会福利呈现多元化发展格局。2000 年 4 月，我国民政部在广东省召开了全国社会福利社会化工作会议并提出，社会福利社会化是指政府在组织、倡导、支持和必要的资助下，动员社会力量建设社会福利设施，开展社会福利服务，满足社会对福利服务的需求。一般而言，社会福利社会化涵盖服务对象、资金来源、管理、服务设施、服务队伍等的社会化。随着经济社会转型的加速，我国社会福利提供由最初的家庭转变为家族、非政府组织、宗教组织、社区等多元化发展。

新福利三角理论将国家、市场和社会作为福利提供方并组成福利整体。社会福利社会化可以把家庭、家族、社区、第三部门等作为福利提供方参与贫困治理。本章从相关理论、国际经验入手，阐释 B 民族乡贫困治理的历史变迁，重点论述 B 民族乡社会贫困治理的现状，突出社会参与贫困治理的维度与 B 民族乡贫困治理的本土实践，分析 B 民族乡贫困治理存在的问题与不足。

第一节　相关理论与国际经验

一　相关理论

西方的社会化福利理论主要由罗斯、伊瓦斯的福利三角理论家庭作为福利提供方，安东尼·吉登斯的"第三条道路"及社会投资国家，梅志里的社会发展主义理论和谢若登的社会福利理论组成。

1. 福利三角理论的家庭福利思想

家庭福利也被称为非正式福利，是建立以血缘为纽带的代与代之间的福利传送。西方家庭福利是建立"接力棒"式的福利传递。东方家庭福利是代与代之间互哺式的福利输送。罗斯（Rose，1986）认为，一个社会总体的福利是重要的议题，社会中的福利来源于家庭、市场和国家，这三者作为福利的提供方，任何一方对其他两方都有贡献，将三方提供的福利进行整合就形成一个社会福利的整体，这三者成为社会福利的多元组合。约翰逊（Johnson，1987；1999）在罗斯的福利多元部门组合中加进了志愿部门，丰富了福利多元组合理论的内容。伊瓦斯（Evers，1988）借鉴了罗斯的多元福利组合理论。他将罗斯的福利多元组合在不同的社会制度中家庭、市场和国家为总体演绎为家庭、经济和国家共同组成的福利整体，伊瓦斯称之为福利三角（welfare triangle）。福利三角中的家庭作为社会福利最初提供者，满足家庭成员的物质需求和情感需求。

2. 吉登斯的社会投资国家思想

20世纪70年代中期，西方国家因石油危机引发的全球性经济危机，经济停滞、失业率上升、通货膨胀，福利国家对社会成员的福利支出大幅增加。福利国家自身也难以承受高额的财政负担，对福利国家改革呼声此起彼伏。吉登斯结合贝弗里奇报告中向匮乏、疾病、无知、肮脏、懒惰的社会关注的否定面宣战，提出积极福利（positive welfare）。吉登斯鉴于当时英国"福利国家"困境，提出"社会投资国家"（social investment state）理论，推行一种积极福利政策的社会角色。吉登斯的社会投资国家是指"积极福利"的福利开支将不再是由政府来创造和分配，而是由政府和其他机构（含企业）一起通过合作来提供[①]。可见，吉登斯的社会投资国家福利理论不是让国家完全退出社会福利提供体系，国家在社会福利体系中仍发挥主导功能，不同之处在于国家福利支出更多投入到人力资本投资、风险社会管理和扩大人力投资主体等领域和范畴。

吉登斯的社会投资国家理论包括以下内容：首先，社会投资国家理论强调对人力资本的投资。其次，社会投资理论强调社会成员对风险的管

---

① ［英］安东尼·吉登斯：《第三条道路：社会民主主义的复兴》，郑戈译，北京大学出版社、生活·读书·新知三联书店2000年版，第122—132页。

理。再次，社会投资国家理论强调扩大人力投资主体，扩展关注对象，使福利体制更具包容性，充满生机和可持续发展。社会投资国家理论要满足不同阶层的利益需求，兼顾不同社会阶层利益。国家依靠自身的行政体系、税收体系为公民提供社会福利，通过税收制度优化为社会成员提供福利，建立可持续发展的社会福利体系。吉登斯运用社会投资国家理论，通过教育、培训对贫困群体人力资本投资，通过政府行政体系为贫困群体建立社会网络，提高贫困群体对社会风险管理，提高贫困群体应对风险的能力，扩大社会福利主体，为社会成员提供多层次社会福利，满足社会成员日益增长的物质文化生活和精神文化生活的需求。

吉登斯的"第三条道路"改革的重点是强调国家责任、社会责任和个人责任的合理、有效的分担，突出在国家的宏观调控下社会救助和个人救助的有机结合，提高社会成员的福利水平和效率。

3. 梅志里的社会福利思想

梅志里（James Midgley）把社会发展看成是促进经济发展措施，力图达成各类社会政策和谐地促进人类福利的途径。他提出了整体性社会政策把国家主义、个人主义和社群主义范式的融合，主张社群主义，即重视积极的社区动员和民众在社会政策中的参与，强调有计划地干预，提倡动态的、以变化为导向的方法。经济发展与社会发展协调，社会政策融入经济政策。社会政策的目标从缓解贫困转变为增强人们维持生计的能力、增进全民福利、保障人权、促进社会公平正义等多个方面。社会政策成为增进全体社会成员经济和社会能力的社会资源再分配机制，从传统的被动型转向主动型①。可见，梅志里的社会福利思想改变以往从个体转向整体，强调个体有效参与，从单一经济发展向经济与社会协调发展，社会成员从被动式向主动式转变。

4. 谢若登的社会福利思想

1990 年，美国华盛顿大学迈克尔·谢若登（Makel Shereden）在其著作《穷人与资产》一书中首次提出资产社会政策的概念。谢若登指出，以资产为基础的社会政策是针对以收入为基础的社会政策提出的，资产是指财富的储蓄和积累，对穷人的社会转移支付政策，不应寻求加大或维持

---

① 林闽钢：《现代西方社会福利思想——流派与名家》，中国劳动社会保障出版社 2012 年版，第 144—145 页。

立即提高消费标准的现金支持，而需要政府转移部分资源来刺激穷人对未来资产进行积累的新的社会政策形式。谢若登社会福利思想全面反思"以收入为本"的福利政策，辨析了收入和资产的关系，强调资产的效用，主张建构以资产为基础的福利政策，以资产为基础的政策成为国家公共政策及原则，主张建立"个人发展账户"及"美国梦"示范工程①。谢若登提出以资产建设为基础的社会政策，凡是广泛地和普遍性地促进公民和家庭尤其是穷人获得不动产和金融资产以增进他们福利的方案、规则、法律法规都被列入资产社会政策。

西方国家的福利发展经历单一的国家福利向国家福利和市场福利转变，从国家福利和市场福利向福利多元化发展。"第三条道路"的福利观以吉登斯为代表，主张"福利国家"向"福利社会"转变。在吉登斯看来，福利社会的核心是对人的潜能的开发取代事后的再分配，福利开支应由政府和其他机构（包括企业）一起通过合作来提供，从而形成国家、市场、个体、社区、非政府组织等福利多元组合分配格局。

5. 福利三角理论的社会思想

罗斯（Rose，1986）认为，一个社会总体的福利是重要的议题，社会中的福利来源于家庭、市场和国家，这三者作为福利的提供方，任何一方对其他两方都有贡献，将三方提供的福利进行整合就形成一个社会福利的整体，这三者成为社会福利的多元组合。约翰逊（Johnson，1987；1999）在罗斯的福利多元部门组合中加进了志愿部门，丰富了福利多元组合理论的内容。伊瓦斯（Evers，1988）借鉴了罗斯的多元福利组合理论。他将罗斯的福利多元组合在不同的社会制度中家庭、市场和国家为总体演绎为家庭、经济和国家共同组成的福利整体，伊瓦斯称之为福利三角（welfare triangle）②。我的贫困治理研究对象是处于后发展阶段的边疆多民族聚居地区的人口较少民族贫困乡，非政府组织、志愿部门等第三部门介入贫困治理时间较短，后因管理方面的原因被迫撤离，所以是福利三角模式而非福利多元主义模式，福利三角理论产生于工业化社会的西方，致使社会福利主体得到扩展，不再局限于宗教机构、政府等，市场和家庭也成

① 林闽钢：《现代西方社会福利思想——流派与名家》，中国劳动社会保障出版社 2012 年版，第 144—151 页。

② 彭华民：《福利三角：一个社会政策分析范式》，《社会学研究》2006 年 第 4 期。

为社会成员福利提供方，一旦出现市场和家庭出现失灵，政府的福利职能就充分体现。

罗斯提出社会政策的福利三角模型，后经约翰逊和伊瓦斯的发展，最后伊瓦斯的福利三角由家庭、经济和国家组成。福利三角中的国家、市场和家庭作为社会福利提供方之间的关系是相辅相成、相互促进，福利三角的任何一方的改变也会引起其他两方的改变。我在伊瓦斯把家庭作为福利生产部门之一的基础上，在家庭福利角色基础上，结合我国与西方家庭福利路向的差异，弘扬邻里之间、社区之间的传统文化特性，提出社会作为福利提供方，社会一角涵盖家庭、家族、邻里、社区、公益组织等，满足社会成员多层次的福利需求。

二　国际经验

20世纪70年代，由于国际经济危机的影响和冲击，西方国家社会福利与之前发生了深刻变迁，不仅重视国家提供福利，而且市场和社会也参与社会福利提供，形成社会福利多元化发展格局。

1. 社会福利应注重对象的社会化和服务方式的多样化

西方国家形成福利多元组合为社会成员提供多样化福利。不论是自由主义福利国家、保守主义福利国家和社会民主主义国家，社会福利提供从特定群体向全体社会成员拓展。社会福利对象涵盖不同阶层、不同行业的社会成员。社会福利提供的内容也从单一向多元。以美国为例，美国社会福利内容涵盖医疗补助、食品券、住房补助、贫困家庭子女补贴、补充保障收入、家庭补助和社会服务等。英国社会福利比美国社会福利内容还要多，涵盖住房补贴、子女津贴、家庭补助、残疾看护补助、收入补助，老年人、残疾人、儿童、精神病人的社会服务、国家健康服务等。从服务方式来看，不仅有现金补贴和收入支持，也有社会照顾和服务。

2. 社会福利提供主体的多元化

一般而言，社会福利资金来源为财政收入、福利收费和社会捐赠三个渠道。自由主义福利国家主张保证最低生活水平，通过补贴私人福利来鼓励参与市场。保守主义国家福利突出家庭对福利的责任，强调国家有条件的福利介入。社会民主主义国家福利强调国家对福利的承诺和责任。尽管如此，社会福利的提供不是局限于国家、市场、社会中任何一方，而是三方实现良性互动、协调发展。社会福利坚持公益性原则，可以由政府购买社会服务，也可以是市场、非政府部门提供社会服务。美国民间组织和第三部门都很发达，如"妈妈联谊会""国际小母牛"等，不仅为本国国民提供社会服务，而且还为境外发展中国家提供社会福利。美国的"妈妈联谊会""国际小母牛"等民间组织也参与了我国西南边疆少数民族地区的贫困治理。以公益组织为代表的第三部门组成的社会福利提供主体提高了社会成员的福利水平。因此，社会福利提供主体应向多元化发展，有利于优化整合社会资源，提高社会资源的利用率，也提高了社会成员的福利水平和标准。

3. 社会福利参与管理的多元化

西方国家社会福利中很大部分通过社会募款获得社会财富。社会财富使用须依据相关的法律法规接受社会各界监督，这为社会各界参与社会福利管理提供了前提和可能。在西方国家，非政府组织募集的各类善款必须经过公示，其使用去向必须接受社会监督。美国对社会福利的募集及使用有较为完善的监管制度。据了解，1990 年至 2000 年的十年间，美国"妈妈联谊会"向云南丽江"妈妈联谊会"（孤儿学校）捐助 35.3217 万美元。因丽江"妈妈联谊会"（孤儿学校）负责人胡蔓莉一直不向美国"妈妈联谊会"提供必要的善款使用证明，为免于被美国税务部门的追查和处罚，美国"妈妈联谊会"由此开始通过各种途径向包括丽江市政府在内的各级机关举报丽江"妈妈联谊会"负责人胡蔓莉的问题①。可见，美国有较为完善的制度对第三部门、非政府组织等的社会福利进行监管，同时第三部门、非政府组织等也接受社会各界的监督。西方国家对社会福利管理的多元化提升了社会福利提高的效率，满足社会成员不同层次的需求。

第二节　B 民族乡贫困治理的历史变迁

社会福利社会化是指充分调动企事业单位、社会中介组织和个人等一切社会力量参与社会福利事业，激发社会内在的发展活力。布朗山作为云

---

① 李迎生等：《非营利组织社会服务的改革与创新：以民族地区反贫困为例》，《教学与研究》2012 年第 8 期。

南省 506 个扶贫攻坚乡和 8 个少数民族边境特困乡之一，贫困程度深，贫困面较大。随着经济社会发展及变迁，布朗山布朗族家族和家庭也发生了深刻变迁。布朗族家庭出现小型化趋势，家族也呈现小型化趋势。家族和家庭为社会成员提供福利的边际效益逐步递减。同时，贫困群体对福利需求却大幅增加，呈现贫困治理的福利需求与供给之间矛盾。

近年来，西双版纳傣族自治州、勐海县两级党委政府机关和事业单位参与布朗山贫困治理，他们向贫困群体提供形式多样的福利，例如州委党校与布朗山布朗族乡勐昂村委会曼诺村小组贫困老党员 YWL 建立结对帮扶机制。布朗山边防派出所民警积极参与布朗山贫困治理，CJ 利用自身技术优势通过网络为布朗山贫困少数民族募捐。一些企业也通过捐资助学等形式参与布朗山的贫困治理，为贫困群体提供社会福利。一些本土企业如农村信用合作社、勐海茶厂等向布朗山贫困群体提供社会福利等，以上贫困治理的举措均取得良好社会效益。

同时，一些境外非政府组织如施达基金会、美国亚洲互助基金会、国际爱心扶贫组织等参与过布朗山贫困治理，但因强迫当地少数民族群众加入境外宗教组织而被地方公安机关查获并限期撤离，致使境外非政府组织对布朗山贫困治理的力度下降。随着经济社会发展快速发展，布朗山社会福利呈现家庭和家族福利功能日趋弱化，非政府组织、民间社会力量规模小、力量弱，急需形成科学规范多元化社会福利贫困治理新格局。

第三节　B 民族乡贫困治理的现状

B 民族乡贫困治理的现状分为社会参与贫困治理的维度与 B 民族乡贫困治理的本土实践两部分。

一　社会参与贫困治理的维度

新福利三角理论社会一角涵盖家庭、家族和第三方力量参与贫困治理。从罗斯的福利多元组合国家、市场、家庭三分法，伊瓦斯在福利多元组合三分法基础上提出福利三角研究范式，约翰逊把志愿部门也加入福利多元组合，形成国家、市场、家庭和志愿组织的福利多元组合的四分法。我在西方福利多元组合和福利三角分析范式基础上，结合少数民族的社会福利实际，认为福利多元组合的福利三角范式应是国家、市场和社会，其中社会是由家庭、家族和第三方力量构成，第三方力量由个体、社区、民间组织等组成。

1. 社会贫困治理的维度：家庭

东西方国家因民族、文化、宗教等存在差异，家庭福利功能也存在差异。西方国家的家庭福利是父代抚育子代，子代抚育孙代的"接力棒式"的福利传递。我国长期以来受儒家文化思想的影响，家庭福利表现出父代抚育子代，子代反哺父代，同时子代抚育孙代的代际互哺式的福利模式。在儒家思想家看来，家庭在人的发展中具有重要地位。家庭也成为中国传统社会的基本单位。尽管如此，家庭成为东西方国家的社会基本单位是一致的。家庭是非正式的福利提供方之一，为个人提供最基本福利。

新福利三角理论家庭作为社会一角的维度参与贫困治理。家庭是福利的生产、组织和消费的单位之一，家庭在福利组织中就突出成员之间的扶持和救济。长期以来，我国受儒家文化的影响和熏陶，儒家文化倡导"修身、齐家、治国、平天下"的理念已融入国人的血液。家庭是社会的基本单位，稳定的家庭结构有助于经济社会的发展。费孝通在论家庭的功能中曾指出，家强调了父母和子女之间的相互依存。它给那些丧失劳动能力的老年人以生活保障。它也有利于保证社会的延续和家庭成员之间的合作①。新中国成立初期，我国出台的《中华人民共和国婚姻法》指出，夫妻有互相扶养的义务；父母对子女有抚养教育的义务，子女对父母有赡养扶助的义务。当前，我国进入经济社会转型加速期，家庭的结构、规模、功能等发生深刻变迁，但家庭承担为个人提供基本福利职能。2001年通过的《婚姻法》明确了家庭成员之间的抚养义务：不但夫妻之间、父母与子女之间互有扶养义务，而且祖孙之间、兄弟姊妹之间在一定条件下也有扶养义务。我国通过法律规定了家庭的福利功能，有助于维系家庭成员之间关系和扶持救济的职能。

家庭社会学理论认为，家庭按照结构类型可分为核心家庭、主干家庭和联合家庭。核心家庭是指父母与未成年子女组成，主干家庭由父、儿、孙三代组成，联合家庭则由父母、已婚儿女、未婚儿女、孙女、曾孙女等几代构成。家庭对家庭内成员因处于失业、疾病、伤残等陷入贫困，家庭

---

① 费孝通：《江村经济》，北京大学出版社2012年版，第28页。

成员对其有帮助的义务。同时家庭成员也有为家庭创造各种财富的义务。家庭与成员之间是权利与义务的统一。此外，还有重组家庭、单亲家庭和丁克家庭，由于所占比重较少，不在研究之列。

2. 社会贫困治理的维度：家族

新福利三角理论家族作为社会一角的维度参与贫困治理。家族是建立在多个核心家庭基础上具有福利的生产、组织和消费等功能的基本单位之一。家族是在同一祖先下的直系亲属和旁系亲属多个家庭组成的集合体，家族具有祖先崇拜的团结协作，处理民事纠纷和矛盾，对贫困家庭进行扶危济困，是传统文化、生产生活、经济利益等高度统一的利益共同体。费孝通认为，家族是单系亲属原则所组成的社群，只包括父系这一方面，不论大小、差别到什么程度，结构原则上却是一贯的、单系的差序格局（费孝通，2007）。家族以血缘为纽带，决定了家族内部和家庭成员之间的尊卑关系、长幼关系、亲疏关系，以家庭成员为节点，建成的社会资本网络。如果社会成员处于中心位置，那么可以获得来自不同家庭成员节点的社会资源和网络资本。社会成员在家族中位置不同，获得社会福利和资本的向度和强度也存在差异。

当前，我国已经形成大杂居、小聚居、交错杂居的各民族分布格局。少数民族家族制发展受汉人家族制的影响发生变迁，但各少数民族居住区域存在差异，少数民族家族制形成发展也存在差异。目前，家族研究可分为汉人家族制研究和非汉人家族制研究。汉人家族制研究具有代表性的是林耀华的《义序宗族研究》，他以乡村社会的宗族为基础，分析了家族的组织及其功能，家族与家庭的连锁结构，以及亲疏关系的系统及作用。而非汉人家族制而言，庄孔韶的《虎日模式：中国少数民族利用家族仪式戒毒》，虎日是彝族历法中举行战争或是集体军事活动的日子。庄孔韶利用人类学的理论，在充分尊重本土文化和民族伦理规则的基础上，寻找吸毒、传毒的社会文化原因，以及民间自救的方法，从大小凉山彝族中找出了成功的民间戒毒模式。林耀华主要阐述了汉族家族的功能，庄孔韶则在拓展了少数民族家族功能有效解决社会问题。因此，可以结合庄孔韶非汉人家族制研究，拓展非汉人家族功能参与贫困治理。

我国各民族呈现大杂居、小聚居的分布格局，汉族聚居地区的少数民族受汉文化影响较深，在家族组织形式上也得到充分体现，而非汉族聚居地区的少数民族则受汉文化影响较少，也体现在家族组织形式上。如在傣族聚居地区，布朗族等少数民族受傣族文化较深，而受汉文化影响相对较弱。贫困治理应发掘少数民族家族制特有功能，应通过大力弘扬家族传统教育，家族传统教育内容可以涵盖生产生活的实践技能，传承本民族的文化，家族成员的思想行为规范，如尊老爱幼、勤俭持家、互助互爱等。可以在弘扬本民族传统文化及习俗中突出扶危济困功能，提高贫困家庭和个人贫困治理的能力。

3. 社会贫困治理的维度：第三方力量

新福利三角理论第三方力量作为社会一角的维度参与贫困治理。贫困治理维度的第三方力量是指除了政府和市场以外为贫困群体和个人提供各种福利的组织、群体及个人。学界当前常用的概念是第三部门，但我发现第三部门仅限于公益组织，难以把公益个人、群体等进行涵盖。社会贫困治理的维度第三方力量由个人、群体和组织构成。

（1）公益个人

我国是拥有五千年文明史的文明国度，创造了高度繁荣的中华文化。春秋时期著名思想家孔子创立的儒学经历代封建统治者的弘扬与传承，成为后世社会成员的主要指导思想，即便到了当前的经济社会转型加速期，儒家思想已成为影响社会成员重要的行为规范。儒家思想倡导"穷则独善其身，达则兼济天下"，突出个人对社会抱负及责任。儒家思想及其学说经历代学者的传承及发展，已经融入国民的血液。我国历史上并不鲜见一到自然灾害发生，一些开明的乡绅及名士进行开仓救济，对饱受灾害的贫困人群进行接济，助其渡过难关，尽早走出困境。当地民众赞开明乡绅及名士的善行为楷模，他们善行、义举的故事流传至今，成为世人楷模及榜样。

随着经济社会发展，我国经济体制、社会结构、利益格局等发生深刻变迁。我国区域之间、城乡之间、民族之间发展差距日趋拉大，革命老区、少数民族地区、边境地区的贫困问题突出，贫困治理难度大，任务艰巨。一些来自不同行业领域的公益人士积极参与贫困治理。公益人士是受优秀传统文化的影响和熏陶，秉持扶危济困，甘于奉献的人士。一是知名企业家的善举。已故的邵逸夫是香港知名媒体大王，秉持"达则兼济天下"理念，为全国各地捐建4885间校舍，各地遍布逸夫楼，耗资累计达32亿。大力无私资助发展教育，提高人力资本，对提升贫困治理的效率发挥了重要作用。二是当地农村致富能手的示范效应及公益行为。在党的富民政策指引下，一些社会成员通过闯劲和勤劳成为当地的"致富能手"，他们秉持"一人富裕不算富，大家富裕才是真正富裕"的理念，自身实现脱贫致富后，致富不忘他人，他们凭借自身的技术和资金优势，想方设法带领群众脱贫致富。三是甘于奉献的在职义工。义工在本单位是普通的工作人员，他们利用自身的技术等为贫困群体搭建爱心平台。通过网络平台让外界了解当地贫困群体现状，以便引起关注，为贫困群体募集衣服、文具、鞋袜等，为贫困群体解决燃眉之需，等等。

公益人士不论是以群体还是以个人方式参与贫困治理都取得良好效果。我国贫困治理应为公益人士参与贫困治理提供更加良好的政策环境，激发他们更大积极性和创造性，为贫困群体创造更多的福利，使贫困群体免于生存与发展的威胁，提高他们的生活质量与水平。

（2）公益组织

我国西南少数民族地区由于山高谷深，交通不便，贫困问题面大、程度深。20世纪90年代初，一些国外非政府组织开始进入我国的贫困地区，加入我国国内反贫困行列。因此西南少数民族地区也是国外非政府组织进入最多的地区之一，先后有乐施会、福特基金会、施达基金会、美国亚洲互助基金会、国际爱心扶贫组织等加入贫困治理行列。国外公益组织加入我国贫困治理行列，有助于形成多元化、多渠道的贫困治理新格局。然而，境外的一些基金会在贫困治理中出现的问题也不容忽视，加强对其监督和管理也刻不容缓。

我国多民族聚居地区具有良好的自然生态资源优势，党的十八大报告提出把生态文明建设列入经济建设、政治建设、文化建设、社会建设之后的"五位一体"发展格局。然而，我国当前的贫困人口呈现向中西部地区、少数民族地区、边境地区集中的趋势，一些边远地区发展与保护矛盾突出。为了有效解决各少数民族经济发展与环境保护之间的矛盾，一些本土的公益组织应运而生。他们积极向政府部门、企业和居民募款，通过项目制把少数民族村寨的集体林纳入国家级自然保护区管理，公益组织向少数民族群众支付托管费，成为增加少数民族群众收入的有效途径。

公益组织成为我国贫困治理的有机组成部分。一方面，应积极引进国外公益组织，投身参与中西部地区、少数民族地区、边境地区的贫困治理，加强对其管理和监督，促使其发挥良好效能。另一方面，应进一步扶持本土的公益组织更有效参与贫困治理，如中国扶贫基金会及各地区本土公益组织。通过募集社会资源，把资源有效投入最需要的人群，增强其脱贫发展的能力。

（3）社区

社区是世界各国社会结构和社会体系的重要组成部分。自 20 世纪 80 年代中后期以来，我国先后在城市建立起以居委会为基础的城市社区和以村委会为基础的农村社区的城乡社区发展格局。从概念上来看，社区是一个人类彼此认同和参与的公共空间，也是为人们的日常生活提供安全保障和福利照顾的自发形式，同时还是人们相互联系、运用集体力量应对各种风险与危机的基本社会单位和生活共同体①。社区成为政府与居民之间的桥梁和纽带，是居民实现"自我管理、自我服务、自我监督"的基层群众自治组织。

当前，城乡社区承担着居民的低保、医疗、养老、教育、人民调解和维稳信访等职能，少数民族地区的城乡社区还承担着民族团结宣传教育、安全防范和反邪教等职能。城乡社区是基层政府之外的具有行政属性的民间组织，是基层群众实现当家做主的居（村）自治组织。以往社区承担了居民的低保、医疗、养老等物质福利，可以在此基础上拓展社区贫困治理的功能，社区可以充分利用平时了解居民的情况，对一些困难家庭、孤寡老人等失能、失依的家庭和个人实行救助，并大力宣传政府的扶贫政策，把特定的困难家庭和个人纳入到政府的扶持中，让他们享受到政策带来的切实实惠。同时，社区还可以通过志愿者组织、公益组织和社会各界人士进行募款，优化整合各种社会资源，为社区居民的贫困治理注入新的动力。

我国少数民族地区城乡社区应立足各民族语言、宗教、文化、习俗等差异，立足实际，创新体制机制，为城乡各民族居民提供有效的福利照顾，提高少数民族贫困群体观念、行为方式、发展能力等得到整体的提升。

二　B 民族乡贫困治理的本土实践

B 民族乡贫困治理的本土实践分别为家庭的贫困治理、家族贫困治理

---

① 钱宁、田金娜：《农村社区建设中的自组织与社会工作的介入》，《山东社会科学》2011 年第 10 期。

和第三方力量参与贫困治理，第三方力量又可分为公益个人、公益组织。

1. 家庭的贫困治理

新福利三角理论家庭作为社会一角的维度参与贫困治理。家庭是社会成员生产生活的主要场所。家庭福利主要是指在维护家庭伦理的前提下，为维护家庭的正常运转的家庭内部的诸义务与消费方式以及相关的社会关系而构成的生活共同体①。家庭福利是个人生活和众多个人需要满足的基础单位，是个人福利体系中的基础和主要部分。布朗山是从原始社会末期直接向社会主义过渡的少数民族直过区，布朗族是直过区的直过民族。在新中国成立初期，布朗山布朗族家庭形态有"空"和"尼亚琴"。据了解，布朗山新曼峨、曼诺等村小组的布朗族，其家庭形态分"空"和"尼亚琴"，"空"是由血缘近亲的三四代成员所组成的生活集体，每个"空"盖有大房屋，在大房屋内又按夫妻划分"荒"。"尼亚琴"是"空"解体后个体家庭，涵盖父母与未成年子女②。家庭成员通过家庭获得关爱、照顾、互助、保护和需要满足服务。

布朗族传统的社会福利思想，用财产来防范各种疾病和自然灾害，扶养老人和小孩，不仅有效避免因灾致贫、因病致贫而陷入困境，也让老人和小孩得到很好的福利照顾，形成具有民族特色传统家庭福利思想。布朗族家庭由主干家庭和核心家庭组成。主干家庭由布朗族父母、已婚子女及未婚子女组成，核心家庭由父母与未婚子女组成。按照布朗族传统文化，兄长有义务照顾弟弟，父母抚养小孩，成人后赡养老人。

布朗山布朗族作为直过民族，家庭内有明确的社会分工，丈夫是家长，负责全年的生产安排、经济开支以及对外借贷交涉等事宜，妻子是主妇，负责管理家务，计划用粮、仓库管理、饲养牲畜、抚育儿女、烧火做饭等③。丈夫在家庭中具有绝对地位，丈夫掌握经济大权，妻子做辅助性家庭内部事务。笔者在新竜村委会调研时，当问到布朗族家庭是丈夫管钱还是媳妇管钱时，有的说是丈夫管钱，有的说是媳妇管钱，村委会副主任说是媳妇管钱，若丈夫管钱可能把钱都用在自己的吃喝上，而媳妇管钱则可以把钱节省下来用在家里开支。尽管如此，布朗族绝大多数家庭还是男

---

① 罗红光：《"家庭福利"文化与中国福利制度建设》，《社会学研究》2013年第3期。

② 云南省编辑组：《布朗族社会历史调查（一）》，民族出版社2009年版，第56页。

③ 张晓琼：《变迁与发展——云南布朗山布朗族社会研究》，民族出版社2005年版，第124页。

人管钱。

布朗族家庭建立以后，新夫妻与父母生活一段时间，后可以自立门户，成为新的小家庭，原来的家庭也把部分水田、茶叶地等生产资料分给新夫妻。YTM 由于兄弟尚未成家，哥哥有照顾弟弟的义务，而弟弟曾前往广东等地打工，前几年因金融危机、经济形势波动而被迫返乡，回来后一段时间里也没有找到合适的活干，赋闲在家。

> YTM，男，布朗族，51 岁，全家有 7 人。YTM 深感家庭负担很重，上有年迈老人需要奉养，下有 2 个年幼小孩需抚养，YTM 和妻子不仅要照顾老人和孩子，还要照顾家里的弟弟。YTM 家 1987 年从大勐龙搬迁至此，未赶上 1979 年的土地改革，一家人没分到土地。家里的 17 亩茶地是他新开垦的。没有土地种粮食，YTM 靠租种村民土地维持全家生计，他一共租种了 3 家人 16 亩土地，土地的 1/3 收成归别人。YTM 的兄弟从广东因前几年金融危机影响返回布朗山，整天无所事事，也不去乡上找活干，加剧了家庭的困难。YTM 说，他的职责是照顾弟弟的生活，直到弟弟成家并分家出去。

从个案看出，布朗山布朗族因缺土地导致家庭贫困，只能通过租种别家土地并支付收成的 1/3 给土地户主增加收入。布朗族小家庭对未成家同胞兄弟有照顾责任。YTM 家尽管家庭困难，但必须承担起照顾未成家兄弟的责任，体现了布朗族家庭对个人提供的福利照顾。

布朗族家庭福利如同无形的契约将社会成员连接为一体，一荣俱荣、一损俱损。家庭福利不仅弘扬了本民族的优良传统美德，也使家庭中的贫困者得到帮助，缓解了暂时的生活危机。家庭有限的资源在成员间传递维系了家庭成员间的团结和睦，成为布朗族村落中社会福利贫困治理的有效形式。在同一家庭里，成年兄长与贫困兄弟之间，兄长有义务对兄弟进行照顾，直到兄弟结婚成家。可见，家庭在少数民族贫困治理中承担福利提供的重要角色。

2. 家族的贫困治理

新福利三角理论家族成为社会一角的福利提供方。布朗山布朗族长期生活在傣族聚居区，布朗族信奉南传上座部佛教，受儒家文化影响较小，但也存有类似汉族的家族组织形式。布朗族家族是在一个共同祖先传递下来的祖父母、父母、兄、弟、媳妇及其子女组成的亲属集团。家族由数量不等的家庭组成，具有扶危济贫、相互扶持等功能。

布朗山布朗族每个大家族由"嘎滚"、"折甲"或"孔"、"聂开"三级组成。即一个"嘎滚"由数个"折甲"（布朗语音译，意为"小家庭"）构成，"折甲"（布朗语音译，意为"个体家庭"）又由一夫一妻及其子女的各个小家庭构成"聂开"，形成一个人数众多的家族群体。布朗族家族被称为"嘎滚"，是指由一个共同祖先传递下来的父系亲属集团，即祖父母、父母、兄、弟和媳妇及其子女组成的人群，一般包括3代至4代男性成员及其妻室和儿女。大的"嘎滚"约有30余户，人数达120余人。颜思久指出，布朗族"嘎滚"是以血缘组成的氏族，也是布朗族社会组织。在同一"嘎滚"成员内部，无论在生产上还是生活上，都有相互帮助和相互扶持的作用①。据高发元主编的民族村寨调查，新曼峨曾有关于布朗族家族的介绍，新曼峨村一直存在不同血缘的若干个"嘎滚"（家族），每个"嘎滚"由几户到十几户的家庭个体组成。20世纪50年代中期，新曼峨村形成21个"嘎滚"64户人家，每个"嘎滚"平均由3个家庭组成。

随着经济社会发展，新曼峨寨"嘎滚"数大幅下降，而每个"嘎滚"组成的家庭数增加。21世纪初，新曼峨有9个"嘎滚"，覆盖了60户家庭，占全村总户数的82.9%②。2012年新曼峨有"嘎滚"6个，村小组长所在"嘎滚"的户数最多，占到全村总户数96户的1/3。布朗山布朗族家族内部的成员在婚丧嫁娶红白喜事等活动时，每个家族成员的小家庭都要履行成员义务，如在侍奉"胎嘎滚"时，成员要参加，即使因故不能参加，也要托人带上蜡条和礼物，以表敬意。家族内部成员若遇到灾害等陷入困境，"嘎滚"内部成员都有扶危济困的义务。

布朗族"嘎滚"功能与汉族的家族都是一种建立在血缘基础上的，具有相同的祖先、文化习俗、心理认同的乡土村社组织形式。"嘎滚"是布朗族村社内部重要的社会组织形式。"嘎滚"中的族长按照一定规则、程序在家庭之间轮流传承。据新曼峨村小组长YZY介绍布朗山布朗族家族族长分为一个村一个族长或几个村共有一个族长，按照年龄和辈分来轮

① 颜思久：《布朗族》，中国社会科学出版社1988年版，第27页。

② 高发元：《云南民族村寨调查新曼峨村》，云南大学出版社2000年版，第102—103页。

流。布朗族家族的功能具有扶危济困、团结凝聚和认同作用。扶危济困是
布朗族的优良传统美德。在生产方面，同家族成员之间借种土地不用支付
报酬，就要口头说一声就行。没有种子，也可以相互赠送①。布朗族家族
内部成员家庭一旦出现生活困难，其他成员为贫困者提供实物、钱物、工
时等不同形式的帮助，布朗族家族在同一家族范围里，富裕家庭有义务对
贫困家庭进行扶持，在建筑、粮食、生产、衣物等方面进行生活上救济和
扶持。然而，布朗山布朗族家族内部的扶危济困要考察贫困者的品行、是
否勤劳等而决定是否救济。若勤劳、老实的因各种自然灾害而陷入贫困
的，家族会给予扶持和帮助，若是好吃懒做，品行不好的，家族也可以拒
绝救助。特困家庭、孤寡老人对老弱病残等弱势群体可以通过新农保、农
村高龄补贴、农村低保等政策对其救助和扶持。

　　布朗族家族福利是建立在共同的祖先崇拜基础上，因共同祖先在家庭
间有文化认同的功能，如祖先祭祀、各种红白喜事等都成为凝聚家庭间关
系的重要载体和纽带。布朗族家族之间救助主要通过三种方式：一是资助
贫困家庭子女行宗教礼（升和尚）花费。二是对缺劳动力家庭进行帮扶，
被帮扶家庭要给予帮扶者收成的一部分作为补偿。三是布朗族通过拜干爹
方式对贫困、失依儿童进行责任型照顾。因此布朗族孤儿都会得到较好的
照顾。家族对因病致贫、因灾致贫的家庭会实施各种扶持和救助，因此家
族福利成为布朗族村落社会贫困治理的主要形式。

　　3. 本土公益组织的贫困治理

　　新福利三角理论公益组织作为社会一角的福利提供方。B 民族乡经济
社会处于后发展阶段，介于政府和市场之间第三部门发展长期滞后。政府
不仅要为境外非政府组织在少数民族地区贫困治理提供平台，而且也要重
视本土公益力量在贫困治理中发挥职能，积聚全社会公益力量投入少数民
族地区贫困治理。

　　B 民族乡作为边境民族乡，承担着维护民族团结、社会稳定和边境安
宁的重要任务，加强边境地区民族、宗教事务管理，实现我国边疆多民族
聚居地区的民族、宗教安全。B 民族乡贫困面广、贫困人口多、贫困程度
深的现状，仅靠政府、市场和家庭提供社会福利而脱贫的可能性小，应充
分发挥非政府组织在贫困治理中的作用。因此，各级政府对一些境外非政

---

① 陶玉明：《中国布朗族》，宁夏人民出版社 2012 年版，第 143 页。

府组织的性质、职能等要熟悉掌握，制定非政府组织管理办法，对相关一些扶贫项目目的、内容、方案等要进行详细备案，以便对非政府组织实施项目中进行监督。

首先，布朗族民间的公益文化思想实施贫困治理。

布朗族传统文化中有饮水思源、致富不忘他人的优良传统。布朗族传统文化涵盖公益方面的内容。陶玉明认为，布朗族人民都很关心自己村寨的公益事业，一般情况下，布朗族青年在领头人组织下开展盖缅寺、建凉亭、搭桥、铺路、打扫卫生等公益事业，若无故不参加的，都会被惩罚，男的罚砍伐树木、妇女罚编草排①。在这种公益文化的影响下，M 县打洛镇曼山村委会、曼夕村委会由布朗族聚居村委会与布朗山连成片。曼山、曼夕发展得益于发挥了布朗族自身的主体性和创造性。农村致富带头人积极争取县、镇两级政府支持，因地制宜大力发展橡胶产业，推动了布朗族经济社会发展。曼山村委会党总支书记 YSB，被称为布朗胶王。YSB 起初是汉语不会听、不会说布朗族农民，到部队当兵学会了汉语，转业后自学橡胶种植技术，积极争取县、镇两级党委对种植橡胶支持，因地制宜大力发展橡胶产业，为了使村民从传统种粮食转向种橡胶，他把自家橡胶按每户 5 亩无偿分给曼芽村民，自家留 50 亩，带动曼芽寨乃至曼山村委会布朗族种橡胶，农民人均纯收入大幅增加。YSB 也先后被授予 M 县优秀共产党员、X 傣族自治州山区扶贫先进个人、云南省亿万农民奔小康致富能手和中国优秀村官等荣誉称号。

M 县有布朗山、西定、勐满、打洛 4 个边境乡镇，其中布朗山和西定都是布朗族民族乡。我在西定哈尼族布朗族乡西定村委会龙捧村小组调研，该村小组因受傣族文化影响较深而被其他布朗族村寨称为"布朗傣"。据村小组长介绍，该村有一位布朗族村民早年到在外经商，致富后热心村内公益，出钱为村寨修缅寺，并请县旅游局等单位进行规划，结合章朗布朗族生态博物馆，通过独具特色布朗族文化来发展旅游带动龙捧村乃至西定乡的旅游发展。所以，可以通过发挥公益人物投入村内建设典型起到示范效应，带动边境地区特困民族乡的发展。

西定和布朗山都是布朗族聚居的边境特困民族乡，布朗族是生活在中缅两国之间跨境民族。随着我国边境地区开放步伐的加快，布朗族可以利

---

① 陶玉明：《中国布朗族》，宁夏人民出版社 2012 年版，第 143—144 页。

用跨境民族血缘、亲缘关系的文化优势，吸引境外具有一定经济实力的布朗族同胞回乡投资兴业，带动布朗族聚居地区发展。

其次，生态补偿贫困治理的福利。

随着 B 民族乡林权改革的完成，集体林地实现"山定权"、"人定心"、"树定根"，明确了集体林地的占有、使用、收益、处分的权利。布朗山各村委会、村小组大多都拿到自己所属林地的林权证。布朗山具有良好的生态资源，布朗山布朗族贫困是丰裕中的贫困。少数民族保护生态与自我发展的问题突出。解决的有效路径是建立生态补偿机制。生态补偿机制是以保护生态环境、促进人与自然和谐为目的，根据生态系统服务价值、生态保护成本、发展机会成本，综合运用行政和市场手段，调整生态环境保护和建设相关各方之间利益关系的环境经济政策。

为了保护热带雨林资源，一些非政府组织出台相关政策实施对自然生态的保护。X 傣族自治州热带雨林基金会是在云南省民政厅注册登记的地方性公募基金会，是对国内外企事业单位、社会团体、其他组织和个人为热带雨林保护捐赠的资金物资进行筹集和管理的非营利社会组织。基金会每年向全州辖区内的政府部门、企业和普通民众募集资金善款，一些企业、普通民众积极响应。热带雨林保护基金对热带雨林保护与气候变化、生物多样性保护、社区可持续发展等课题开展进行资助，也对保护区范围内和周边地区进行生态保护项目提供资助。

X 傣族自治州热带雨林基金会森林生态补偿参照国家公益林补偿标准每亩 10 元，对全州各村委会逐步实施集体林地托管，并签订代管合同，期限为 20 年、30 年不等。由于公益林补偿资金渠道单一、补偿标准低，各族群众对保护生态资源的积极性降低，各少数民族发展与生态保护的矛盾突出。2013 年全国"两会"期间，全国人大代表、布朗山布朗族乡长 SM 提案指出，国家公益林生态补偿标准太低，挫伤群众对生态林保护的积极性，应提高国家生态林补偿标准，解决保护与发展之间的矛盾。我认为，B 民族乡实施生态补偿机制，缓解少数民族群众发展与生态保护之间的矛盾，把各村委会集体林纳入国有林进行代管，在一定程度上缓解了发展与保护之间的矛盾，但各族群众的生态补偿收益较少，在一些地方甚至出现公司现炒土地，农民要求退林还耕的现象。因此要进一步加大政策宣传力度，同时也可以进行根据物价浮动适度、可持续提供补偿标准，让贫困群众切实受益，提高保护生态的积极性。同时，集体林的托管与年限应以法律文本进行保障，确保相关各方的合法权益不受侵犯，避免产生利益纠纷。布朗山生态补偿制度对于布朗族等少数民族贫困治理具有重要意义，不仅是以人为本科学发展观的体现，也是生态立州战略的重要组成部分，兼顾生态和少数民族个体利益的双赢模式。

最后，公益力量贫困治理。

我国是拥有五千年文明史的统一的多民族国家。各民族形成了大杂居、小聚居、交错居住的分布格局，各民族在历史、宗教、文化、发展水平等存在差异，但扶危济贫是中华民族的优良传统美德，已融入各民族同胞的血液。布朗山贫困自从新中国成立初期就被当时民族工作队熟知，中央在不同历史时期都在出台扶持 B 民族乡的发展政策。但直到 21 世纪初，布朗山一些偏远村寨仍处于"大人光脚、小孩光屁股"的极度贫困的状态。在民族特性和地缘特性的基础上形成了本土的公益力量。一些富有爱心的人士凭借高速发展的互联网平台，利用自身的技术优势和岗位优势，赢得广大网友和布朗族贫困村民的信任，发起了对布朗山布朗族贫困群体的扶持救助行动，不仅扶持当地群众发展养殖业，还为当地布朗族贫困群众募集旧衣服、旧文具等物品，为衣不蔽体、食不果腹的贫困群众提供及时、有效的实物救助。

CJ，男，布朗山边防派出所副连职干事，武警中尉警衔，2007年入伍，兼任布朗山乡团委副书记和曼果村党总支副书记。他的布朗山乡扶贫帮困行动来源于 2008 年曼果村委会核对户口的经历，那时村里的孩子光着屁股，大人光着脚板。为了帮助困难的布朗族乡亲，他在百度建捐旧衣服吧并注明募捐地址，为布朗族乡亲募捐各种旧衣服，为贫困儿童搭建"一助一"平台。"捐衣吧"建立后，为赢得网友的信任和支持，他一有时间就回复跟帖、电话和短信，并将包裹单号、发放物品情况以图片的形式上传到贴吧，为此经常忙到凌晨两三点。目前，"捐衣吧"共收到来自全国 20 多个省区市 3000 多位爱心人士捐赠的 42000 余件物品，帮助群众 6000 余人，解决了 5 个边境村寨小学的学习用具及体育用品。①

---

① 据 X《扶贫工作通讯》2012 年第 1 期整理，作者潘宗卫。

X 傣族自治州本土公益力量实现从无到有正逐步发展，本土公益力量贫困治理要从发掘布朗族致富不忘他人、先富带动后富等民间朴素公益思想，弘扬扶危济困的道德新风尚。布朗山良好的生态环境，可以充分发挥热带雨林基金会等非政府组织积极参与 B 民族乡贫困治理。总而言之，通过布朗族民间公益力量、非政府组织和民间公益人士的积极参与，整合各方资源，形成合力，提升本土公益力量对 B 民族乡贫困治理的经济效益和社会效益。

第四节　B 民族乡贫困治理存在的问题与不足

多民族聚居地区经济社会发展滞后，介于政府与市场之间的第三部门力量发展滞后。随着经济社会转型的加速，多民族聚居地区原有的家庭、家族的职能发生深刻社会变迁。新福利三角理论社会一角是在原来家庭基础上拓展为家庭、家族和第三方力量等。新福利三角理论社会作为福利提供方以家庭、家族提供初级福利，以公益个人、公益组织和社区组成的第三方力量提供辅助性福利。

一　贫困治理中民族文化的发展问题

传统自给自足的农业化社会家庭和家族承担了经济功能、情感功能、生育功能、社会化功能、健康照顾功能等。随着经济社会转型的加速，多民族聚居地区社会结构、经济结构、利益格局等发生深刻变迁。原有的建立在血缘基础上的家庭和家族组织结构也经历深刻变迁。布朗族以家庭与家族提供传统福利呈现弱化趋势。

随着人民生活水平的整体提升，对文化需求成为必然选择。文化是民族的血脉，是人民的精神家园。文化成为民生福利的一部分。民族文化也是少数民族福利的组成部分。党的十七届六中全会报告提出建设了文化强国目标，云南省也提出，到 2020 年实现民族文化强省目标，X 傣族自治州随之也提出建设民族文化名州目标。民族文化是一个民族的整体记忆，以语言、文字、服饰、餐饮、节庆等集中体现，民族文化可以增强民族自尊心、自豪感。民族文化中的勤劳、勇敢、坚忍不拔，团结互助、扶危济贫，对老人、小孩等老弱病残的弱势群体给予关爱和帮助等精华部分，也存在

"等、靠、要"，难以接受新事物、害怕生人、不思进取、安于现状等不良思想倾向。民族文化要在发展中传承，在传承中发展，取其精华、去其糟粕，古为今用、外为我用，不断积极汲取古今中外各种文化的精华。

布朗族以家庭和家族为主的传统福利应通过大力发展民族文化来拉动。然而，近年来，政府加大民族文化建设投入力度，布朗族文化发展迅速，但仍处于较低水平，可见，布朗族民族文化急需进一步发展提升巩固家庭和家族的传统福利。

二　贫困治理中第三部门的缺位问题

我国少数民族主要集中在中西部地区及边境地区，这些地区有的少数民族仍处于深度贫困。由于经济社会发展长期滞后，经济基础薄弱、自然生态环境恶化，尤为重要的是文化建设不足造成的人的素质低下，缺乏改变现状的智力和技能，缺乏促进少数民族社区文化发展的学习动力，缺乏改变现状的精神动力。同时，也为非政府组织参与贫困治理提供了前提条件。

20世纪90年代初，一些国外非政府组织通过不同渠道进入西南边疆多民族地聚居地区，他们参与了反贫困、农村发展、医疗卫生、性别平等、环保等。2012年底，我在X傣族自治州民政局和M县民政局对扶贫中的第三部门情况进行了解，据相关科室工作人员介绍，注册登记的民间组织只有农村行业协会、贫困村互助资金合作社等，均未发现境外扶贫非政府组织注册等相关资料。乐施会也没有在X傣族自治州开展扶贫工作的记录。X傣族自治州贫困治理非政府组织存在长期缺位实属罕见。后来，参阅了张晓琼的《变迁和发展：云南布朗山社会变迁研究》一书，从中找到原委。施达基金会等非政府组织招募义工前来布朗山参与布朗族综合农业发展项目，组织实施各种培训，这些措施对布朗族改变传统观念和行为变迁产生一定的积极影响。然而，施达基金会、美国亚洲互助基金会、国际爱心扶贫组织在布朗山开展项目时，不同程度地进行暗传宗教、发展信徒等活动。其中，国际爱心扶贫组织在实施乡村医生培训过程中，曾因公开让参加培训的农村医生培训者填表入教而被当地公安部门查获，并勒令其完成项目实施后不得与地方政府续签新的合作扶贫项目[1]。此

---

[1]　张晓琼：《变迁与发展：云南布朗山布朗族社会研究》，民族出版社2005年版，第334页。

后，X 傣族自治州、县、乡各级政府加大了对境外非政府组织的审查管理力度，任何进入 X 傣族自治州的非政府组织必须经过严格审查，报地方民政局和国家安全局备案。近年来，没有境外非政府组织在州民政局、M县民政局注册登记。可见，非政府组织在 X 少数民族农村扶贫处于缺位状态。因此，应充分发挥各类公益组织在少数民族贫困治理中的职能，提升贫困治理的效率。

三　社会资源再分配贫困治理问题

一般而言，多民族聚居地区以传统农业为主导，由于经济社会发展长期滞后，市场经济发展程度较低，市场规模小，企业数量少，呈现"小、弱、散"，缺乏拥有较高知名度的本土企业。2011 年，西双版纳州工商联企业会员仅为 196 个。同时，一些企业因技术、资金等方面的瓶颈，难以在激烈的市场竞争中占据一席之地。一些企业发展中缺乏长远目标规划，严重制约企业发展。企业发展要转变发展观念，企业社会责任是不可回避的问题。社会责任对于企业来说是否被认为是沉重的负担。企业能否发展在一定程度上取决于自身的经营理念以及如何看待履行社会责任等问题。

随着对外开放步伐的加快，一些外来企业也陆续入驻多民族聚居地区，外来企业利用当地的资源优势、区位优势和市场前景将会为企业带来丰厚利润。据 X 傣族自治州工商联统计，2011 年年底，该州异地商会组织 9 个，其中地（市）级异地商会组织 5 个，县级异地商会组织 4 个，乡镇分会组织 8 个，行业商会、协会 9 个。先后有光明集团保健品研发、大润发零售连锁等知名企业，同时也即将有沃尔玛零售连锁的跨国企业的陆续加盟，推动了当地市场经济的发展。外来企业在承担社会责任方面成效不明显，虽然一些企业入驻时间不长，发展才起步，但也应关注社会、回报社会。

由于市场经济长期处于较低发展阶段，企业社会责任处于较低层次的发展阶段，企业社会责任带有随意性和零星化特点。由于企业界尚未形成浓厚的社会氛围，一些企业履行社会责任积极性较弱，与企业自身的营销模式不无关系。在今后，政府应出台企业社会责任扶持政策，通过基金会、行业协会等建立企业履行社会责任的长效机制，实现企业与政府与当地群众多方共赢的模式。

第五节　小结

当前，学界存在"社会福利是社会事务，应由社会来解决"的思想，这种思想似乎可以撇清政府在福利提供方面的责任。然而，其弊端也明显。一方面是调动大量社会力量办福利，存在可持续问题。另一方面直接影响到政府对社会福利事业的制度建设和公共投入。因此，新福利三角理论中社会、政府与市场作为贫困治理福利提供方不能被割裂，不仅要重视传统家庭、家族的福利功能，还要充分发挥民间公益力量和社区自我能力建设和发展。

新福利三角理论社会一角参与 B 民族乡的贫困治理。本章在西方福利三角理论中家庭作为福利提供方的基础上，在原来家庭拓展为家庭、家族、本土公益力量、社区、非政府组织等作为社会福利的提供方。首先从社会福利的相关理论、国际经验入手，通过对相关理论的回顾，汲取其成功经验，并力求实现本土化。相关理论回顾了吉登斯、梅志里、谢若登等社会福利思想，在经验方面，从西方国家福利内容的多元化、福利主体的多元化、福利监督的多元化来说明。其次，阐释 B 民族乡贫困治理的历史变迁，重点论述 B 民族乡贫困治理的维度与本土实践，从社会作为福利提供方，以家庭、家族和以公益人士、公益组织和社区为内容的第三方力量作为贫困治理的维度出发。突出 B 民族乡贫困治理的本土实践。再次分析 B 民族乡贫困治理存在的问题及不足，指出了存在的贫困治理中民族文化的发展问题、贫困治理中第三部门的缺位问题、社会资源再分配贫困治理问题等不足，最后进行总结。

新福利三角理论中社会福利就是在劳动和市场之外分配社会福利资源，既继承了传统民族文化又顺应时代发展要求，既激发民族个体与民族群体的独特性，立足实际、着眼长远，又提高布朗族贫困群体的积极性和能动性，从而推进布朗族贫困群体的整体发展。

第八章

多民族聚居地区贫困治理的路径

　　本书第五章、第六章、第七章运用新福利三角理论国家、市场、社会三角参与贫困治理进行阐释，并且国家、市场、社会三者之间是相辅相成、相互促进的有机整体。首先，分别从相关理论、国际经验入手，回顾了国家、市场、社会的相关理论和国际经验，其次，阐释了 B 民族乡贫困治理的历史变迁，重点论述 B 民族乡贫困治理的维度与本土实践。再次，分析 B 民族乡贫困治理存在的问题与不足，为我国多民族聚居地区贫困治理创新的经验总结做了基础性工作。本章探讨边疆多民族聚居地区贫困治理的创新路径。

　　我国是多民族组成的统一的社会主义发展中国家。目前，我国汉族占总人口的 91.4%，55 个少数民族占总人口的 8.6%，55 个少数民族主要分布区域占国土面积的 64%。长期以来，各民族通过互通有无形成大杂居、小聚居的分布格局。当前，我国的贫困人口呈现大分散、小集中分布格局，全国范围内贫困人口大幅下降，贫困人口向中西部地区、少数民族地区、边境地区集中。目前，我国人口在 30 万以下的人口较少民族有 28 个，占全国民族总数的 50%，人口较少民族中除了俄罗斯族、塔塔尔族等发展较好外，其余的处于经济社会发展较为落后，贫困面大、贫困程度深等状态。边境地区人口较少民族贫困治理，要建立一个高于邻近国家发展水平，边境人民比较体面的生活和心灵归属感的脱贫目标，才能实现边疆多民族聚居地区经济发展、民族团结、社会稳定、边境安宁。

　　贫困治理的新福利三角理论分析框架以国家、市场、社会为内容。国家提供社会福利具有平均分配、按需分配倾向，社会成员获得免费或低费福利。国家提供福利存在财政支出大，效率低，还会造成社会成员的福利依赖。市场提供福利通过竞争、等价交换、先到先得提高社会福利的效率，但也会带来难以为贫困群体提供有效保护的问题。社会是家庭、家族和第三方力量等组成的为贫困群体提供非正式社会福利的主体，具有偶然性、不确定性等特征。因此，国家、市场、社会三方都不足以单独解决当前的贫困问题。多民族聚居地区人口较少民族贫困治理须将三者有机结合，做到资源整合、优势互补，全面提升人口较少民族贫困治理的经济效益、社会效益和政治效益。

人口较少民族贫困成为当前贫困治理的重点、难点。多民族聚居地区政府只有把人口较少民族贫困治理列为重点，优化整合资源，创新体制机制，才能开辟人口较少民族贫困治理新路径。笔者借鉴西方以国家、市场、家庭为内容的福利三角的分析框架，通过对B民族乡布朗族贫困治理实证研究，以文化为切入点，结合本土实际形成的以国家、市场和社会为内容的新福利三角的范式及分析框架——本章结合前面当前我国人口较少民族贫困治理的现状——阐释了新福利三角的国家、市场、社会三者之间的福利构成情况。研究视角从以往关注人口较少民族综合素质低下、自然资源缺乏、交通不便、技术落后等问题转向肯定特定区位优势、自然资源和人文资源优势，充分发挥主体性，个人能力、天赋、技能和智慧等优势视角，进行人口较少民族优势视角下贫困治理，探讨人口较少民族发展的创新路径，为我国边疆多民族聚居地区贫困治理提供有效经验。

第一节　国家角色的重构

多民族聚居地区政府主导型贫困治理将是今后必须长期坚持的一项重要任务。政府主导型贫困治理应充分发挥少数民族贫困群体的主体性，应不失时机地结合实际创新贫困治理的体制机制，加强协调能力，优化配置资源，提升效率，突出政府为贫困群体构建社会资本，从教育和实用技术等方面提高贫困群体的人力资本。国家角色重构参与贫困治理应从资产社会政策、"外介"、"内生"相结合的社会政策和因地制宜的创新反贫困政策构建入手。

一　实施以资产为本的社会政策

1990年，美国华盛顿大学迈克尔·谢若登（Makel Shereden）教授在其著作《穷人与资产》一书中首次提出资产社会政策的概念。谢若登教授指出，以资产为基础的社会政策是针对以收入为基础的社会政策提出的，资产是指财富的储蓄和积累，对穷人的社会转移支付政策，不应寻求加大或维持立即提供消费标准的现金支持，而需要政府转移部分资源来刺激穷人对未来资产进行积累的新的社会政策形式。谢若登以资产为本的社会政策概念可以延伸为金融财富、有形资产、人力资本、社会资本、文化资本、政治参与及影响和自然资源[①]。那么，资产社会政策所需的资金从哪里来？吉尔伯特（Gilbert）和特雷尔（Terrell）认为社会福利政策的财源由政府税收、志愿捐助和用者付费、社会保险费、福利彩票费和国际援助组成。

我国贫困治理经历从救济式向开发式，从开发式向发展式的过程。从传统以收入为本的社会政策转向以资产为本的社会政策，同时与贫困个体的风险分担机制相结合。资产社会政策是在政府的支持下，通过来自政府资源作为穷人资产的启动形式，政府将进入家庭的资源从货币转向资产积累。资产社会政策不是传统意义上救济型社会资源再分配，而是政府用资金以贫困群体为对象的投资，是一种提高贫困群体发展能力的资产投资。

我国是多民族组成的统一的社会主义发展中国家，28 个人口较少民族、169.5 万人口分布在边境地区、少数民族地区。政府根据人口较少民族贫困程度进行分类，最后按人数的多少建立个人相应账户，并指定一定额度的配款。我国少数民族聚居区都是后发展地区，也是以传统农业为主，地方财政收入有限，可以考虑国家专项扶贫资金中一部分作为资产社会政策的个人账户配款，每个账户按 5000 元额度，以后定期配款，主要用于教育、医疗、就业、经营启动资金等。据全国第六次人口普查，全国布朗族人口达 119639 人，男 61320 人，女 58409 人。X 傣族自治州布朗族有 47529 人，占总人数的 39.7%，分布在景洪市、M 县和勐腊县，M县布朗族人口为 35708 人，占全省布朗族总人口的 29.8%。B 民族乡布朗族人口为 12754 人，占全省布朗族人口的 10.6%。布朗族有的居住在坝区，有的居住在山区，发展水平存在差异。配款额度可以根据地方实际情况进行适当调整。2011 年，B 民族乡农民人均纯收入为 2185 元，资产社会政策可以 5000 元账户配款。布朗族人口 12754 人，预计投资额为 6377

---

① 徐德印：《资产建设与农民福利研究——基于山东省 J 镇的实地调查》，硕士学位论文，济南大学，2010 年。

万元。在具体实施过程中，应按照布朗山布朗族村寨的收入水平再细分为富裕户、一般户、贫困户三类，对于不同类别的布朗族家庭进行不同的扶持资产社会政策建设。

人口较少民族、特困民族资产社会政策个人账户主要用于：首先，大力发展养殖、种植业。布朗山阳光充足、雨量充沛，适宜农作物的生长，土地、森林、草场资源丰富。粮食作物有水稻、旱谷；经济作物有茶叶、橡胶、云麻。据了解，布朗山有自然草山45万至50万亩，总产草量近10亿公斤，有效产量达5亿公斤。目前，黄牛、水牛、猪、毛驴、鸡、鸭等养殖业收入仅占家庭收入的30%，今后可以利用优越的养殖条件扩大养殖规模，成立专业合作社，进行统一管理、统一营销等。布朗山种植业养殖业有广阔的发展前景，但村民缺乏相关的启动资金。其次，布朗族群众可以作为外出打工、技术培训、提高自身业务技能的启动资金。布朗山有充足的劳动力资源，面临国内国外广阔的劳动力市场，提高自身实用技术和专业技能成为当前最为紧迫的问题。布朗山离缅甸第四特区只有一山之隔，在布朗山可以望见缅甸的山脉，布朗族作为跨界民族，边民之间长期交往，通过亲戚、朋友和熟人介绍可以到缅甸去做生意、打工等，YGM长期在布朗山和缅甸之间往来做土特产生意，成为当地有名的富裕户，当地布朗族则很少往返于布朗山和缅甸之间做生意、打工等。同时，布朗山布朗族可以到勐海、景洪、昆明等地和东部发达地区打工，还可以运用个人账户配款到缅甸做生意、打工等，以便增加家庭的收入。最后，个人账户配款可以帮助布朗族学生外出学习深造。布朗山农民人均纯收入仅相当于全国农民人均纯收入的1/3。布朗族仅能维持基本生活，无力承担子女教育的高额费用支出。当前，国内大中专毕业生严峻的就业形势致使布朗族家庭很难看到子女接受教育回报的希望，因此，可以通过个人账户政府配款支付教育的相关费用，为个人和家庭长远发展打下坚实基础。

总而言之，资产社会政策可以提高农民的政治参与，促进农民的社会资本积累，提高规避风险的能力，促进后代福利等。人口较少民族、特困民族资产社会政策实施应通过政府对以上资金来源进行有效管理并委托相关信托基金会建立特定区域、特定贫困少数民族的个人账户，对不同类型的农户进行分类实施，农户和政府分别定期对账户进行注资，从而实现提高少数民族、特困民族从收入为本到资产积累的目的。

二　实施外介式与内生式相结合的社会政策

"外介式"是指各级政府、非政府组织等参与对少数民族贫困治理的措施；"内生式"则是少数民族贫困群体内部自我生长、发展起来的自我发展能力。"外介式"与"内生式"相结合的社会政策是指政府加快推进以民生为重点的社会建设的重要举措，是政策实施过程中优化整合外部资源与突出贫困群体自我发展能力相结合的一系列政策措施的总和。中央、省、州、县各级政府出台了一系列扶持少数民族发展的政策属于"外介式"，少数民族地区和贫困群体的自我发展则是"内生式"。人口较少民族乡应突出外介式与内生式相结合的社会政策，政府部门之间的资源有序地投入少数民族贫困治理，激发乡镇一级政府主动性和创造性，发挥少数民族贫困群体的主体性。

首先，各级政府应加大对人口较少民族乡扶持力度。1987 年，中共中央统战部和国家民族事务委员会联合出台的《关于民族工作的几个重要问题的报告》中指出："民族乡不同于一般的乡级政权，各级党委和政府在制定政策时，要充分注意他们的特点，帮助和扶持他们发展经济和教育文化事业。在财政安排预算时，应给予一定的机动财力，乡财政超收部分应全部留给当地，分配支援不发达地区资金和专项资金时，应适当照顾。"[①] 人口较少民族乡是我国乡镇一级政府中较为特殊的组成部分，面临着经济发展严重滞后，群众收入低、基础设施建设落后，基本公共服务不健全、教育文化发展滞后，民族干部人才队伍建设滞后等问题。因此，各级政府在财政预算等方面更加倾向于人口较少民族乡，推进民族乡一级政府建设。

其次，提高人口较少民族贫困治理项目组织效率。扶持人口较少民族发展不仅牵涉中央各部委办局、省级各厅办局机关单位，而且州级、县级相关职能部门也被列入。同一级政府相关职能部门较多，且大多都被列入不同的扶贫项目，导致不同行政层级部门、同一行政层级不同部门、农户与政府之间出现利益冲突和矛盾，致使贫困治理效果大打折扣。布朗山人口较少民族扶持政策涉及基础设施、人畜饮水、科技培训、产业开发等，

---

① 国家民族事务委员会、中共中央文献研究室：《新时期民族工作文献选编》，中央文献出版社 1990 年版，第 317—318 页。

每一项目实施中有县级部门4至8个，呈现范围广、部门多特点。我在布朗山调研时，一位乡领导坦陈部门之间协调难问题突出，造成村民对政策实施效果的意见转化成对乡政府工作的意见，但乡政府对部门之间协调问题也似乎显得无力。因此要建立统一协调部门，或是单一部门进行包干制扶贫，避免资金分散、步调不一、扶贫效率低下等问题。因此，可以采用"自上而下"社会政策贫困治理、"自下而上"社会政策贫困治理、"合作式"社会政策贫困治理。

再次，大力培养人口较少民族干部，增强少数民族干部自身发展能力。毛泽东同志曾指出，政治路线确定以后，干部的作用很关键。人口较少民族乡科学发展离不开高素质、结构合理的民族干部人才队伍。民族干部是民族中的优秀分子，熟悉当地民情民风，具有人文优势、语言优势、情感优势和认同优势，有利于在人口较少民族地区开展工作。在单一少数民族聚居村寨，可指定民族干部与相对应的民族村寨挂钩。少数民族干部可以结合当地实际，在充分掌握农户主观意愿基础上积极申报中央、省、州、县各级政府扶贫项目，提高扶贫项目的针对性和实效性。通过少数民族干部可以带动少数民族地区经济社会发展。

最后，人口较少民族致富带头人的示范效应带动村民发展。当前，新农村建设、四群教育工作正在有序推进。布朗山新农村指导员、四群工作下派驻村干部可以对各个村委会、村小组的布朗族村民生产生活情况进行摸底调查，分析致贫原因，优先扶持勤劳、发展意愿较强的村民，通过挂钩、结对子等方式给予扶持，这些积极分子发展起来后，通过示范效应带动更多的布朗族村民脱贫致富。同时，对那些发展意愿较弱、能力不足的布朗族贫困群体也应给予关注，满足他们基本生活水平所需。

因此，边境地区人口较少民族乡发展应大力加强基层政府建设，各级政府在资金、项目等方面进行扶持，大力培养人口较少民族干部，提升部门之间组织协调能力，最大限度提高贫困治理的投入和产出效益。基层政府建设不仅涵盖上级部门的政策支持，还包括提高整体综合素质的少数民族干部队伍建设，以及实施各种贫困治理项目的措施和能力。

三　因地制宜制定反贫困社会政策

X傣族自治州是集边疆、民族、山区、贫困为一体的多民族聚居地区，有7个民族乡，其中有3个人口较少民族乡，基诺山基诺族乡、B民族乡和西定哈尼族布朗族乡，基诺族乡发展情况稍好，B 民族乡和西定哈尼族布朗族乡都是边境山区特困民族乡。边境特困人口较少民族乡应不断总结民族地区扶贫模式，积极探索结合地方实际的扶贫模式，实现资源整合、优势互补。

首先，边境地区人口较少民族乡"3＋1"扶贫模式。

近年来，云南省整合企业、高校和金融部门资源，创造了边境国家级重点贫困县扶贫模式——云南"3＋1"扶贫模式。所谓"3＋1"模式就是 1 家大型企业，1 家科研院校，1 家金融企业对口帮扶 1 个边境县市的模式①。红河哈尼族彝族自治州金平县是国家级重点贫困县，为了扶持金平县发展，云南省积极为金平县牵线搭桥，与云南民族大学、云天化集团、农业银行共同支援金平县的发展。我认为，X 傣族自治州人口较少民族边境山区贫困乡可以借鉴"3＋1"扶贫模式，创立人口较少民族边境贫困民族乡的"3＋1"扶贫模式。主要内容是：州内的一所高校、一家知名企业、一家金融机构共同扶持人口较少民族边境贫困乡发展。一是州内高等院校。X 职业技术学院是全州唯一一所高等院校，承担着为 X 培养各少数民族人才的任务，利用其充足的师资资源，建立全州劳动力转移培训基地，应把布朗山贫困民族乡青壮年劳动力实用技术培训列为重点，着力提高布朗山乡布朗族等人口较少民族、直过民族的专业技能，实现劳动力转移跨区域就业。二是州内知名企业。布朗山是普洱茶主要产地之一，在茶叶生产、销售环节建立起"公司＋农户"的营销模式，布朗山农户种植、采摘茶叶，M 茶厂进行加工，提高普洱茶附加值，M 茶厂"大益"牌普洱茶已具有一定知名度，"大益"普洱茶销往全国各主要城市。M 茶厂可以把普洱茶小部分利润作为布朗山贫困村寨的扶持发展基金，对偏远贫困村寨贫困户进行定期扶持，实现农户与公司双赢。三是州内金融机构。农村信用合作社为 B 民族乡农户提供金融支持。2012 年 4 月，B 民族乡农村信用合作社建成，填补了贫困民族乡金融机构的空白。农村信用合作社长期从事小额信贷进行贫困治理，通过对农户家庭情况进行了解，建立信用档案，建立信用农户，信用农户组成信用小组、信用小组组成信用村委会、信用村委会组成信用乡镇。农村信用体系建成后，农

---

① 乐长虹、刘玉偌：《兴边富民行动理论研讨会论文集》，中国经济出版社 2010 年版，第 19 页。

户可以申请无担保小额信贷，为农户自身发展提供了资金。农村信用合作社通过对布朗山乡的金融支持，为了自身实现长足发展，农村信用合作社也积极开展相关公益事业建设，实现金融企业与农户等多方共赢模式。B民族乡是人口较少民族边境贫困乡，X职业技术学院、M茶厂或光明石斛企业、农村信用合作社共同扶持B民族乡的"3＋1"扶贫模式。

其次，边境地区行政机关、事业单位对口帮扶人口较少民族乡农村贫困老党员模式。

2007年，云南省委拉开了为期3年的"强组织、建阵地、聚人心、固边疆"的边疆党建长廊建设，对全省25个边境县的2405个村党支部进行工作经费补贴。X傣族自治州一市两县均为边境市县，在边疆党建长廊基础上，X傣族自治州委组织部出台扶持农村贫困老党员政策，充分发挥行政机关、事业单位对边境地区的少数民族贫困老党员进行扶持，集一单位的全力集中救助边境地区特困少数民族老党员。自2008年起，X傣族自治州委党校对口帮扶B民族乡勐昂村委会曼诺村小组贫困老党员，经过为期4年的定期联系、双向互动，帮扶单位与帮扶对象的共同努力，布朗山少数民族贫困老党员YWL脱贫。

　　　　YWL，男，贫困党员，布朗族，47岁（2008年），1987年入党，家住勐昂村委会曼诺村民小组，有帮人看病专长。全家有4人，妻子布朗族人，40岁，体弱多病。两个儿子，大儿子14岁，小儿子8岁。2008年人均纯收入为560元，低于当时785元绝对贫困线，属于贫困老党员户。近年来，X傣族自治州实施帮扶农村贫困老党员政策。农村贫困老党员由村党总支向乡镇党委报告，后经县委组织部核准，上报州委组织部确定挂钩帮扶单位。X傣族自治州委组织部把州委党校作为布朗山贫困党员YWL的帮扶单位。

　　　　州委党校多次派人了解YWL的家庭情况及急需解决的问题。YWL是勤劳型、觉悟高的党员，因病致贫，而非生产积极性不足。贫困原因：一是缺土地。YWL家从老曼峨迁至曼诺村，没有参加村里分田，因此缺土地。二是因病致贫。YWL犯严重的胃出血症，没有精神劳动，子女还小帮不上忙，加之医病借债4万多元造成贫困。三是缺劳动力。因体弱多病，两个儿子尚未成年，缺劳动力。YWL希望通过养牛来解决劳动力不足问题。经协商，双方达成初步帮扶意向。

　　双方签订《黄牛养殖协议》。投资方为州委党校，投入 5000 元作为购买 2 头母黄牛资金，解决 YWL 劳动力不足问题。投劳方为YWL。协议规定通过黄牛养殖收益帮助 YWL 脱贫，收益后双方各得一半。母牛繁殖，收入增加。同时，州委党校还帮助 YWL 与乡政府协调生产用水灌溉设施建设。党校建议 YWL 多开田，建水渠的效应才能发挥出来。2008 年至今，州委党校先后去 YWL 家 8 次，并给YWL 送去一些生活用品，解决了他的一些实际困难，YWL 来州委党校 2 次。2012 年 3 月，YWL 已经基本解决生活问题。①

　　从个案中看出，布朗山贫困党员帮扶取得成功的原因主要是：一是目标单一且集中，可以集单位之力进行贫困治理。二是双向互动模式。帮扶方多次到贫困党员户了解情况，分析贫困的主要原因，解决贫困户急需解决的问题。被帮扶方及时反映问题。三是建立定期联系长效机制。州委党校派工作人员到贫困党员户，贫困党员户也来州委党校，及时了解贫困党员户的需求。因此，扶贫模式要做到投向不乱、用途不变、相互配套、形成合力、注重实效等原则，突出针对性与实效性，推动人口较少民族乡贫困治理。

　　总而言之，国家视阈下贫困治理要把宏观层面与微观层面政策进行有机结合，宏观层面把改革完善户籍制度、就业制度、收入分配制度，提高劳动在收入分配中的比重，改革分税制提高地方政府财政税源，缓解地方政府财权和事权不均衡，收入支出矛盾问题。微观层面可以关注特殊个体的贫困治理，突出针对性，提升特殊个体发展能力，力争起到示范效应。从传统的给钱给物的救济式贫困治理向自我能力发展为基础的发展型贫困治理，创新体制机制，优化整合资源，制定贫困治理的方式与路径，提高少数民族贫困治理的经济效应、政治效应和社会效应。

---

　　①　此个案经由与时任州委党校组织人事科长访谈撰写而成（时间为 2012 年 6 月 3 日 16：30 至 17：00）。

第二节　市场角色的重构

随着对外开放步伐的加快，边疆多民族聚居地区政府出台一些优惠政策吸引外资进行投资兴业，M 县已建成 M 工业园区，吸引了光明集团等知名企业入驻，中华仙草"石斛"通过研发成为生态型保健产品。一些外资也陆续到边境多民族聚居地区兴业投资，他们利用当地丰富的自然资源和较为充足的人力资源降低了商品的运营成本，有效提高自身产品在市场上的竞争力。外资投资兴业不仅为当地劳动力提供了就业机会，带动当地劳动力就业，而且增加了当地贫困家庭的收入，提高了职业基础上的市场福利。

B 民族乡十二五规划中明确指出，引进一两家绿色食品、特色产品的加工企业，助推 B 民族乡经济社会发展。市场福利导向贫困治理应有效利用资源优势和生态优势通过市场机制推进经济社会发展。一些企业发展离不开当地政府与市场和各族群众的支持，企业要想实现长足发展，应树立自身责任意识，着力实现自身企业和当地群众受益的多赢的模式。

一　人文优势跨境就业的政策

B 民族乡是我国与缅甸接壤的边境民族乡，边境线 70 公里，有 4 个村委会与缅甸接壤，有两个边境通道。布朗族是中缅两国之间的跨界民族。金炳镐认为：跨界民族是在历史的发展过程中，有的民族建立起自己的国家，有的民族被相邻的一个或几个国家分割而居住在两个或两个以上的不同国家，形成跨界民族[①]。跨界民族具有保持着语言、文化、心理素质和经济生活等共性。据了解，M 县一些布朗族在"大跃进"、"文革"时期和改革开放以后不同时期到缅甸景栋定居，人数约 1200 人，在那里大多从事黄金、建材、服装等生意，且有一定的经济实力，另外还有约 3000 人居住在泰国，从事种植、建筑和经商等，在缅甸、泰国的中国布朗族内部也非常团结，并对到缅甸、泰国打工的布朗族常常提供方便，甚至给予帮助和救济。中缅两国边民之间交往频繁，布朗山布朗族可以利用

---

① 金炳镐：《跨界民族与民族问题》，中央民族大学出版社 2010 年版，第 2 页。

区位优势、跨境民族等文化优势积极把劳动力向缅甸输出，扩大就业渠道，增加就业机会。

布朗山离县城 90 多公里，与缅甸仅有一山之隔，在勐昂村便可看见缅甸山脉，路途较近，成为布朗山劳动力输出的有利条件。20 世纪 90 年代，KXG 利用布朗山的区位优势，前往缅甸打工、伐木材等，成为第一个"吃螃蟹"的人，赢得了人生的第一桶金，也为以后在布朗山乡的发展奠定了良好的经济基础。从 KXG 个案中看出，他的成功来源于勤劳、敢闯、感拼的劲头。布朗山一些布朗族群众还存有思想封闭、安于现状、铺张浪费、恋土情结、重义轻利、平均主义、重农轻商等传统观念。这些传统观念也成了布朗族脱贫致富的桎梏，而摆脱这些桎梏也非一日之功。少数民族地区传统观念具有民族性和地域性的特点，传统观念一旦形成很难改变，不说别的，就是连挪动桌子的位置这样普通的行为都有可能引发冲突，可见转变传统观念不易。布朗族应转变传统观念，一方面需要政府的积极引导和示范效应。农村基层组织把农村少数民族致富能手培养成党员，把党员培养成村干部。农村干部通过宣传致富能手起到脱贫的示范效应。另一方面，布朗族自身也应发挥主体性，积极顺应时代发展的要求。布朗族可以利用中缅跨境民族的地缘优势，加强与缅甸布朗族的联系，通过亲戚、朋友或熟人介绍，及时掌握缅甸劳动力需求信息，利用熟人关系到缅甸打工、就业等，因此布朗山布朗族须转变传统观念，充分利用良好的政策优势，积极到缅甸打工、就业等获得增加收入的来源。

随着澜沧江—湄公河次区域合作步伐的加快，国务院出台《国务院关于支持云南面向西南开放桥头堡的实施意见》（国发〔2011〕11 号），X 傣族自治州作为桥头堡战略的主阵地，政府实施"睦邻、富邻、安邻"为原则的政策，为我国公民与邻国之间的交往提供了良好的政策环境。布朗山乡有充裕的劳动力资源，可以充分利用区位优势和跨境民族文化优势，加强民间交流，积极引导布朗山布朗族到缅甸打工等，通过劳动力输出增加家庭收入，提高农民人均纯收入水平，提高布朗族家庭的收入。

二　家庭劳动力转移就业的政策

英国社会政策学家蒂特姆斯（Richard M. Titmuss）把福利分为公共社会服务的社会福利、税收减免和救济的财政福利、雇主提供的津贴和服务的职业福利三部分。在市场领域，职业福利为社会成员提供福利的重要组成部分，它可以激发少数民族群体的主体性和创造性，减少贫困群体的"等、靠、要"思想，减少对政府提供公共福利的依赖。一位布朗族有识之士曾指出，一个被"养"起来的民族是没有希望的。可见，一个民族自我发展能力提升的重要性。这种发展能力是立足自身民族实际，积极有效利用良好的政策环境，内生与外介相结合，对于贫困少数民族而言，职业福利具有稳定性、可预期的特点，职业福利有良好的发展趋势。

随着经济社会转型加速，我国就业市场从国家统一分配就业向劳动者自主择业、市场调节就业和国家促进就业转变。劳动者面临失业风险随着就业结构变迁大幅增加。农村劳动力、低端劳动力不仅就业机会较少且有被就业市场排斥的风险。近年来，国家出台一系列保护农民工的相关政策，规范用人单位用工制度，提高农民工的社会福利。2006年国务院出台《国务院关于解决农民工问题的若干意见》，内容涵盖农民工工资、就业、技能培训、劳动保护、社会保障、公共管理和服务、户籍管理制度改革、土地承包权益等各个方面的政策措施。关于劳动保护条款就指出，"所有用人单位招用农民工都必须依法订立并履行劳动合同，建立权责明确的劳动关系。严格执行国家关于劳动合同试用期的规定，不得滥用试用期侵犯农民工权益"。

当前，劳动力市场中劳动收入比重偏低，制约了劳动力市场的良性发展。我国初次分配存在的问题是劳动收入比例长期过低，初次分配格局陷入一种低水平稳定状态（蔡昉，2005；李稻葵，2009；白重恩，2009；张车伟，2010）。布朗山劳动力输出可以显著地提高农户的收入并使家庭收入多元化。由于布朗山传统农业都是劳动密集型产业，劳动力输出应采取有序转移。一方面，劳动力输出不能影响当地农村传统产业的发展。另一方面，劳动力输出可以长期输出也可尝试"季节性"输出，充分利用地缘、业缘等优势条件进行劳动力输出增加收入，实现跨区域就业与农业生产发展兼顾。随着经济社会发展，布朗山布朗族也开始走出布朗山到M、景洪、昆明和沿海发达地区和城市打工，一些适龄青年通过参军走出布朗山。政府加大劳动力培训力度，目前还处在就地转移阶段。劳动力培训从实用技术向就业技术性型转变，为规模劳动力转移提供前提条件。

政府需加大收入分配制度改革，提高劳动收入在分配制度的比重，实现社会公正和谐。布朗族劳动力输出可以通过就业增加个人和家庭收入。布朗族家庭收入增加有利于促进当地消费市场发展，促进布朗族家庭生活水平提升。

三　生态文化资源市场化的政策

发展经济学指出，欠发达国家和地区发展的过程实质上是资源资本化过程。少数民族地区没有把当地的人文资源和自然资源进行有效资本化是深陷贫困的重要原因。当前，我国多民族聚居地区经济社会处于后发阶段，但这些地区大多都有独具特色、丰富多彩的民族文化资源和生态文化资源。据研究表明，经济后发展地区可以优先发展民族文化，实现民族文化大发展大繁荣，为经济社会发展提供精神动力和智力支持。

我国著名农经学者温铁军也指出，"所谓欠发达地区与发达地区的差距，收入之差是只是表象，背后隐藏的是资本量之差所造成的资本收益之差"[1]。布朗山是全国唯一以布朗族命名的民族乡，也是人口较少民族、直过民族布朗族聚居的边境乡镇，山高谷深，绿树葱茏，现今还存有原始农耕、布朗族村寨、原始森林和班章古茶树，是绝佳的民族生态文化旅游目的地。随着 X 傣族自治州的西环线全线贯通，州旅游局在全州旅游十二五规划中把布朗山列入旅游线路规划，制定了景洪—勐龙—布朗山—打洛—M—景洪旅游线路，M 县旅游局也制定了《M 县布朗山民族生态旅游区项目》，把布朗山生态旅游区客源、实施方案、投资金额、利润空间等做了详细、周密、科学的规划，欢迎社会各界到布朗山投资旅游开发。布朗族民族文化、普洱茶文化、生态文化、边境文化，布朗村寨得天独厚的人文资源和自然资源，布朗山独具特色人文和自然生态资源日益被世人所熟知。布朗山贫困治理要充分把现有人文民族文化和生态资源进行合理开发，走可持续发展道路。

B 民族乡长期处于整体性贫困，尽管政府一直都重视布朗山发展，并投入大量人力物力进行贫困治理，取得了一些成效，但本质上难以消除贫困，同时与先进民族之间发展差距日趋拉大，主要是尚未把独具特色的人文资源和良好的生态自然资源转化为资本。解决的路径是因地制宜，通过内源式发展把人文资源和自然资源实现资本化，提升布朗族民族文化，打造生态文化，引进先进文化创意投资公司，旅游市场营销公司，发掘边地文化、普洱茶文化、民族文化、秘境探险、生态文化等，充分利用民间资

---

① 　温铁军：《欠发达地区经济起飞的关键是"资源资本化"》，《管理世界》1997 年第 6 期。

本运作，布朗族村民通过入股方式参与旅游业发展与营销，把布朗山打造成一流的布朗族民族生态文化区，实现少数民族村民、政府、民营资本多方共赢模式。

总而言之，新福利三角理论市场一角参与贫困治理就是充分利用市场资源优化整合的功能，建立少数民族地区劳动力市场、商品市场，增加就业机会，通过职业福利进行贫困治理。同时，还要倡导企业构建多方共赢发展模式，在企业发展过程中把眼前利益和长远利益相结合，优化"企业＋农户"经营模式，勇于承担社会责任，实现农户、企业、政府多方共赢发展模式，推进多民族聚居地区实现又好又快发展。

第三节　社会角色的重构

随着经济社会迅速发展，多民族聚居地区农村社区也发生深刻变化，传统农村社区从分散的小农个体向有序组织的农村社区转变。贫困治理的本土实践从政府单一主体向多元贫困治理转变，我从家庭、家族、第三方力量等参与少数民族、人口较少民族、直过民族贫困治理进行分析，从中得出本土实践中的社会政策有的只是初现端倪，有的还需要通过制度进行巩固、发展、提升。

贫困治理以往研究缺乏视角，而贫困治理已逐步转向贫困群体的优势视角。美国学者塞力贝（Dennis Saleebey）在《优势视角：社会工作新模式》中提出优势视角概念。张和清、杨锡聪、古学斌把优势视角运用到农村反贫困社会工作①。在贫困治理中，以往关注贫困群体存在的问题和不足被认为是缺乏视角。优势视角被运用到贫困治理就是要利用贫困地区和贫困群体的各种优势。对于少数民族而言，优势视角不仅体现在血缘和地缘基础上形成尊敬老人、互助、扶持等家庭福利，而且还包括少数民族特有的坚韧的民族精神、强烈的民族情感、自然生态和民俗资源、区位优势等。通过农村文化建设弘扬民族文化，提升民族自豪感和自信心；通过社区建设为少数民族提供各种社会福利；通过自然资源和人文资源资本化

---

① 张和清、杨锡聪、古学斌：《优势视角下的农村社会工作：以能力建设和资产建设为核心的农村社会工作模式》，《社会学研究》2008年第6期。

来提升少数民族对各种资源保护意识，从而也在资本化过程中受益。

一　弘扬民族传统文化的政策

文化也是一个民族的整体记忆，每个民族都有自己特有的文化。每个民族的民族文化中既有勤劳、勇敢、智慧的美德，也有安于现状、小富即安、小进即满的思想，所以发展民族文化应取其精华、去其糟粕，传承与弘扬优秀文化。

布朗弹唱是布朗族独具特色的民族文化，旋律优美、唱腔圆润，深受人们喜爱。男女对唱，传统的布朗弹唱是青年男女表达爱意的重要形式，现在布朗弹唱也注入新的内容，有的表现社会进步，有的表现对美好生活的向往，还有的表现新人新事等。布朗弹唱 2008 年已被国务院认定为非物质文化遗产。M 县文体与新闻出版局每年组织布朗弹唱非物质文化遗产培训班，把全县各布朗族村委会民间艺人召集起来进行专业培训，为布朗弹唱培养了优秀人才。我认为，布朗弹唱在布朗族内部是高度认同的文化表达形式，可以加入劳动光荣、勤劳致富等文化内容，加入扶弱济贫、邻里互助、"众人拾柴火焰高"、共同团结奋斗、共同繁荣发展、歌颂党的扶持人口较少民族发展政策，鼓励布朗族勤劳致富，展现布朗族同胞对幸福富裕新生活的向往等内容。

多民族聚居地区农村社区文化建设要充分利用丰富的传统文化资源，用群众喜闻乐见的方式，为群众创造更多的优秀文化产品。布朗山布朗族由于交通不便，长期处于与世隔绝的封闭状态，加上接受教育的年限较短，文化水平不高，与人交流和接受新事物等方面较为缓慢。我通过观察发现一些布朗族还存在缺乏自信、怕生人、害羞等，一些布朗族妇女有时跟外人说话也会转过身去。布朗族民族文化中的一些观念也成为贫困治理的障碍，如"吃在酒上"、"用在鬼上"等，红白喜事中的大操大办有的已超出一些家庭的实际承受能力。据了解，布朗族传统习俗规定，每户布朗族家庭可以主持赕佛，费用由主持的家庭承担，其他家庭参加赕佛则是根据自身经济能力随心公德，也不记账，有的家庭赕佛花费甚至达到 2 万至 3 万元。章家村村规民约中规定，任何人不得强制他人信仰宗教，不能将宗教中所用摊派给农民，但在布朗族潜意识里，赕佛赕得越多，对个人和家庭越好，据当地村干部估计，赕佛花费要占到家庭年储蓄的 30% 至 50%，因此"赕佛"宗教活动支出成为布朗族家庭每年的数额不小的花费，这些都不利于布朗族群众积累资金、脱贫致富。因此要大力弘扬节庆文化，布朗族桑衍节庆文化，提高布朗族群众参与度，发挥民间艺人专长，自编自演文化节目，组建村级文艺队，满足布朗族日益增长的物质文化和精神文化生活需求。鼓励布朗族妇女参与到文化商业表演中，从而提高她们的参与意识、与人交流的意愿，从而转化为发展生产、提高生活水平、建设幸福家园的动力。

通过民族文化来弘扬布朗族的民族自信心和自豪感，逐步消除害怕生人、怯弱、安于现状的不良思想倾向，提升自我发展的主观意愿，通过家庭和家族之间的血缘和亲缘关系纽带来建构扶危济困、团结、互助、济贫等功能，提升布朗族弱势群体个人和家庭的自我发展能力。

二　提升自助和互助的政策

德国社会学家斐迪南·滕尼斯（Ferdinand Tnnies）把成员之间重感情习俗，彼此之间相互联系，具有认同感组成的群体和区域称为社区。我国费孝通先生的《江村经济》以村庄作为社区进行考察，关注村庄社区的生产、分配、交换、消费等环节的共同体生活。社区是指一固定的地理区域范围内的社会团体，其成员有着共同的兴趣，彼此认识且互相来往，行使社会功能，创造社会规范，形成特有的价值体系和社会福利事业。每个成员均经由家庭、近邻、社区而融入更大的社区。社区从最初的相互联系向对社区成员提供价值体系和社会福利转变，社区具有福利提供功能。

B 民族乡经济社会长期处于后发展阶段，具有丰富的自然生态资源和浓郁的人文资源，布朗山拥有广阔的土地资源、原始森林，气候适宜、降雨充沛。布朗族具有独具特色的布朗族文化，包括普洱茶文化、边地文化、生态文化等。布朗族贫困群体是贫困治理的主体。由于组织化程度低，主体性发挥需要在民族社区建设才能实现。从过去政府独揽型的外介式贫困治理向民族社区内源性发展的贫困治理转变。内源式发展是指从内部产生，立足于地方实际，结合其政治、经济、文化和自然资源的具体情况，在尊重其文化统一性下，发挥本地区的活力和创造力，强调自主创新，目的在于满足真正的需要和愿望以及他们自身的发展，是基于人和为了人的协调发展的可持续发展模式[1]。布朗山布朗族通过社区建设的内源

---

[1]　蔡小菊、朱倩：《浅论西南边疆民族地区的内源式发展》，《大众文艺》2010 年第 12 期。

式发展，通过以下路径实现发展。

首先，大力发展独具特色的社区文化建设。社区文化具有地域特点、人口特点以及居民长期共同的经济和社会生活的反映，具有特定的信仰、价值观和行为规范，通过服饰、饮食习惯等形式表现。布朗山布朗族文化由民族文化、普洱茶文化、热带雨林文化、生态文化等组成。布朗族社区文化是弘扬扶危济困、乐善好施、助人为乐。民族文化中不仅有勤劳、勇敢的民族精神实质和内涵。同时也存在安于现状、小富即安、小进即满的思想，"等、靠、要"思想在一定范围还存在，不利于布朗族主体性发挥和长远自身发展。近年来，各级政府加大了民族文化建设的扶持力度，市县政府专配分管文化的副市县长，乡镇配有分管文化的副乡镇长，村委会有文化专干，为民族文化建设提供了制度支撑。文化建设通过布朗族喜闻乐见的方式，通过布朗弹唱等形式大力弘扬勤劳、勇敢的精神，传递助人自助、乐善好施的民族文化，可以增强布朗族的自豪感和自信心，消除怕困难、怕麻烦、怕承担风险的情绪，提升参与各种社会事务和活动的意愿和能力。布朗族在文化建设中实现解放思想、转变观念，从传统的"要我发展"向"我要发展"，提升自我发展意愿和动力。

其次，少数民族社区社会工作介入。自 2008 年汶川大地震发生后，羌族、藏族等少数民族灾害重建需要专业社会工作理论和实务的介入，为民族社会工作成为解决民族地区发展问题提供新的视角。少数民族地区贫困问题日益突出，特别是边境沿线的人口较少民族贫困成为重要难题。人口较少民族、直过民族贫困治理须运用民族社会工作的理论和实务。民族社会工作是指以社会工作的价值、理论为指导，以特定少数民族（或族群）发展现状为基础，运用社会工作的专业知识、方法和技巧，采用适切性的问题解决机制或助人模式，调动所介入的民族传统知识和民族地区的本土资源，解决其社会性问题①。人口较少民族、直过民族布朗山布朗族整体性贫困需要民族社会工作进行专业介入。B 民族乡贫困治理社会工作介入就是以帮助布朗族贫困者解决生活困难，为其解决子女教育、病人照顾、家庭矛盾等生活困难问题；运用个案、小组、社区等形式对贫困群体进行专业介入，提高协调贫困者家庭成员之间和人际关系，应对危机的

---

① 王旭辉、柴宁、包智明：《中国民族社会工作的发展路径："边境跨越"和"文化敏感"》，《民族研究》2012 年第 4 期。

技能。

最后，关注少数民族社区发展建设。马克思主义唯物辩证法认为，内因是事物发展的根本原因，外因是事物发展的条件，外因通过内因起作用。布朗族社区建设也是内外因相互作用的结果。近年来，政府加大了扶持人口较少民族、直过民族发展的力度，为布朗山布朗族发展提供良好外部政策环境。布朗山布朗族社区建设是发展的内部因素，内部因素要以传统村社组织形式为核心，以家族制为核心，根据布朗族村社组织中"嘎滚""折甲""聂开"等形式提高组织化水平。布朗山布朗族应在布朗族家族制基础上进行优化整合，在民族、家族认同基础上提高村民的协作、互助精神，在民族和家族的文化认同方面积极有效参与村内建设，在协助和互助过程中充分获得收益。政府出台的政策要以布朗族贫困群体为主体，充分调动其积极性和创造性，提升自我发展的能力建设，正如钱宁在西南田村社区能力建设中指出的，田村苗族从最初的"我们苗族不行，我们很穷……你们来了，我们就依靠你们了"到"这是我们自己的事，我们来做"①，从客体到主体的角色转变。少数民族社区建设要充分发挥特定民族文化中价值观、行为方式等的协作、互助职能，推进少数民族社区和个人组织能力建设，让贫困群体积极参与到政策和项目中来。

B 民族乡内源式社区建设，有利于提高少数民族群体的组织化水平、自我服务、参与、自我管理的水平和能力。内源式社区建设也急需境内外公益组织的参与，利用专业社会工作方法与技能，充分发挥少数民族文化在提升民族自信心和自我能力建设中的作用，提高少数民族群众的自我参与、自我管理和自我服务的意识和能力。

三　倡导社会资源再分配的政策

中共中央、国务院印发《中国农村扶贫开发纲要（2011—2020）》指出，动员企业和社会各界参与扶贫。大力倡导企业社会责任，鼓励企业采取多种方式，推进集体经济发展和农民增收。厉以宁认为，市场经济下的收入分配分为三次分配。第一次是市场按效益进行分配。第二次是政府按照效率和公平原则，通过税收、扶贫和社会保障等统筹方式进行第二次分

---

① 钱宁：《农村发展中的新贫困与社区能力建设：社会工作的视角》，《思想战线》2007 年第 1 期。

配。第三次分配是在道德力量的作用下，通过个人收入转移、个人自愿缴纳、捐献等非强制方式再一次进行分配①。我国实行按劳分配为主体，按生产要素分配的分配体制，在收入分配领域首次分配注重效率，二次分配注重社会公平，三次分配注重道德公平。

企业要想实现持续、高效发展离不开地方政府和各族人民的支持。那些具有远见卓识的现代企业家都深知自身财富的创造离不开地方政府和各族群众支持，因此现代企业家要树立科学、可持续的财富观。近代红顶商人胡雪岩发迹的一个重要原因就是悬壶济世，成为震古烁今的红顶商人。对于现代企业家来说，与其花巨资为产品和企业做广告，不如用实际行动让大家口耳相传，经济社会处于后发展阶段的边疆多民族聚居地区尤其如此，因此企业履行社会责任可以被认为是道德分配，强调非竞争性和利他性原则，注重良好的社会效应。

当前，我国少数民族地区多数处于后发展阶段，少数民族地区丰富的自然资源和充足的劳动力资源为企业带来广阔的市场发展前景。市场是资源在各部门、各行业、各区域之间优化配置的重要手段。企业是市场经济自负盈亏的主体，投入和产出利益最大化，企业在追求自身利益最大化时也要履行企业社会责任。企业社会责任是指企业在创造利润、对股东承担法律责任的同时，还要承担对员工、消费者、社区和环境的责任，要做到经济效益和社会效益兼顾。一般而言，我国企业履行社会责任有助于缩小区域之间、城乡之间、民族之间、阶层之间的贫富差距，消除社会不安定的隐患。一方面，外来大中型企业可凭借集中资本优势、管理优势和人力资源优势对少数民族贫困地区的资源进行开发，不仅扩展自己的生产和经营范围，获得新的利益增长点，而且弥补贫困地区政府扶贫资金的不足，解决当地劳动力和资源闲置的问题，帮助当地脱贫致富。另一方面，企业也可通过慈善公益行为帮助落后地区的人民发展教育、社会保障和医疗卫生事业，既解决当地政府因资金困难而无力投资的问题，帮助落后地区逐步发展社会事业，又通过公益事业达到无与伦比的广告效应，提升企业的形象和消费者的认可程度，赢得消费者的口碑，提高市场占有率②。实际

---

① 厉以宁：《股份制与现代市场经济》，江苏人民出版社1994年版，第73页。

② 李英顺：《企业营销中的社会责任研究》，硕士学位论文，郑州大学，2010年，第36页。

上，企业社会责任需将眼前利益与长远利益、局部利益与整体利益有机结合，实现企业与政府、民众等多方共赢的模式。

企业社会责任是少数民族地区贫困治理有效路径。企业践行社会责任是社会资源再分配的有效形式。随着经济社会发展和相关法律制度的完善，多民族聚居地区外来企业作为道德分配的社会责任将更加有效地参与到人口较少民族、直过民族的贫困治理。

第四节　小结

在借鉴西方以国家、市场、家庭为要素的基础上，笔者提出以文化作为切入点，以国家、市场和社会为内容的新福利三角理论。运用新福利三角理论框架对边疆多民族聚居地区人口较少民族、直过民族布朗山布朗族的贫困治理进行探讨，国家作为福利提供方，应制定资产为本的社会政策，实行外介式与内生式相结合的社会政策，突出参与为本的社会政策。整合国家资源，因地制宜制定人口较少民族、特困民族贫困治理社会政策；市场作为福利提供方，利用民族人文优势跨境就业福利参与贫困治理。少数民族家庭劳动力转移就业实现市场职业福利。实行民族生态文化资源市场化的市场福利；社会作为福利提供方；民族文化建设弘扬少数民族、特困民族传统福利；少数民族社区建设提升贫困群体自助和互助福利职能；社会福利再分配参与少数民族、特困民族的贫困治理。

总而言之，边疆多民族聚居地区人口较少民族、特困民族贫困治理是一项系统工程，存在长期性、复杂性、艰巨性等特点。人口较少民族、特困民族贫困治理将是我国今后政府长期坚持的一项重要任务，从新福利三角理论来看，国家承担主导责任，市场承担关键责任，社会承担辅助作用，三者形成合力，达到有效治理的目标，多渠道、多路径提高人口较少民族、直过民族社会福利，满足不同层次的需求，实现我国边疆少数民族地区的经济发展、民族团结、社会稳定和边境安宁。

第九章

多民族聚居地区贫困治理的结论及展望

　　支持民族地区加快经济社会发展，是中央的一项基本方针。要紧紧围绕全面建成小康社会目标，顺应各族群众新期盼，深化改革开放，调动广大干部群众的积极性，激发市场活力和全社会创新创造热情；发挥民族地区特殊优势，加大各方面支持力度，提高自我发展能力，释放发展潜力；发展社会事业，更加注重改善民生，促进公平正义；大力传承和弘扬民族文化，为民族地区发展提供强大精神动力；加强生态环境保护，提高持续发展能力。

　　——习近平总书记在 2014 年 9 月举行的第六次全国民族团结进步表彰大会上的讲话

　　世界上有哪一个政党、哪一个社会制度，能牵着落后民族跨越几种社会形态，与先进民族一道携手并进，共同分享现代文明成果。唯有中国共产党和中国特色社会主义制度做到了。我为我的布朗族和各兄弟少数民族感到庆幸和祝福。

西双版纳傣族自治州人大常委会副主任

西双版纳州布朗族发展研究会会长　　　刀琼平

第一节　多民族聚居地区贫困治理的基本结论

　　进入 21 世纪以来，党中央、国务院实施科学发展观战略，坚持以人为本为核心，统筹兼顾，全面协调可持续发展，从以经济建设为中心向经济建设和社会建设协调可持续发展转变。在此基础上，我国加快推进以改善民生为重点的社会建设，先后出台一系列涵盖教育、就业、医疗、养老、住房等领域的社会政策。近年来，我国社会公正理念日趋深入人心，政府出台一系列覆盖城乡居民的与民生相关的福利政策，形成较为完善的社会政策体系。党的十六届六中全会通过的《中共中央关于加强构建社会主义和谐社会若干重大问题的决定》标志着我国已经进入社会政策时代。党的十七大报告也提出，加快推进以改善民生为重点的社会建设，国家投入大量的财力进行医疗、养老、教育等社会福利网络构建，已经基本实现城乡居民的全覆盖。党的十八大报告进一步指出，在改善民生和创新管理中推进社会建设。要多谋民生之利，多解民生之忧，解决好人民最关心、最直接、最现实的利益问题，在学有所教、劳有所得、病有所医、老有所养、住有所居上持续取得新进展，努力让人民过上更好的生活[1]。党中央国务院出台的一系列路线方针政策为我国推进社会建设提供制度保障。

我国改善民生和创新管理中推进社会建设应明确社会体制改革的核心议题，因为社会体制改革的核心议题是社会建设能否成功的关键。当前，社会体制改革的核心议题是如何处理好国家、市场和社会三者之间的关系，要弄清楚哪些需要政府、市场、社会各自分担，哪些需要三者共同承担。我国社会政策理论体系构建应在处理好国家、市场和社会三者关系的基础上，注重西方理论与本土理论的"洋""土"结合，在借鉴西方社会政策理论的同时，不断总结创新，积极探索社会政策本土化路径，突出本土化元素基础上形成的新福利三角视角在贫困治理中的运用，如家庭成员之间、社区邻里之间、社交亲友之间的相互照顾等，特别是对边疆多民族聚居地区人口较少民族贫困治理尤为重要。

边疆多民族聚居地区贫困治理的社会政策视角应突出公益性和普惠性的特点。人口较少民族、直过民族、特困民族乡贫困治理不应仅仅停留在强调理性经济人投入与产出分析框架，而是把重心放在社会政策视角中的过程导向性分析框架去推进中央政府、地方政府政策实施的组织结构，政策实施过程和具体政策的表现等方面，有效处理协调国家、市场、社会等福利提供方对人口较少民族、直过民族、特困民族乡的贫困治理。

---

　　[1]　胡锦涛：《坚定不移沿着中国特色社会主义道路前进　为全面建成小康社会而奋斗——在中国共产党第十八次全国代表大会的报告》，新华网，2012 年 11 月 15 日（http：//news. xinhuanet. com/18cpcnc/2012 – 11/17/c_ 113711665. htm）。

　　B民族乡是我国唯一以布朗族命名的边境特困民族乡。布朗山布朗族乡从新中国成立初期的布朗山区人民政府到布朗山区公所，从布朗山区公所到布朗山革命委员会，从布朗山革命委员会到布朗山公社，从布朗山公社到布朗山布朗族乡，集中反映了人口较少民族、直过民族布朗族从原始社会末期到社会主义社会的跨越式发展，后发少数民族与先进民族一样享有同等政治、经济、社会、文化等权利。为了维护散居少数民族当家做主的权利，1984年以来，我国在散居的少数民族地区先后建立起1173个民族乡，作为民族区域自治的重要补充形式。布朗山布朗族在各级政府的扶持下，跨越了几个社会形态，力争与其他民族实现共同团结奋斗、共同繁荣发展。特困民族乡贫困治理社会政策就是把西方福利政策实现少数民族地区本土化，把传统与现实有机结合，创新体制机制，有效处理国家、市场、社会三者之间关系，资源优化整合，从而推进民族地区科学发展。

　　新福利三角理论是借鉴西方以国家、市场和家庭为内容的福利三角理论，并结合当前国内以国家、市场和社会为内容的福利三角理论，指出国内福利三角理论社会一角仅限于公益组织，这是片面借鉴西方的结果。西方福利三角理论是在特定的西方各国政治、经济、文化、社会等制度下产生的，并对社会弱势阶层的贫困治理发挥了重要作用，让政府从高额的财政负担和低效的社会服务效益中解脱出来，具有重要的理论价值和意义。国内福利三角理论中社会一角，是基于"强政府、弱社会"的发展现状提出的分析框架。进入21世纪第2个十年，为了顺应时代发展的要求，我国各级政府出台一系列扶持社会公益力量发展的政策举措，致使社会公益力量得到长足的发展。近年来，我国日益重视并大力弘扬以家风、家书为载体等优秀传统文化，家庭、家族和第三方力量福利多元格局逐步日臻完善，为新的理论分析框架提供了重要的前提条件。我国是多民族组成的统一的社会主义发展中国家，少数民族贫困问题由来已久，各民族创造异彩纷呈的民族文化，进一步发挥民族文化在贫困治理中的职能已成为必然选择。我以人口较少民族、直过民族、跨境民族布朗族民族文化为切入点，以本土实践为基础，形成福利多元化发展格局，其中社会一角以家庭、家族、社区、公益组织等为内容，提出国家、市场和社会为内容的新福利三角分析框架。新福利三角理论分析框架把国际经验与本土实践、历史与现实、普遍性与特殊性有机结合，有效提升多民族聚居地区贫困治理的政治效益、经济效益和社会效益。

边境地区人口较少民族特困民族乡相对一般民族乡因地处边境地区，长期以来交通不便，处于封闭生活状态，人口较少民族贫困更为严重。通过对人口较少民族乡贫困治理的社会政策视角，优化整合国家、市场、社会三者作为社会成员福利提供方的关系，不仅从贫困治理的理念、福利提供主体、外介式与内源式结合，而且还要充分利用少数民族乡的人文和自然资源，推进人口较少民族乡经济社会科学发展。

多民族聚居地区人口较少民族乡贫困治理要避免两种不良思想倾向，一种是速进论。速进论者希望尽快缩短人口较少民族与发达民族之间的差距，在这种思想倾向下，一些地方政府可能在制定规划时难以避免地出现盲目性和短视性，出现项目一哄而上、脱离地方实际和群众的意愿，结果使贫困治理效率大打折扣，不利于人口较少民族、边境地区特困民族乡经济社会的科学发展。另外一种是保守论。保守论者过分强调人口较少民族的客观条件和主观条件因素，认为人口较少民族素质较低、难以摆脱贫困，人口较少民族部分干部缺乏进取心和主动性，工作中积极性和创新性不足，导致扶贫思路不清晰，效率低下，经济发展滞后。我国人口较少民族贫困治理速进论和保守论均不可取。扶持人口较少民族发展要避免速进论思想倾向，把眼前利益与长远利益、局部利益与整体利益进行有机结合，发展经济建设和生态建设有机结合，做到人口较少民族乡科学发展、可持续发展。不仅如此，扶持人口较少民族发展也要避免保守论的思想倾向，充分利用人口较少民族乡优势视角，区位优势、人文优势、情感优势、认同优势等对人口较少民族进行深入分析，充分把民族文化、劳动力资源等结合起来，以动态、发展的视角进行分析。

（一）国家参与边疆多民族聚居地区贫困治理为人口较少民族、特困民族发展奠定了坚实基础，布朗族得以跨越了几种社会形态。政府主导型贫困治理凭借完整的行政体系为贫困群体构建社会资本、人力资本等社会支持网络有助于整体脱困。国家参与贫困治理应更加注重从贫困群体需要为本的社会政策、资产为本的社会政策、参与性为本的社会政策

我国扶持人口较少民族发展应从人口较少民族实际出发，立足实际，着眼长远，运用新福利三角理论国家、市场、社会作为社会福利的提供方，它们之间是相辅相成、相互促进的关系。政府福利职能从传统的包揽型向主导型转变，国家贫困治理要改变传统部门之间、条块之间分离局面，制订边境特困民族乡发展规划，各单位各部门整合资源提高效率，贫困治理要在边境地区特困民族乡发展规划内实行，切忌各行其是、我行我素。据了解，上级部门制定的边境特困民族乡发展规划存在一些项目与现实需求脱节，民族乡干部虽了解实情，但缺乏对政策更深层次的了解和必要的制订规划所需的知识和技能，乡干部制订相关规划难以通过上级政府的审批，致使规划目标与现实需求之间出现偏差。当前，各地推进新农村建设、四群教育工作，在选派驻村干部要选责任心强、能力较强、有发展潜力的干部，积极参与新农村建设和四群教育工作，逐步引导转变少数民族的生产方式和生活习惯等。同时，进一步完善路、水、电等基础设施建设，扶持特色化产业，加大劳动力职业培训和实用技术培训的力度，提升人口较少民族发展的基础和能力。国家视阈下的贫困治理是在体制机制创新中把贫困治理主体从单一向多元化发展，不仅注重国家扶持少数民族贫困群体的政策倾斜，而且要重视少数民族贫困群体自身能力建设，提升知情权、参与权、监督权、反馈权。社会政策视阈下贫困治理就是少数民族贫困群体在享受国家赋予的权利和履行自身义务之间实现平衡，发挥主体性，提升发展意愿及能力，实现少数民族贫困群体的全面发展。

（二）市场参与边疆多民族聚居地区贫困治理有助于人口较少民族、特困民族转变观念，树立市场意识，提高生产效率，获得市场职业福利，提高贫困者个体和家庭的收入水平和生活质量。市场参与贫困治理就是让更多的贫困群体参与到市场建设、市场流通等环节，兼顾机会与风险，趋利避害，提高市场贫困治理的效能

市场福利职能从自给自足的生产方式向商品经济、市场经济转变，培育市场发挥作用，利用自然资源和生态资源的资本化，进行农村劳动力转移，增加非农收入在家庭收入中的比重。市场福利就是扩大少数民族贫困人口的就业范围和就业机会，通过就业实现职业福利，达到实现少数民族贫困个体和家庭收入大幅增加的目的。另外，少数民族地区贫困治理充分发挥人文优势和生态优势，把独具特色的人文优势和生态优势实现市场化和资本化，增加少数民族贫困群体的市场福利收益。边境特困民族乡的市场福利，尽管市场手段是贫困治理的有效途径，但也应具体问题具体分析，少数民族贫困群体中的一部分具有市场意识、有干劲，鼓励他们积极参与市场，而另外一部分思想保守、怕生人的少数民族贫困群体则需时间对他们进行引导，通过培养农村市场致富带头人的示范效应，促使他们逐步转变观念，因此针对不同的贫困群体采用不同市场福利的贫困治理方式。

（三）社会参与边疆多民族聚居地区贫困治理有助于整合政府和市场以外的社会资源，家庭、家族、贫困个体、公益组织等多方参与，特别要关注少数民族贫困妇女的发展问题，多方参与形成合力，满足人口较少民族、特困民族多层次的需求，实现人口较少民族、特困民族的全面发展

社会福利职能从传统的家庭、家族福利向社区、第三部门拓展，满足人口较少民族物质文化和精神文化生活的需求。对于人口较少民族个人而言，转变思想观念，要摒弃"等、靠、要"的不良思想，从"要我发展"向"我要发展"转变，提高个人的主体性和创造性。弘扬优秀民族传统文化，倡导家庭、邻里之间扶危济困功能，加强少数民族社区建设。非政府组织应顺应少数民族经济发展的要求，严格遵守政府相关规定，创新体制机制，多渠道、多层次参与少数民族地区贫困治理。对于少数民族地区干部而言，我国的各民族之间如同许多兄弟组成的大家庭，各民族仅存在发展水平的差异，并无优劣之分，反对任何民族一切以自我为中心的民族中心主义，同时也要反对完全自我否定的民族虚无主义，各级政府和各民族群体应牢固树立推进少数民族地区贫困治理的信心。对于人口较少民族贫困治理而言，要处理好相对发展民族与后发展民族之间的关系。那些相对较为发展的民族要在思想上和行动上做到对后发民族的关爱，加强民族之间交流，避免因缺乏了解而产生成见、歧视等不良思想倾向，伤害后发民族的情感，有损平等、团结、互助、和谐的新型民族关系，要真正维护民族团结和谐发展。后发民族也要树立信心，在各级政府的扶持帮助下，充分发挥积极性和创造性，努力推进经济社会发展，缩小民族之间差距，实现各民族共同团结奋斗、共同繁荣发展。

因此，社会政策新福利三角理论国家、市场和社会之间相辅相成、相互促进，任何一方福利职能转变都会引起其他福利提供方福利职能的转变。边疆多民族聚居地区人口较少民族、特困民族乡的贫困治理应突出国家为主导，市场为补充，社会为依托的贫困治理格局。在国家、市场、社会参与贫困治理的基础上创新体制机制，处理好整体与局部、眼前与长远之间的关系，从边疆多民族聚居地区实际出发，国家主导是长期必须坚持的任务，市场补充则立足传统与现实循序渐进，社会为依托则是充分发挥国家与市场以外的社会资源，突出贫困群体的主体性，满足贫困群体的全面发展。

第二节　多民族聚居地区贫困治理研究的不足与展望

B 民族乡是我国唯一以布朗族单一民族命名的民族乡，是云南省 506 个扶贫攻坚乡和 8 个少数民族边境特困乡之一，也是人口较少民族、直过民族乡。人口较少民族乡贫困治理是一项十分艰巨的任务。多民族聚居地区贫困治理的社会政策视角——以布朗山布朗族为例，研究存在以下不足。

一　研究可能存在的不足

首先，研究广度方面的不足。B 民族乡是我国唯一以布朗族单一民族命名的民族乡，也是云南省 506 个扶贫攻坚乡和 8 个少数民族边境特困乡之一。布朗族人口已占全乡总人口的 62.5%，布朗族是布朗山乡的主体民族，辖区内的哈尼族、拉祜族贫困面也较大，贫困程度深。尽管如此，学界对边境特困民族乡辖区内的哈尼族、拉祜族的贫困问题缺乏必要的关注。哈尼族、拉祜族等都是跨界民族，他们不仅面临经济社会转型带来的包括自身的发展在内的诸多问题的挑战，而且承担着维护国家领土安全、民族团结、社会稳定、边境安宁的重要任务。但是鉴于时间和能力的限制，本研究仅以布朗族为研究对象，难以对哈尼族、拉祜族等进行福利三角与贫困治理研究。

其次，研究主体部分归纳总结存在不足。西方福利三角理论以国家、市场与家庭作为福利提供方，而新福利三角理论以国家、市场和社会为福利提供方进行少数民族地区人口较少民族、直过民族的贫困治理，其中社会作为福利提供方的少数民族贫困治理的问题。研究的主体部分分别以相关理论、国际经验，福利三角中的国家、市场、社会作为福利提供方及福利整体的分析框架，阐释了 B 民族乡贫困治理的历史及变迁，重点论述 B 民族乡贫困治理的维度与本土实践，分析 B 民族乡贫困治理存在的问题与不足，从国家角色、市场角色、社会角色的重构探讨边疆多民族聚居地区贫困治理的新路径，为我国多民族聚居地区的贫困治理提供经验。我对每部分都是以个人观察与思考得出研究视角与观点，相关理论运用是否恰当，经验总结是否到位，问题与不足概括是否精准等问题尚待专家学者的检验和校正。同时，对相关理论的分析和应用仍需进一步提升，做到理论与实践的有机组合。

再次，研究方法方面存在的不足。一方面，质性研究（Qualitative research）中因语言障碍导致深度访谈的缺憾。自 2009 年以来，我多次到布朗山调研，并结识了一些乡、村两级的干部和布朗族群众。由于我本身不会布朗语，与村民沟通存在障碍，尽管村干部都做了翻译，不同群众的想法与翻译存在趋同性，缺乏布朗族群众差异性的思想和看法。另一方面，量化研究（Quantitative research）中的样本数。我分两次到布朗山进行调研，按照布朗山布朗族人口 12754 人，发放问卷 229 份，以户为单位，每户平均 4 人估算，涵盖调查人数为 916 人，约占总人口的 7.18%，达到量化研究中样本量 3% 的要求。从样本量能否窥见研究对象的全貌也不能确定。

研究中广度、理论观点的运用与总结、研究方法等存在不足，都需在今后的研究中进一步研究与论证。

二　有待解决的问题

贫困与贫困治理是世界性难题，具有复杂性、长期性、艰巨性等特征。各国政府应立足实际、着眼长远，不断总结经验，创新体制机制，全面提升贫困治理的效率是一项重要任务。《多民族聚居地区贫困治理的社会政策视角——以布朗山布朗族为例》仍有一些亟待研究和破解的问题。

首先，国家、市场、社会新福利三角理论分析框架如何处理国家与市场、国家与社会、市场与社会，少数民族贫困群体与以上之间关系

本研究仅从国家、市场、社会作为福利提供方及福利整体的相关理论与国际经验，B 民族乡贫困治理的历史与变迁，重点论述 B 民族乡贫困治理的维度与本土实践，从分析 B 民族乡贫困治理存在的问题与不足入手，国家在少数民族贫困治理中发挥何种职能，市场在少数民族贫困治理中发挥何种职能，社会在少数民族贫困治理发挥何种职能；新福利三角理论国家从传统独揽型贫困治理向政府主导型贫困治理，从"输血"向"造血"转变，从传统的现金、实物等的直接救济向大力发展少数民族基础教育、职业教育等提高综合技能的间接帮扶转变，从平均主义向效率优先、机会均等、公平正义转变。关于新福利三角理论市场一角：鉴于当前少数民族贫困地区市场意识薄弱，市场空间狭小，应大力发展和培育市场经济体系，充分发挥市场在劳动力转移、劳动力输出中的作用。扩大劳动力的非

农就业领域，提高就业机会提高职业福利为主的市场福利。少数民族地区如何把丰富的自然生态资源和独具特色的人文资源有机结合并转化为市场化、资本化资源，把潜在的资源优势转化为现实的经济优势、社会优势。关于新福利三角理论社会一角：当前，社会出现一些本土的公益力量，如民族内部的致富带头人，驻地的公益人士和本土公益组织等。积极引进境外管理规范的非政府组织投身少数民族地区贫困治理，实现国内与国外、境外与本土公益力量的优势互补，资源整合，提高少数民族地区贫困治理的效率。少数民族地区贫困治理需进一步厘清国家、市场、社会三者与少数民族贫困群体之间的关系，进一步调节制度、资源与人之间的关系。

其次，边境地区特困民族乡贫困治理不应仅限于自治少数民族，也应关注其他特困少数民族的贫困治理。

布朗山布朗族乡是多民族聚居的边境特困民族乡，布朗、哈尼、拉祜、汉等民族共同生活和谐相处。长期以来，布朗山布朗族乡是从原始社会末期直接过渡到社会主义社会的直过区，由于交通不便，远离行政中心，各民族长期处于封闭状态，贫困问题不仅成为制约布朗族经济社会发展的主要瓶颈，而且也是制约哈尼族、拉祜族等经济社会发展的主要障碍。哈尼族主要分布在班章村，凭借得天独厚的珍贵古茶树资源，农民人均纯收入要高于布朗族和拉祜族，尽管如此，一些零星分布的哈尼族村寨也存在不同程度的贫困问题。布朗山布朗族乡拉祜族贫困问题也不容忽视，据了解，有些拉祜族村寨由于地处偏远，贫困程度甚至不亚于布朗族村寨，如勐昂村委会南朗拉祜族村小组、曼囡村委会曼班三队拉祜族村小组，尽管政府对这些少数民族贫困村寨给予大量的政策扶持，但贫困面貌难以得到根本性的扭转，布朗山哈尼族、拉祜族等贫困少数民族与布朗族一样同样承担着维护祖国统一、领土完整、民族团结、社会稳定、边境安宁的重要任务。这些特困少数民族因不是人口较少民族，难以列入国家扶持人口较少民族发展规划，若长期下去将拉大布朗族与其他特困少数民族之间发展差距，造成其他特困少数民族与人口较少民族关系，乃至对党的民族政策的完善造成负面影响。所以，边境特困民族乡的贫困治理不能仅限于主体少数民族，也应关注其他贫困少数民族的发展问题。

再次，社会政策与民族文化生态发展之间的问题。

社会政策是西方的舶来品，是西方工业化社会的产物。自 20 世纪 90 年代以来，西方社会政策理论与实务做法陆续传入我国的各地区并逐步实现本土化，一些地区日益接受社会政策的理念与实务。社会政策是否会破坏边疆多民族聚居地区的民族文化生态是不容忽视的问题，尤其是那些人口较少民族、直过民族、跨境民族的文化生态。我认为，社会政策实施对民族文化生态发展的冲击难以避免，我们在实施社会政策过程中应发挥人口较少民族、直过民族、跨境民族的布朗族的主体性，不可抱有完全改造民族文化的想法和意图，而是发挥布朗族资深民间文化人的作用，征求他们的意见、建议，找出社会政策与民族文化之间的共同点而加以弘扬，求同存异，着力把社会政策对民族文化生态发展的冲击降到最低，实现民族文化与社会政策良性互动与发展，全面弘扬布朗族的文化与实施社会政策，为人口较少民族、直过民族、跨境民族创造更多的福利、福祉。以上只是我作为"他者"对社会政策理论和实务与民族文化生态发展的问题的想法和观点，对于布朗族干部、布朗族资深民族文化人和广大布朗族群众而言，他们对上述问题的看法和观点尤为重要，应运用民族社会学、社会人类学等相关理论进一步深入调查和研究。

最后，建立少数民族地区贫困治理科学评价体系

当前，我国少数民族地区主要以农民人均纯收入作为衡量贫困治理成效的标准。尽管有一定的科学性，但其存在弊端也不容忽视。我国贫困线从 1978 年的 100 元，1986 年的 206 元，2000 年的 865 元，2008 年的 1196 元，提高到 2011 年的 2300 元，但与世界银行人均每天消费 1.25 美元的标准还有一定距离。从纵向比，贫困线标准大幅增加，把一些低收入群体列入扶持范围。然而，由于缺乏科学综合的贫困治理评价体系，致使一些地方的领导干部把贫困治理重心放在增加农民人均纯收入，尽管这毋庸置疑，但可能也会忽视制定少数民族贫困地区潜在优势发挥以及贫困群体长远发展的规划。因此，少数民族贫困地区贫困治理政绩考核也应从眼前转向长远，局部转向整体。贫困治理不应仅仅以农民人均纯收入为唯一衡量标准，应以少数民族地区的潜在绩效和显在绩效有机结合，提高少数民族贫困地区综合发展的能力与水平。

三 多民族聚居地区贫困治理的展望

我国是 56 个民族组成的社会主义发展中国家。汉族以外，55 个少数民族大多分布在中西部地区、边境地区，各少数民族因语言、文化、宗教信仰等差异，加上远离行政中心，长期处于封闭状态，导致其贫困发生面

大、程度深，贫困治理与汉族地区显得更为艰巨和繁重。云南是 26 个世居民族聚居的边疆多民族省区。2009 年 12 月，云南省省委八届八次全会提出绿色经济强省、民族文化强省和中国面向西南开放的桥头堡发展战略。2011 年，西部大开发战略进入第 2 个十年，国家加大了对中西部地区、少数民族地区政策扶持力度。2011 年 5 月 6 日，国务院发布《国务院关于支持云南省加快建设面向西南开放重要桥头堡的意见》（下简称《桥头堡》），云南省桥头堡建设的战略定位之一是把云南建成我国民族团结进步、边疆繁荣稳定的示范区。巩固和发展民族团结、边疆稳定的良好局面，大力推进兴边富民工程，促进各民族交往交流交融，共同团结奋斗，共同繁荣发展，为全省各族人民实现科学发展、和谐发展、跨越发展提供了制度保障。2011 年中央扶贫工作会议通过的《中国农村扶贫开发纲要（2011—2020）》指出，到 2020 年，稳定实现扶贫对象不愁吃、不愁穿，保障其义务教育、基本医疗和住房。贫困地区农民人均纯收入增长幅度高于全国平均水平，基本公共服务主要领域指标接近全国平均水平，扭转发展差距扩大趋势。2012 年 2 月 20 日，云南省扶贫工作会议强调，以更大的决心、更新的思路、更实的措施、更强的力度，打好新一轮扶贫开发攻坚战，到 2015 年云南基本消除绝对贫困，到 2020 年基本解决深度贫困问题，推进贫困地区实现跨越发展。

边疆多民族聚居地区 X 有 13 个世居民族，40 多个民族和谐相处，边境线长达 966.3 公里，分别与缅甸、老挝接壤，8 个民族跨境而居。州委提出，把 X 傣族自治州建成中国面向西南开放桥头堡的主阵地，一方面要利用区位优势和政策优势，立足实际，着眼长远，加快与东盟国家经济、政治、文化、旅游等行业的合作，加快中国磨憨和老挝磨丁跨境贸易区建设，通过"外贸"拉动经济增长，实现 X 傣族自治州和谐发展、科学发展和跨越发展。另一方面加快 X 傣族自治州多民族聚居地区少数民族贫困治理。中央和云南省在 X 傣族自治州实施人口较少民族发展、整村推进、整乡推进，连片开发扶贫等政策，着力破解 X 傣族自治州各少数民族问题。X 傣族自治州各少数民族反贫困面临国家政策不断加大对少数民族发展扶持的良好政策机遇，同时也面临贫困线标准上升、贫困人口大幅增加、扶贫难度加大等新问题。B 民族乡按照 X 傣族自治州州委和 M 县县委的要求和部署，结合自身实际，以科学发展为主题，提出了"生态立乡、生物富乡、科教兴乡、开放活乡、特色建乡、依法治乡"的发展战略，着力提升全乡经济社会发展水平。

边疆多民族聚居地区贫困治理要把重心放在人口较少民族、直过民族的边境特困民族乡。政府主导的国家福利将是今后长期必须坚持一项重要任务。大力发展市场经济，劳动力转移，创造就业机会，实现职业福利。独具特色的人文资源和生态资源的市场化提高少数民族的福利水平。大力弘扬民族文化基础上的传统福利，大力推进社区建设，加强人口较少民族、直过民族的自我发展能力，全面提升边境地区特困民族乡经济社会发展。

展望一：

边境地区特困民族乡贫困治理从传统农民人均纯收入为重心向以农民人均纯收入、教育水平、健康水平、住房、实用技能为内容的综合素质为重心转变。边境地区特困民族乡社会政策贫困治理应从以增加农民人均纯收入向扶持农村特色产业开发的社会政策转变。

展望二：

社会政策国家、市场、社会新福利三角贫困治理应在统一的特困民族乡发展规划下，各级行政机关、事业单位、企业、社会组织、个体公益力量等贫困治理将被纳入边境地区特困民族乡发展规划，以发展规划为指导，打破福利提供方参与贫困治理碎片化格局。

展望三：

国家贫困治理要从过去整村推进、整乡推进向特困地区连片开发。特困地区连片开发应注重边境地区特困民族乡在连片开发中的短板，加大人力、物力、财力等政策倾斜力度，把文化、科技、卫生等领域扶持放在更加突出的位置，加快边境地区特困民族乡发展。

展望四：

非政府组织在相关规章制度指导下得到良好发展，更加有效地参与边疆少数民族地区贫困治理，实现少数民族贫困群体和非政府组织之间的双赢。

展望五：

贫困治理是一项长期性、艰巨性任务，为了有效解决贫困治理投入与产出之间失衡问题，我国应加强贫困治理法制建设，建议尽快出台国内贫困治理法律法规，明确职责、各司其职，全面推进多民族聚居地区少数民族贫困治理。

附录 1

访谈提纲

一 访谈对象为扶贫行政工作人员

1. 访谈对象个人基本信息：性别、年龄、民族、籍贯、婚姻状况。
2. X 傣族自治州少数民族深度贫困情况及分布。
3. 你是否听说过社会政策？它涵盖哪些方面内容。
4. 政府扶贫政策如何送达少数民族贫困者手中。
5. 谈谈从事扶贫工作的感受。
6. 你能否介绍全州、全县、全乡（镇）少数民族扶贫政策有哪些?
7. 政府扶贫政策的效果、存在哪些问题及建议。

二 访谈对象为村干部

1. 访谈对象个人基本信息：性别、年龄、民族、籍贯、婚姻状况。
2. 介绍村子的民族构成、户数及人口数、主要收入，上一年的农民人均纯收入。
3. 请你介绍你了解的全村村民在教育、医疗、日常生活支出、人情支出情况。
4. 你是否听说过社会政策？它涵盖哪些方面内容。
5. 全村贫困人口的数及发生贫困的原因。
6. 你能否说出扶持少数民族地区发展的贫困政策？如何在你村实施的。
7. 解决贫困问题的建议及想法。

三 访谈对象为村民

1. 访谈对象个人基本信息性别、年龄、民族、籍贯、婚姻状况。
2. 你家生活困难吗？你认为造成你家生活困难的原因是哪些?

3. 你是否听说过社会政策？它涵盖哪些方面的内容。

4. 你如何看待自己子女上学问题？

5. 去年你家医药费支出是多少？对你家生活有无影响？

6. 去年你家在子女教育支出是多少？对你家生活有无影响？

7. 去年你家日常生活支出有无困难？表现在哪些方面？

8. 去年你家用于红白喜事中请客送礼的支出是多少？

9. 近3年来，你村是否发生自然灾害？请举例说明。

10. 你知道扶持少数民族发展，在你村实行了下面哪些政策："小额信贷"、易地扶贫开发、整村推进、贫困村村级互助资金、劳动力转移、兴边富民工程、以工代赈、科技扶贫。效果如何？

个案访谈实例

这是笔者与曼新竜村委会副主任之间的对话：时间为2012年4月6日。岩某，男，36岁，布朗族。下面是与新竜村委会某副主任之间的对话。

自（笔者）：你家有几个小孩？

岩（副主任）：3个，一男两女（边境乡镇村委会民可以生3个小孩）。

自：你们村小孩读书在村内还是村外读？你希望子女读书读到什么时候？

岩：村里1至3年级在村里读，属一师一校。四年级就要送出去读，要到村委会中心小学读。我的孩子只要是读书成绩好，我都会支持，若是他们读不进去，我也没办法。

自：你们家种粮食吗？

岩：我们曼新竜下寨无田，只有山地，所以不种水稻，只能到勐遮、勐混产粮大镇去购买大米，若我们不去买他们的大米，他们的粮食就不一定卖得出去（玩笑）。

自：你们家钱谁管？

岩：媳妇管。媳妇管钱要比丈夫管钱好。男人管钱有时会经常喝酒且铺张浪费，而媳妇管钱会精打细算。

自：你们村内搞基础设施建设会进行一事一议吗？

岩：会搞。但也不能大事小事都来搞一事一议。只有比较重大的事才搞，不然大事小事都一事一议，那么我们乡 7 个村委会，乡党委书记、乡长都可能会被烦死（一事一议是政府在取消农业税后对农村的一种扶持政策，有配套资金，目的是建设村内基础设施等）。

自：村内每户的卫生间是什么时候修的？

岩：去年。林业局每户补贴 1000 元，农户自筹 500 元，现只有 20 多户，仍有 20 多户卫生间还没盖起来。

自：卫生间政府补助不到的农户，他们会不会有意见？

岩：不会（原因未答）。

自：村里茶叶是出去卖，还是老板来收？

岩：多数时候是老板来收。老板来收的价钱要比外边卖的要低得多，但有时希望老板下次来收，宁可便宜一点也卖。若自己出去卖，担心卖不掉，也担心上当受骗。

自：你村有人在外打工吗？

岩：据我了解，在外有 2 人，具体做什么不清楚，也可能从事服务行业。

自：是否会有外地媳妇嫁入寨子？

岩：少，主要是本村和邻村。

自：政府对少数民族扶持政策如何？

岩：政府对少数民族政策越来越好。老百姓生活也逐渐好起来。小学教育、低保、养老、医疗等政策。

（访谈结束）

附录 2

调查问卷

多民族聚居地区贫困问题研究

您好：

　　为了更好地研究边疆多民族聚居地区贫困问题，为党委政府决策提供参考依据，我们组织了此次调研。您家被课题组选中作为情况了解的对象，耽误您一点时间。本问卷采用匿名的方式作答，您填写的答案将不会披露给您本人以外的任何个人和企业，您的答案仅作学术研究的分析之用，请您根据自己的实际情况回答。谢谢您的配合，祝您工作顺利，万事如意！

中共西双版纳州委党校
《多民族聚居地区贫困问题研究》课题组
2012 年 3 月

　　问卷填写说明：如果调查对象是高中及以上学历的，可由调查对象自己填写。

　　1. 请在填写前认真阅读每一道题，然后仔细按要求填写，不要遗漏。

　　2. 问卷中每一道题都是有价值的，无所谓对错，答题时请不要和别人商量，也不要多考虑，只要符合您的真实情况或想法就请选择，如答案中的选项与您不符，请在"其他"中写明。

　　3. 若无特殊情况说明，每一道题只能选择一个答案在数字上画圈或是在横线上填写，其他情况，问题后都有说明。

　　X 傣族自治州_____市（县）_____乡（镇）_____村委会_____村小组

调研时间：_____年_____月___日　调查员：_____

问卷正文：

1. 您的性别：_____

1. 男　2. 女

2. 您的年龄：____

1. 20 岁以下　2. 20—29　3. 30—39　4. 40—49　5. 50 岁以上

3. 您的民族：____

1. 哈尼族　2. 瑶族　3. 拉祜族　4. 苗族　5. 壮族　6. 布朗族

7. 基诺族　8. 彝族　9. 其他（请注明）_____

4. 您的受教育程度：____

1. 小学及以下　2. 初中　3. 高中或中专　4. 大学　5. 研究生及以上

（1）若选小学和初中，请回答你为什么没有继续读书____

1. 学校离家远　2. 自己不想读　3. 父母不让读　4. 读书很辛苦

5. 其他（请注明）_____

5. 您的婚姻状况：____

1. 未婚　2. 已婚　3. 离异　4. 丧偶

（1）若选已婚，你__岁结婚，有____个小孩，若无小孩打算要____个小孩。对小孩性别的态度_____

1. 喜欢男孩　2. 喜欢女孩　3. 男孩女孩无所谓

（2）你希望子女上学到_____

1. 小学　2. 初中 3. 高中　4. 大学　5. 研究生及以上

（3）你和妻子之间是_____

1. 堂兄妹　2. 表兄妹　3. 其他亲戚　4. 非亲戚

（4）你丈夫（妻子）来自_____

1. 本村　2. 本乡　3. 本县　4. 本州（市）　5. 本省 6. 国外（缅甸）

（5）你村女孩愿意嫁本地还是外地？

1. 本村　2. 外村　3. 本村外村都有　4. 说不清　5. 其他（请注明）____

6. 您的政治面貌是_____

1. 中共党员　2. 民主党派　3. 共青团员　4. 普通群众

7. 你的宗教信仰是_____

1. 无　2. 佛教　3. 道教　4. 基督教　5. 天主教　6. 伊斯兰教

7. 其他（请注明）_____

　8. 你家的住房情况是_____

　1. 砖房 2. 瓦房　3. 石棉瓦房 4. 草房　5. 其他（请注明）____

　9. 您现在以做什么维持生活：____

　1. 以干活为主　2. 在外打工　3. 做小生意　4. 搞运输　5. 当干部

6. 其他工作（请注明）_____

　10. 您家 2011 年以来的平均收入大概是____元。在村里属于____

____

　1. 上等收入　2. 中等收入　3. 下等收入

　11. 您家里的收入主要来源是_____

　1. 种田　2. 种经济作物　3. 做生意　4. 跑运输

5. 领薪水　6. 其他（请注明）_____

　12. 您觉得近 3 年你家的收入变化_____

　1. 增加了　2. 减少了　3. 变化不大

　13. 您是否外出打工过？_____

　1. 是（请继续回答 14、15 题）　2. 否（请跳到第 16 题）

　14. 你是怎么走出家门外出打工的？____

　1. 自己直接进城找工作　2. 看招工广告　3. 朋友老乡介绍

　4. 政府、村委会组织　5. 上网得到信息

　15. 您进城主要从事什么工作？_____

　1. 建筑、采矿等重体力劳动　2. 从事第三产业（如进小饭馆干服务员等）

　3. 经营自己的公司或企业　4. 其他（请注明）_____

　16. 您是否有一门技术？_____

　1. 有　2. 没有

　（1）若选有，请举例_____

　（2）若选没有，你打算拥有哪方面技术_____

　1. 种植方面　2. 养殖方面　3. 建筑方面　4. 手工　5. 其他（请注明）_____

　17. 你是否听说或了解国家对三农问题的政策？

　1. 听说过　2. 没听说　3. 说不清

　18. 你自己感觉您家生活困难程度如何？_____

1. 非常困难　2. 比较困难　3. 有一点困难　4. 不困难　5. 一点也不困难

19. 你觉得在社会上一个人贫困的主要原因是_____

1. 不勤劳　2. 能力差　3. 社会不公平　4. 国家政策不好　5. 命中注定　6. 自然条件差　7. 自然灾害多　8. 其他（请注明）_____

20. 有人认为"贫困是一件丢面子的事情"，你怎么看？

1. 非常同意　2. 同意　3. 不同意　4. 非常不同意　5. 不知道

21. 在农村，你认为要摆脱贫穷，最主要是靠什么？____

1. 靠自己的勤劳　2. 靠科学技术　3. 靠老天保佑　4. 靠提高教育程度　5. 靠政府扶持　6. 靠搬家　7. 其他（请注明）_____

22. 你认为政府的扶持资金应放在哪方面最合适？_____

1. 扶持企业和种植大户，解决大众就业　2. 补贴慰问贫困户　3. 进行基础设施建设　4. 村民平分发放　5. 其他（请注明）_____

23. 如果村里有企业，你是否会去工作？_____

1. 如果工资高就去　　2. 工资只要说得过去就去

3. 不管工资多少都去　4. 不想去

24. 你平时劳动之余在闲暇时间会做什么？_____

1. 看电视　2. 看书报杂志　3. 打牌　4. 学习技术　5. 其他（请注明）：_____

（1）在闲暇之余，你在农村买过黑彩票吗？____

1. 买过　2. 没有

（2）若选买过，前后买彩票支出为_____元

25. 如果政府免费提供培训，你希望学习哪方面知识：_____

1. 学一门技术　2. 希望讲些农业方面知识　3. 希望讲一些发财致富方面的知识　4. 其他_____（请注明）

26. 你得到过县里或乡里的农业技术推广站的指导吗？_____

1. 得到过，对生产帮助很大　2. 得到过，但对实际生产没有任何帮助　3. 没有得到过　4. 不知有农业技术推广站

27. 你一年的主要支出为_____（可多选，按支出多少顺序选填）

1. 教育　2. 医疗　3. 养老　4. 生活　5. 人情消费支出　6. 其他（请注明）_____

28. 你参加新型农村合作医疗了吗？_____

1. 参加了 2. 没有参加

（1）若选没有参加，请回答为什么没有参加_____

1. 不知道政策 2. 缴费存在困难

3. 村里人参加人少，我也没参加 4. 自己身体不错，无须参加

29. 你家是否参加新型农村养老保险？_____

1. 参加 2. 没有参加

（1）若选没有参加，请回答没有参加的原因_____

1. 不知道政策 2. 缴费存在困难 3. 村里参加人少，所以我也没参加 4. 现在年轻，没有想老的事情 5. 认为新型农村养老保险没有什么作用 6. 其他（请注明）____

30. 当您再生活中遇到自己无力解决的困难时，你最有可能寻求救助的对象是____（可多选）

1. 亲戚朋友 2. 民间组织 3. 宗教机构 4. 党政部门

5. 村委会 6. 慈善机构 7. 银行 8. 其他（请注明）_____

31. 你认为村干部能带领群众脱贫致富吗？

1. 能 2. 不能 3. 说不清

32. 如果您自己或您所在村庄遇到严重困难或问题，您认为向政府反映的结果会是_____

1. 问题会得到很好的解决 2. 问题不一定会解决，但反映总比不反映好 3. 反映了也得不到解决 4. 反映了反而使问题复杂化，结果会更糟 5. 其他（请注明）

33. 下面你所知道的属于边疆民族地区扶贫政策的是_____（可多选）。政府在你村实施那些扶贫政策_____（可多选）你认为效果好的是_____（可多选）

1. "小额信贷" 2. 易地扶贫开发 3. 整村推进 4. 贫困村村级互助资金 5. 劳动力转移 6. 兴边富民工程 7. 以工代赈 8. 科技扶贫

34. 你觉得政府扶持少数民族政策对你家有无帮助？

1. 很有帮助 2. 有一些帮助 3. 说不清 4. 没有帮助 5. 没有任何帮助

35. 你对政府扶持少数民族地区贫困有哪些建议？

问卷填答结束。谢谢您的支持！

附录 3

勐海县布朗山乡 2005—2010 年扶持情况汇报

2005 年年底，M 县民族宗教部门启动实施了民族专项资金工作。在县委、县政府的正确领导下，在州民宗局的具体指导下，全县深入学习贯彻中央领导视察云南和 X 的重要批示精神，进一步加强领导，加大投入，加快基础设施建设、特色产业培植和社会事业等建设，使全县呈现出经济社会全面发展的良好局面。现将对布朗山乡进行扶持情况汇报如下。

一　布朗山乡建设情况

布朗山建设项目于 2007 年开始实施，到 2009 年共建设民族专项 167 个子项目，补助资金 1862 万元，其中人口较少民族资金 135 个子项目，投入资金 1601 万元，兴边富民行动重点县 24 个子项目，投入资金 261 万元。

（一）2007 年民族专项资金项目实施情况

2007 年 M 县民宗局利用补助资金对布朗山乡进行民族专项（扶持人口较少民族发展资金项目）24 个子项目的建设，共补助资金 405 万元。主要项目实施情况：

1. 勐昂村委会：投入 228 万元用于建设布朗族传统手工茶制作中心 1 座、建盖猪圈 1904 平方米、村内道路硬化 15100 平方米、种植茶叶 1200 亩、建卫生公厕 120 平方米以及购耕牛 30 头。

2. 吉良村委会：投入 177 万元用于建盖猪圈 1484 平方米，村内道路硬化 10100 平方米、种植茶叶 1000 亩、建卫生公厕 200 平方米。

（二）2008 年民族专项资金项目实施情况

2008 年 M 县民宗局利用补助资金对布朗山乡进行民族专项 103 个子项目的建设，共补助资金 1132 万元。其中，兴边富民行动重点县建设资金 24 个子项目 261 万元，人口较少民族发展资金 79 个子项目 871 万元。

主要项目实施情况：

1. 兴边富民行动重点县建设情况

①班章村委会：投入 103 万元用于道路硬化 10150 平方米、排水沟渠 500 米、活动场所 524 平方米。

②新竜村委会：投入 17 万元用于道路硬化 700 平方米、茶叶种植 70 亩、建盖猪圈 126 平方米。

③曼囡村委会：投入 6 万元用于建盖 182 平方米的猪圈。

④曼果村委会：投入 135 万元用于道路硬化 7050 平方米、建盖猪圈 2926 平方米、引水管线 1.2 公里、社房 70 平方米、公路 5 公里。

2. 人口较少民族发展资金建设情况

①班章村委会：投入 148 万元用于道路硬化 13900 平方米、排水沟 500 米、活动场所 949 平方米。

②新竜村委会：投入 130 万元用于道路硬化 2940 平方米、茶叶种植 190 亩、建盖猪圈 1540 平方米、引水管线 3.7 公里、砂石路 5 公里、活动场所 524 平方米、厕所 1 个以及桥梁 1 座。

③曼囡村委会：投入 241 万元用于道路硬化 5900 平方米、橡胶种植 1080 亩、建盖猪圈 5026 平方米、购猪仔 94 头、引水管线 2.5 公里、活动场所 1048 平方米、厕所 3 个以及三面光排水沟 600 米。

④曼果村委会：投入 231 万元用于道路硬化 10550 平方米、建盖猪圈 4340 平方米、引水管线 0.2 公里、公路 8 公里、活动场所 524 平方米、文化室 70 平方米以及厕所 3 个。投入南温村 91 万元用于道路硬化 1800 平方米、建盖猪圈 2016 平方米、引水管线 4 公里、公里 5 公里、活动场所 524 平方米。

⑤勐昂村委会：投入 10 万元用于建设村委会活动场所 524 平方米。

⑥章家村委会：投入 10 万元用于建设村委会活动场所 524 平方米。

⑦吉良村委会：投入 10 万元用于建设村委会活动场所 524 平方米。

（三）2009 年民族专项资金项目实施情况

2009 年 M 县民宗局利用补助资金对布朗山乡进行民族专项（扶持人口较少民族发展资金项目）32 个子项目的建设，共补助资金 325 万元。主要项目实施情况：

1. 班章村委会

补助资金 25 万元。一是建成 1230 平方米的村级文化活动场所，投入

16 万元；二是道路硬化 700 平方米，投入 8 万元。三是完成科技培训 2
期，投入资金 1 万元，受训 200 人。受益 427 户 2053 人。

2. 吉良村委会

补助资金 25 万元。一是建成 1000 平方米的村级文化活动场所，投入
11 万元；二是修建生产生活道路 7 公里，投入 7 万元；三是架设引水管
道 3 公里，投入 6 万元。四是完成科技培训 2 期，投入资金 1 万元，受训
250 人。受益 412 户 2066 人。

3. 曼果村委会

补助资金 25 万元。一是种植杉松 140 亩，投入 10 万元；二是建成
546 平方米的村级文化活动场所，投入 14 万元。三是完成科技培训 2 期，
投入资金 1 万元，受训 200 人。受益 577 户 2690 人。补助南温村资金 25
万元，一是修建砂石路 4 公里，共投入 24 万元；二是完成科技培训 2 期，
投入资金 1 万元，受训 150 人。受益 261 户 1158 人。

4. 勐昂村委会

补助资金 25 万元，一是建成 198 平方米的村级文化活动场所，共投
入 14 万元，二是建成 110 平方米的手工茶制作坊，共投入 10 万元；三是
完成科技培训 2 期，投入资金 1 万元，受训 300 人。受益 688 户 198 人。

5. 章家村委会

补助资金 25 万元，一是建成 198 平方米的村级文化活动场所，共投
入 24 万元；二是完成科技培训 2 期，投入资金 1 万元，受训 200 人。受
益 508 户 2196 人。

6. 新竜村委会

补助资金 25 万元。一是道路硬化 300 平方米，投入 3 万元；二是架
设引水管道 3 公里，投入 3 万元；三是建成 198 平方米的村级文化活动场
所，投入 18 万元；四是完成科技培训 2 期，投入资金 1 万元，受训 200
人。受益 303 户 1434 人。

7. 曼囡村委会

补助资金 50 万元。一是用于橡胶示范基地 300 亩项目，投入资金 48
万元；二是完成科技培训 4 期，投入资金 2 万元，受训 600 人。受益 303
户 1434 人。

8. 勐昂村委会

新曼峨村民小组示范村补助资金 50 万元。

①科技培训方面开展科技培训 2 期，投入 1 万元，参训人员达到 150 人次，使参训人员至少掌握了两种以上实用技术。

②能源方面完成投入 30 万元，其中省民委投入 14 万元，整合林业局资金 13 万元，群众自筹或以劳抵资 3 万元。建设 87 口沼气池，提高了村民生活质量，改善了村容村貌。

③人畜饮水方面完成投入 20 万元，其中省民委投入 15 万元，群众自筹或以劳抵资 5 万元。架设 5 公里引水管道，解决全村饮用水安全问题。

④文化体育方面完成投入 18 万元，省民委投入 12 万元，整合县委组织部资金 3 万元，群众自筹或以劳抵资 3 万元，建盖村级文化活动场所 100 平方米，球场 524 平方米，丰富了群众文化体育生活。

⑤道路交通方面完成投入 10 万元，省民委投入 8 万元，群众自筹或以劳抵资 2 万元，完成村内硬化道路 800 平方米。美化了村寨居住环境，改善了村民生产生活条件。

9. 吉良村委会

吉良村民小组示范村补助资金 50 万元。

①科技培训方面开展科技培训 2 期，投入 1 万元，参训人员达到 120 人次，使参训人员至少掌握了两种以上实用技术。

②文化体育方面完成投入 32 万元，其中省民委投入 27 万元，群众自筹或以劳抵资 5 万元，建盖舞台、社房、大门等为一体的活动场所 2250 平方米，丰富了群众生活。

③道路交通方面完成投入 170 万元，其中省民委投入 22 万元，整合县交通局资金 140 万元，群众自筹或以劳抵资 8 万元，一是完成村内硬化道路 2000 平方米，美化了村寨居住环境，改善了村民生产生活条件；二是与县交通局整合资金，解决了吉良村至曼掌村 7 公里的生产生活道路建设。

（四）2010 年民族专项资金项目实施情况

1. 巩固提高村

（1）班章村委会老曼峨：补助资金 20 万元。一是建成 800 平方米的村级文化活动场所，投入 8.5 万元；二是道路硬化 1000 平方米，投入 10 万元。三是完成科技培训 1 期，投入资金 0.5 万元，受训 100 人。受益 148 户 672 人。

（2）章家村委会空坎一队：补助资金 20 万元。一是特色产业种植

"章家辣椒" 80 亩，投入 9.5 万元；二是架设引水管线 5 公里，投入 10 万元。三是完成科技培训 1 期，投入资金 0.5 万元，受训 100 人。受益 89 户 439 人。

（3）章家村委会空坎二队：补助资金 20 万元。一是特色产业种植 "章家辣椒" 70 亩，投入 9.5 万元；二是架设引水管线 3 公里，投入 10 万元。三是完成科技培训 1 期，投入资金 0.5 万元，受训 100 人。受益 66 户 274 人。

（4）新竜村委会曼新竜下寨：补助资金 20 万元。一是建成 180 平方米的村级文化活动场所，投入 9.5 万元；；二是架设引水管线 4 公里，投入 10 万元。三是完成科技培训 1 期，投入资金 0.5 万元，受训 100 人。受益 44 户 218 人。

（5）勐昂村委会帕点：补助资金 20 万元。一是养殖黄牛 56 头，投入 9.5 万元；二是道路硬化 900 平方米，投入 10 万元。三是完成科技培训 1 期，投入资金 0.5 万元，受训 100 人。受益 56 户 258 人。

2. 示范村

（1）布朗山乡曼囡村委会曼囡新寨，全村 117 户 497 人。共投入资金 34 万元，其中省民委投入 30 万元，群众自筹或以劳抵资 4 万元。

①科技培训方面开展种养殖业培训 2 期，投入 1 万元，参训人员达到 160 人次，使参训人员掌握生猪养殖和香蕉种植等实用技术。

②种植业方面完成投入 21 万元，其中省民委投入 19 万元，群众自筹或以劳抵资 2 万元。种植香蕉 20 亩，增加了农民收入。

③养殖业方面完成投入 21 万元，其中省民委投入 19 万元，群众自筹或以劳抵资 2 万元。建设小耳朵猪种猪场 200 平方米，为村内建设小耳朵猪合作社提供了基础。

（2）布朗山乡勐昂村曼诺小组，全村 147 户 615 人。共投入资金 54 万元，其中省民委投入 30 万元，整合水利局资金 20 万元，群众自筹或以劳抵资 4 万元。

①道路交通方面完成投入 22 万元，省民委投入 20 万元，群众自筹或以劳抵资 2 万元，完成村内硬化道路 800 平方米。美化了村寨居住环境，改善了村民生产生活条件。

②人畜饮水方面完成投入 32 万元，其中省民委投入 10 万元，整合水利局资金 20 万元，群众自筹或以劳抵资 2 万元。架设 3 公里引水管道，

解决全村饮用水安全。

3. 特色村寨试点村建设

2010 年，布朗山乡新曼峨村被列为云南省民族特色村寨建设试点村。经省民委批准，获得补助资金 100 万元。我局从实际出发，完善村寨基础设施，建设特色村寨，保护民族优秀文化与传承，把新曼峨村建设成民族传统优秀文化的特色村寨。项目资金的管理使用情况如下：

（1）基础设施：建 2 个垃圾池，路灯 20 柱。

（2）特色民居保护：特色民居改造 60 户、重建 10 户；特色民居附属设施卫生间建设 90 间。

（3）培育特色产业：种植甜竹 100 亩。

（4）民族文化传承与发展：民风民俗文化陈列室 60 平方米，民族文化活动场所 600 平方米，布朗族文化传承及培训 6 期。

二　存在的问题

扶持布朗山乡的民族专项资金工作是一项长期而艰巨的工作任务，目前，虽然已取得了阶段性的成效，但在实施扶少工作中还存在以下主要问题：

1. 基础设施建设仍然薄弱，抵御自然灾害能力低。主要表现在：交通条件较差，虽然扶持的村全部实现了村村通砂石路，但是路况差、等级低、行车难，远不能适应和满足发展的需要。农业基础设施薄弱，部分自然村基本处于靠天吃饭的状态，农田水利基本建设滞后，抵御自然灾害能力低。此外，住房、人饮安全、通信不畅等问题不同程度的存在。

2. 发展水平低，自主发展能力弱。所扶持的村目前还处于落后的传统农业生产方式阶段，日出而作、日落而息，粗放经营、广种薄收，生产力水平很低。有的村产品结构单一，农业生产成本较高，群众增收步伐缓慢。人口较少数民族聚居村综合实力不强，自主发展能力弱，因此对外界支持的依赖性都比较强，如果没有上级从政策和资金方面给予支持，很难持续、稳定、健康发展。

3. 社会事业发展相对滞后，农民群众综合素质有待提高。由于受教育程度低，许多少数民族群众的科学文化素质普遍较低，对新的发展路子难以接受，传统种粮的思想根深蒂固，接受农业新技术慢，产业结构调整难，导致经济来源单一，土地利用率和产出率低，致富步伐缓慢；部分群众思想观念陈旧，缺乏创新意识，"等"、"靠"、"要"的思想依然不同程度的存在。此外，由于历史原因，少数民族地区教育、科技、文化、卫生等社会事业发展滞后，一方面是培养人才的机制不能适应发展的需求，另一方面留不住人才。

四　今后的工作思路措施

今后我县将继续抓好布朗山乡的扶持工作，我们要认真贯彻落实党中央、国务院和省委、省政府、州委、州政府关于扶持人口较少民族发展的指示精神和方针政策，从构建社会主义和谐社会、建设社会主义新农村、发展民族团结进步事业的高度，进一步扶持少数民族发展的重要性，进一步增强工作的责任感和紧迫感。

M 县民族宗教事务局

2011 年 6 月 2 日

附录 4

布朗山乡经济社会发展"十二五"规划（节选）

第三章　加快发展的重点领域和主要任务

"十二五"期间，全乡经济社会发展的主要任务是：充分利用好外部资源条件，利用国家加快少数民族和民族地区经济社会发展的决定、西部大开发、"桥头堡建设""兴边富民工程"以及国家扶持人口较少民族发展规划为基本政策支撑；坚持以保护促开发，以开发促保护的方针，全力以赴抓好、抓实农民增收，培育壮大支柱产业、新兴产业，基础设施建设，社会事业发展，社会保障措施等五个方面。千方百计抓好粮食、茶叶、生物产业、养殖业和林产业等支撑农民人均千元项目。竭尽全力抓好交通、水利、能源、信息、生态五大基础建设；想方设法推进教育、科技、计生、卫生、文化、体育等社会事业，促进三个文明建设。全力以赴加快发展，重点做好人口与资源、社会保障、社会稳定、社会环境、对外开放、基层组织建设六项保障工作。

一　把解决"三农"问题作为全乡工作的重中之重

"三农"问题必须坚持科学发展，把农业发展放在整个国民经济的循环中，把农村繁荣放到整个社会的进步中，把改善农村民生作为调整农民收入分配格局的重要内容，把扩大农村需求作为拉动内需的关键举措，把发展农业作为转变经济发展方式的重大任务，把建设社会主义新农村和推进城镇化作为保持经济平稳较快发展的持久动力，按照稳粮保供给、增收惠民生、改革促统筹、强基增后劲的基本思路，毫不松懈地抓好农业农村工作。继续坚持"多予、少取、放活"方针，落实各项惠民政策，加大对农业基础设施和科技进步的支持力度，确保农业综合生产能力长期稳定提高。鼓励龙头企业进入乡村，农民入镇进城。加强农村党组织和基层政权建设，健全由村党组织领导的，充满活力的村民自治机制。

二 努力加快农业结构调整

保持经济平稳较快发展仍然是今后一段时期经济工作的首要任务，必须坚持以转变发展方式、调整产业结构为主线，以"快发展、上水平"为主旋律，在巩固、提升、优化，粮食、茶叶、甘蔗等传统产业，提高单产、提高品质的基础上，以提高农业生产综合能力，增强特色农产品市场竞争力为着力点，加快发展云麻、木薯药材等多元结构生物产业、林产业等新兴优势产业，加大对林下产业开发利用、冬季农业开发力度，加快特色农产品开发和商品基地建设，实现农业经济效益最大化。

三 千方百计增加农民收入

以产业化发展为依托，围绕6个支撑农民增收产业，坚持和完善"三级联动""三个依靠"和"六大工程"的长效增收机制，着力抓好新农村建设"五件大事"。加大政策和资金扶持力度，努力在提高单产、提高品质、提高效益上取得新突破，千方百计培育农民增收的新亮点，抓好冬作开发、田（地）间高产高效品种和林下种殖业等一批"短、平、快"项目，力争农民人均纯收入创新高。

（一）粮食

在原来的基础上增加台田地面积，加大中低产田改造，保证产量的基础上，继续在优化品种结构和提高农业科技含量上下功夫，走高产、优质、高效路子，到2015年，力争粮豆种植面积达到3.19万亩，农业提生产总值达11204万元。

（二）茶、蔗

推广良种，提高单产和品质，降低成本，提高综合效益。加大投入、提高单产、规范古茶园保护和开发，认真落实加快茶叶发展的政策措施。力争到2015年茶叶面积达6万亩，人均实现3亩，总产达80万公斤。低产、低质量茶园改造5000亩；积极引导甘蔗台地种植，提高单产。

（三）云麻、木薯、南药

在引导农民利用荒山、荒坡地种植的同时，鼓励农民充分利用土地资源种植云麻，为农民提供优质服务，合理调动农村劳动资源，到2015年，力争云麻种植面积达 0.5 万亩，木薯种植面积 1.5 万亩，南药种植规划 1.5 万亩。

（四）林产业

引导农民充分利用荒地、荒山种植优质速生竹藤，加大对民族特色竹藤系列产品的综合开发，建立市场营销网络，满足市场需求，加大对农村富余劳动力培训，发展农村第二、第三产业，加快劳动力转移，带动农民增收。到 2015 年，力争竹藤种植总面积达 3 万亩，农民人均实现 1.5 万亩；沙松种植面积 1000 亩；力争橡胶种植面积保持在 4000 亩左右；力争核桃种植总面积 5000 亩左右。

四　加大扶贫开发力度，夯实经济发展基础

紧紧抓住"西部大开发""桥头堡建设""兴边富民"机遇，坚持开发式扶持的基本方针，充分利用好国家对人口较少民族的扶持发展政策及 M 县对布朗山乡扶贫规划（是异地扶贫开发）实施，以经济社会的全面发展为目标，以实施"保护生态、固定耕地、稳步发展"的发展思路，按照 24 个村民小组三年发展规划，以点带面，整村推进，同时多渠道争取资金，易地开发、扶贫安居温饱工程和边境贫困村寨项目建设，并配合挂钩单位的帮扶工作，大力支持群众新开农田、水利、饮水、通路、通电等基础设施建设。努力改善贫困村寨生产、生活条件，力争 5 年内实现绝对贫困人口脱贫目标。

五　依托优势，借助企业平台，全力打造特色农产品

以优惠政策吸引农产品和食品高新技术企业进驻布朗山乡，不断开发新型、健康、保健食品新品种，提高布朗山的产品档次和品位。在 2015 年前，吸引两家以上企业进驻布朗山乡正式投产，进一步提高食品等级，努力实现食品的绿色化和有机化。通过协会的推动作用完善种植标准化规范，力争做两个以上绿色和地理标志性认证产品。

六　大力开发农业特色产品项目，现实农业增效，农民增收

（一）力争实现高优茶园建设项目

布朗山种植茶叶历史悠久，早在 1000 多年前，布朗族就开始种植茶叶。布朗山的茶不施化肥、不打农药，是绿色健康的生态茶，因而备受全

国各地人士的喜爱。在布朗山的茶中，以班章茶最为有名。项目建成后，亩产干茶40公斤，亩产值1700元，总产值680万元，茶农每年可直接收入258万元，将产生良好的经济、生态、社会效益。

（二）力争扩大章家辣子种植规模

章家辣子是布朗山乡布朗族村民历史以来种植的地方优良辣椒品种，以章家村附近种植较为集中而得名。章家辣子具有抗逆性强、丰产优质、外形美观、香味浓郁独特、辛辣味适中等特点，也备受消费者青睐。在M县小有名气，市场定价每公斤干椒高达50元。由于章家辣子历来都是零星种植，主要以套种于旱稻地或玉米地为主，种植分散、管理粗放，产量低，形不成规模，所以尽管产品供不应求，但尚未形成具有当地特色的、能带动农民增收致富的产业。扩大项目实施后，按每亩地产干辣椒60公斤，每公斤50元计，1000亩章家辣子基地年总收入达到300万元；年产1000吨辣椒系列生产线开工后，将获得可观的销售收入，同时，能为国家创造税收，具有良好的经济效益和社会效益。

（三）力争建成香冬瓜种植基地

香冬瓜是布朗山特有的蔬菜品种。具有喜温耐热，产量高，耐贮运的特性，是夏秋的重要蔬菜品种之一，在调节蔬菜淡季中有重要作用，适宜市销。香冬瓜具有口感好、易消化的特点，还具有美容减肥的功效，是该乡依靠山区优势发展起来的特色产业。项目建成后，亩产香冬瓜3000公斤，亩效益可达3000元以上，将产生良好的经济、生态、社会效益。

（四）力争建成畜牧繁殖配种基地

布朗山草场广阔，但畜牧业长期得不到较好的发展。每个家庭虽有养殖习惯，但一般只养鸡、猪，不成为商品。自从进入20世纪80年代以后，布朗族开始发展畜牧业，各家各户养殖黄牛、水牛、猪、毛驴、鸡等出售，全部放养在山地、灌丛和林间草场，纯生态食品。养殖业的收入占家庭经营收入的30%。畜牧业的发展和项目建设，可为群众提供科学的猪、牛、羊等牲口配种、繁殖和饲养技术指导，提高牲口的存活率和出栏率，具有较高的经济效益和社会效益。

（五）力争引进菌类加工厂项目

布朗山乡有林地100多万亩，野生菌资源丰富，据不完全统计，仅干巴菌每年产量就达到30—40吨，而且品质较好。但由于野生菌不易保存，人们商品经济意识不强，这一生态资源优势没有能够转化为经济优势，食用菌加工厂的设立可促进当地经济发展甚至可拉动周边乡镇相关产业发展。

七　加快社会事业全面协调可持续发展

（一）文教卫生持续发展

1. 大力发展文化事业

加强公共文化服务体系建设，完善文化基础设施，完善乡镇综合文化站建设，建立行政村文化活动室。加快全国文化信息资源共享工程边境基层服务网点建设，加强面向边民的各类信息服务。继续实施广播电视"西新工程""村村通"工程和"2131"工程。推进文化遗产保护工作，加强民族民间优秀文化资源的系统发掘、整理和保护。

布朗山乡的布朗族文化有待于保护和传承，以布朗山乡民族文化的独特优势资源为基础，使民族文化产业与旅游文化产业相结合，形成新的支柱产业；挖掘、保护和弘扬少数民族文化，实施系列文化品牌战略；培养和造就一批民族文化专业人才，促进标志性民族文化的诞生；保护好一批富有民族文化特色的标志性建筑；构建效益显著、辐射力强、影响广泛的布朗族文化大格局，实现布朗山乡各族人民素质、文化生活质量、乡镇文明程度的显著提高，逐步形成地域特色突出、文化内涵丰富、人文景观和自然景观相辉映的民族文化旅游新格局。大力发展民族歌舞演艺、文化娱乐、民族民间工艺品和旅游文化商品等文化产业。建立一批民族文化保护传承、展演展示、研究交流、传播宣传基地，把丰富多彩的民族文化有机融入布朗山乡的旅游活动中。在"十二五"期间，力争立项民族生态文化第一寨。集布朗族文化挖掘、传承、布朗族文化开发展示、布朗山普洱茶拍卖交易、民族工艺品展示交易、原始森林探险旅游、农业文化体验、温泉疗养休闲等为一体的综合旅游项目。布朗山乡将成为布朗民族朝圣、文化传承、民族文化研究基地及普洱茶养生品源、购茶目的地。力争建立B民族乡民族宣传网站和布朗弹唱演出广场。

2. 优先发展教育事业

加快普及和巩固农村九年义务教育。实施农村中小学寄宿制学校建设工程，改善中小学办学条件，加强教师队伍建设，提高教学水平。大力发展现代远程教育，加强教育对口支援。大力发展职业教育，重点培养实用型人才和技能型人才。

以素质教育为方向，全面实施素质教育，促进义务教育均衡发展。坚持为上级学校输送合格新生与培养布朗山乡经济社会建设人才并重，义务教育阶段综合素质评价合格率要达到95%以上；小学生人数每年增长2%，初中生每年增长23%。技能培训人数每年增长3%。力争三至五年，全乡的整体办学水平和质量达到全县中等水平。在师资队伍建设上，用三至五年的时间，使小学教师学历合格率达到99%，初中教师学历合格率达到100%，全乡学校校舍基本达到够用、适用和绝对安全。教育装备基本达到国家要求，现代远程教育覆盖率100%。

以基础教育为重点，积极发展成人教育、职业技术教育和民族文化教育。在继续抓好扫盲教育，进一步扫除布朗族、拉祜族青壮年文盲的同时，还要注重布朗族、拉祜族劳动者素质的提高，发展职业教育、短期培训、生产指导等多种形式结合的职业技术教育模式，实现80%的农村劳动力都掌握两门适合当地经济社会发展需要的农村实用技术，注重解决已具备一定文化及技术水平的劳动力再提高和更新知识的问题，进一步拓宽培训的内容和项目，帮助农村剩余劳动力实现向非农产业转移。

以实用技术培训为基础，扎实开展农村劳动力转移培训和实用技术培训。建立乡政府统筹、中心学校主管，村民委员会和村小学共同负责的农民教育培训网络。在乡政府的统筹下，充分整合教育、农业、科技等部门的教育资源，努力在"农科教结合"方面取得新突破，利用农闲时间对广大农民进行文化知识和技能培训，使45周岁以下的青壮年农民具有非农产业技能。

到2015年，全面提高义务教育水平，全乡适龄儿童入学率达到100%，初中阶段入学率达到98%；小学无辍学，初中生辍学率控制在2%以内；九年义务教育完成率达到95%以上；适龄残疾儿童少年入学率达到70%以上；15—50周岁青壮年非盲率达到在97%以上。力争建成吉良、曼囡村委会等集中办学点。

成人教育。建立乡政府统筹、中心学校主管，村民委员会和村小学共同负责的以农民的劳动力转移培训和实用技术培训为重点的农村成人教育网络。每年完成劳动力转移培训和引导性培训1000人以上。

民族文化教育。力争在中心小学1至4年级中开展民族文化教育。

3. 加快发展卫生事业

加快新型农村合作医疗等医疗保障制度建设。重点改善医疗条件，加强医疗队伍建设，逐步实现房屋、设备、人员、技术四配套。健全"县、乡、村"三级医疗卫生服务体系和医疗救助体系。加强地方病、传染病的防治工作，重点加大对人畜共患疾病、艾滋病的防治力度，降低发病率。建设基本卫生保健制度，促进人人享有公共卫生和基本医疗服务，保证群众基本用药。

按照构建和谐社会和建设社会主义新农村的要求，加快发展农村医疗卫生事业，农村医疗合作达到全覆盖，使农民群众"大病有保险、小病有补贴"，有病看得起。力争在2015年之前，完善基础设施建设。

（二）优化人口与计划生育事业

加强计划生育服务体系建设，依法引导和鼓励边民计划生育和优生优育。以计划生育优质服务为重点，引导广大育龄妇女自觉参与计划生育管理，不断完善"依法管理、村民自治、优质服务、政策推动、强合治理"的计划生育工作机制，控制低生育水平、提高人口素质，促进计划生育整体水平提高，为构建和谐社会、创造良好的人口环境。力争不断完善基础设施建设。

（三）加快基础设施建设

坚持基础设施建设的可持续性原则。坚持可持续发展战略，有效配置资源，尽可能减少对自然环境的影响，实现基础设施建设中的经济效益、生态效益和社会效益的最大化。要统筹基础设施建设与生态环境平衡的关系，大力推进质量效益型、资源节约型、科技先导型、环境友好型的基础设施建设项目。

1. 交通方面

到2015年，全乡公路基础设施能力明显增强，网络结构明显合理，运行质量明显改观；基本建立起符合社会主义市场经济要求的交通运输体系。初步建立起能力充分、组织协调、运行高效、管理上乘、服务优质、安全环保的公路运输体，基本实现全乡公路网络化，路面硬化，全乡客运网络化的目标。

2. 水利方面

水利是农业的命脉，布朗山乡的水利建设要坚持全面规划，统筹兼顾，标本兼治，综合治理的原则，按照开源节流并重、防洪抗旱并举的要求，通过推进以小流域为单元的水土保持综合治理，创造条件利用大自然的自我修复能力，加快水土治理的步伐。重视水坝建设，加强防洪、防汛洪水预警、预报等防洪非工程措施建设，以保障布朗山乡生活和生产用水，促进工农业生产的持续稳定发展，提高人民生活水平。在保障当地的粮食生产安全、人畜饮水安全、保护水土资源和改善生态环境等方面起重要作用，力争新建三座拦河坝、水库除险加固三座、五小水利工程75300米，改扩建5000人的集镇供水，力争完成勐昂河道治理、勐囡河道治理工程。

3. 小城镇建设方面

根据布朗山乡小城镇的建设情况，布朗山乡坚持城乡统筹，加强区域协调，立足资源条件，促进人与自然和谐发展的基本原则。以完善功能、改善人居环境为出发点，运用市场化手段，拓宽投融资渠道，多方筹集资金。加强乡镇垃圾处理场、公共卫生建设，着力解决乡镇"脏、乱、差"的问题；进一步治理和亮化美化街道，力争解决职工住房200套；加大村寨安居房建设和集贸市场建设；开展以改水、改厕、治脏、清乱等为主要内容的村寨环境整治，农村卫生厕所普及率为65%以上。城乡消防规划布局更加合理，力争建立市政公共消防基础设施不断完善。促进布朗山乡小城镇建设持续、快速、健康、和谐发展。

到2015年，全乡交通，小城镇建设、饮水发展滞后的状况得到全面缓解。

第四章　实施可持续发展战略，实现人口资源环境协调发展

树立"生态优先、持续发展"的理念，紧紧围绕"生态经济发达、生态环境优美、生态文化繁荣、生态兴边睦邻"的目标，力求在改革领导管理体制和工作机制、落实环境保护与生态建设责任制、建立生态补偿机制等方面有新突破，在建设循环型的生态经济体系、文明型的生态文化体系、节约型的资源保护体系、友好型的环境保护体系、和谐型的人居环境体系、保障型的政策制度体系等方面有新突破。促进生态与人居环境的持续优化，缓解自然资源和土地等生产要素的制约，实现和谐创业。

一　切实加强生态建设和环境保护

坚持保护优先、开发有序，开发与保护并举，强化对水、土、森林、

草场等自然资源生态保护，继续推进天然林保护、退耕还林、水土流失等重点生态工程建设。突出抓好退耕还林后续产业发展，水资源保护工作，按照谁开发谁保护、谁受益谁补偿的原则，加快建立生态补偿机制，解决好影响经济社会发展的突出问题。"十二五"期间，完成编制生态乡镇建设规划，力争实现省级生态乡镇目标。

二　认真贯彻落实国家土地管理政策

坚持"在保护中开发、在开发中保护"的总原则，建立国土资源管理的新机制，认真贯彻国土资源保护基本国策，全面落实土地管理的各项措施，完善土地征用制度和补偿机制。合理开发土地资源，发展清洁能源，节约和集约使用土地，切实保护耕地，特别是基本农田，严格控制建设用地，促进我乡能源消费结构的转变，提高社会经济综合效益。

三　加强水资源的统一管理

水资源管理要从以供水管理为主转到供、用水管理并举以用水管理为主上来，水管部门要依法建立取水许可证制度，加强对水域排污的管理和控制。要按照可持续发展的原则，在充分考虑环境用水的情况下，积极合理开发利用水资源，在保证居民用水的同时，逐步改善农村群众生活用水。

四　坚持计划生育基本国策不动摇

提高人口出生质量和计划生育技术服务水平，全面推进计划生育优质服务，稳定人口低生育水平、提高人口出生素质、强化利益导向机制和目标责任制，落实奖励扶持政策，实施少生快富工程，加强流动人口的综合管理。

第五章　实施科技兴乡战略，实现人才科技新突破

一　强化教育对经济社会发展的先导和支撑作用

充分发挥教育的基础性、全局性、先导性作用，加大对基础教育、职业技术教育基础设施投入，鼓励社会资金参与办学，拓宽办学投资渠道，

按照提高教学质量，普及义务教育，加强和完善技术教育的基本思路，促进我乡教育协调发展。

二　坚持以科技创新为动力的原则

加快实施科教兴乡战略，进一步解放和发展生产力，进一步优化科技进步机制和体系，促进科教与经济社会发展有机结合，建立和完善科技资源配置方式，建立健全技术创新体系，依靠科技进步，加大科技投入，加强科技创新，积极实施重大科技行动工程，增强科技进步对经济社会发展的推动作用。

三　强化人才资源开发力度

树立人才资源是第一资源的观念，坚持党的育人原则，加强人力资源能力建设，实施人才培养工程，加强党政人才、经营管理人才和专业技术人才三支队伍建设，抓紧培育农村实用人才，结合我乡产业发展需要，既要重视科技带头人的培养和引进，更要发挥乡土人才的作用，营造优秀人才脱颖而出的良好环境，注重在实践中锻炼培养人才，充分用好现有人才，积极引进人才、大力培养当地民族人才，形成尊重知识、尊重人才的社会氛围。使全乡经济和社会发展充满生机和活力。

第六章　坚持平稳较好发展，构建平安和谐布朗山

把促进人的全面发展作为发展战略核心，创造更加富裕的社会，使人民群众的生活水平不断提高，努力构建一个民主法治、公平正义、诚信友爱、充满活力、安定有序、人与自然和谐相处的平安布朗山。

一　抓好思想道德教育

认真贯彻落实《公民道德建设实施纲要》，全面推进以社会公德、职业道德和家庭美德为重点的教育，在全乡大力倡导"爱国守法、明礼诚信、团结友善、勤俭自强、敬业奉献"的基本道德规范，建设与社会主义市场经济相适应的思想道德体系，坚持不懈地在广大人民群众中开展建设中国特色社会主义的理想信念教育，积极探索加强和改进思想政治工作

的新途径、新办法，大力弘扬爱国主义为核心的民族精神和以改革创新为核心的时代精神，加强社会主义思想道德建设，不断提高人民群众的精神文明水平。

二　加强民主政治建设

坚持和完善人民代表大会制度和共产党领导的多党合作政治协商制度、民族区域自治制度，推进决策的科学化、民主化、程序化，进一步发展基层民主，保证人民群众依法行使选举权、知情权，参与权、监督权，积极推进政务、村务公开，加强基层建设、政权建设和党风廉政建设，推进民主监督规范化和制度化。

三　坚持依法治乡

继续抓好以全乡领导干部为重点的法制教育和农村普法教育工作，以领导干部的模范行动带动全乡人民群众学法、用法、守法、护法，加快推进依法治乡的进程。

四　加强社会治安综合治理工作

正确把握改革、发展、稳定三者关系，正确处理新形势下的人民内部矛盾，认真做好信访工作。加强社会治安综合治理，建立健全社会防范体系和社会安定保障机制。依法打击各种违法犯罪活动，维护社会稳定，保障人民群众安居乐业。全面落实安全生产责任制，努力避免和减少重大安全生产事故的发生，强化对食品、药品、餐饮卫生市场的监管，保障人民群众健康安全。

五　努力促进各民族共同繁荣进步

立足乡情，坚持统筹全乡协调发展，坚持把加强民族团结和维护边境稳定作为事关全局的战略任务。加快民族地区发展是新时期民族工作的根本任务，坚持开发式扶贫和政府主导全社会共同参与的扶贫方针，多渠道争取资金，以解决温饱和脱贫致富为中心，以贫困村和贫困户为主要对象，切实抓好整村推进与安居温饱，以工代赈、易地开发扶贫、劳务输出、小额信贷、扶贫安居温饱工程，使群众生活水平有明显改善，实现全乡各民族群众共同繁荣进步。

六　建设诚信社会

全面建设以个人诚信为基础，企业诚信为核心，政府诚信为关键的诚信社会。推行诚信执政，改革将更加深入、开放将更加扩大，经济将更加发展、民主将更加健全、科教将更加进步、文化将更加繁荣、社会将更加和谐、人民生活将更加富裕，这些都迫切要求在全乡营造诚信的环境，完善诚信制度，加强诚信建设日益成为一项关乎我乡经济和社会发展的重要任务。

七　加强禁毒与防治艾滋病工作

有效遏制毒品和艾滋病的流行和蔓延，是我乡全面建设小康社会，落实科学发展，构建和谐社会、平安布朗山，维护社会稳定的要求，更是全乡各族人民的强烈愿望。对全民普及禁毒和防治艾滋病知识，开展全方位的宣传教育工作，将毒品的危害和艾滋病的传播途径、流行特点、防护办法和有关法律法规、政策措施告诉群众，使禁毒和防艾成为广大人民的自觉行动，特别要加强青少年的教育，引导他们养成良好的生活习惯，不沾染"黄、赌、毒"等不良习气。

八　加强国防教育

把贯彻落实《中华人民共和国国防法》《中华人民共和国国防教育法》等作为普及加强全民国防教育的长远性、根本性建设来抓，大力增强全民国防观念，加强军警民联防，营造关心国防、支持国防、建设国防的良好氛围，提高全乡人民的国防意识、支持国防建设和军队建设，加强民兵和预备役部队建设。培养高素质的国防后备力量。搞好双拥工作，密切军民关系，构筑边防巩固，军民团结，社会和谐的良好局面。

第八章　保障措施

实现"十二五"规划的目标，必须加强领导，层层抓好落实，既要积极争取国家、省、州、县的支持，更要全乡各族人民齐心协力，开拓创新、真抓实干，制定出行之有效便于工作操作、便于管理和监督的保障措施，按步骤、分阶段实施。

一　规划的实施，需要全社会的参与和推动

各级、各部门切实需要转变观念，履行职责，加大宣传力度，完善规划实施体系，抓紧建立定位清晰、功能互补的规划体系，通过重点专项规划，规划加以细化，建立可操作性强的指导可约束机制，使各项任务措施落到实处，在制定执行国民经济社会发展年度计划及财政预算时，分年度落实提出的目标和任务，把规划实施的进展情况，存在问题作为政府工作报告的重要内容，自觉接受乡人大主席团监督检查。

二　组织保障

"十二五"规划作为政府履行职责的重要依据，各单位要面向社会、面向大众，利用各种媒体，采取多种形式，广泛宣传"十二五"规划，引导企业参与规划实施，在全乡形成关心规划、自觉参与规划实施的氛围。坚持依法行政、科学行政，反对各自为政和部门保护主义，强化大局意识，增强加快发展的活力。建立完善规划实施的督查、考核、奖励长效机制，作为干部考核任用的主要依据，层层落实责任，各站所要深入基层、深入实际、深入群众，以人民关心的热、难点问题入手，加强调查研究，狠抓规划工作的落实。

三　法制保障

结合国家出台的《规划编制条例》各单位要维护规划的权威性，依法实施规划，并在规划实施过程中自觉接受乡人大主席团和各界人士的监督检查，建立规范化的中期评估机制，适时对规划实施情况进行分析，当遇到经济运行与规划出现重大偏离时，及时报请乡人大主席团审议修订，以更好地指导和促进经济社会的发展。

勐海县布朗山布朗乡人民政府

2010 年 9 月 5 日

附录 5

整乡推进规划 2011—2013（节选）

第五章　建设内容及进度安排

5.1　建设重点

建设内容涉及产业开发、基础设施、社会事业、生态能源建设、科技培训与推广、民生保障等 6 个方面，16 项内容 192 个项目。

5.2　主要内容

5.2.1　产业开发

规划项目覆盖 7 个村委会 52 个村民小组，63 个自然村。主要涉及种植业、养殖业等产业发展。建设项目共 86 项。

（一）种植业

围绕粮、蔗、茶三大支柱产业，建立高产、优质科技种植示范基地，积极发展特色产业海床、新兴产业木薯、一村一品产业章家辣子、香冬瓜等特色农作物，种植面积 25288 亩，其中：1. 海床 972 亩；2. 章家辣子 1540 亩；3. 香冬瓜 1460 亩；4. 生态茶园 850 亩；5. 松木 3000 亩；6. 草果 150 亩；7. 木薯 16296 亩；8. 冬作开发 1000 亩；9. 魔芋 20 亩。

（二）养殖业

建立生态、安全、高效的科技养殖示范村，发展养殖户 1112 户，其中：生猪养殖 1082 户，养鸡专业示范户 30 户。

5.2.2 基础设施建设

规划项目覆盖 7 个村委会 27 个村民小组，主要涉及交通道路、人畜饮水、安居房、农田水利设施等共 47 项。

（一）通路工程

砂石路面 29 公里，村内道路硬化 830 米。

（二）卫生工程

三个村组，132 户户厕建设。

（三）人畜饮水工程

新建管引 26 公里、蓄水池 3 个 240 立方米。

（四）基本农田

坡改梯 1267.5 公顷，土地整治 325.77 公顷，土地开发 209.6467 公顷，开挖水田 200 亩。

（五）安居工程

新建安居房 254 户。

（六）农田水利

建灌溉水渠 42.4 公里，除险加固拦河坝 3 座，桥涵 1 座。

5.2.3　社会事业

规划项目覆盖 7 个村委会 52 个村民小组，主要涉及村级文化室、民族广场等建设项目等共 19 项。

（一）村内亮化

结良村安装太阳能路灯 10 盏。

（二）基层组织建设

规划项目覆盖 4 个村委会 15 个村民小组共 16 项。

（三）公租房

建公租房 60 套。

（四）屠宰场

建屠宰场 1 座 100 平方米。

（五）避雷设施

曼掌村，建避雷设施一座。

5.2.4　生态能源建设

沼气池建设 200 口，太阳能建设 200 户。

5.2.5　科技培训与推广

以实用技术培训为基础，开展农村劳动力转移培训和实用技术培训 34 期 5100 人次。

5.2.6　民生保障

逐步扩大全乡贫困居民最低生活保障覆盖面，发放 8356 人最低生活保障金 1423 万元。

5.3 进度安排

布朗山乡整乡推进扶贫开发试点项目实施具体分为五个阶段：

5.3.1 调查研究、建档立卡阶段（2011 年 5 月）

主要对布朗山乡各村委会农户的基本情况、生产生活状况、基础设施和社会公益事业等进行深入、全面、翔实、客观的调查摸底，找准存在问题和制约因素，提出初步规划建议。

5.3.2 实施方案编制阶段（2011 年 6 月）

由县人民政府组织对调查摸底工作中查找出的困难和问题进行认真分析研究，到群众中反复筛选项目，优先安排群众最关心、最盼望、最欢迎的项目，突出项目实施重点，作出规划编制工作。

5.3.3 宣传发动阶段（2011 年 7 月）

组织开好全乡动员会、党员干部会议，进一步统一思想，明确责任；组织开好群众会议，让群众明白建设内容、规模、时间和相关要求。对已批复的建设项目进行公示、公告，广泛动员群众参与整乡推进扶贫开发试点项目建设的积极性和主动性。

5.3.4 组织实施阶段（2011 年 7 月至 2013 年 7 月）

按照所批复的建设项目和年度实施计划，组织全乡干部群众及时掀起大干整乡推进扶贫开发试点项目的高潮。在实施过程中，严格工程质量管理和资金使用管理，定期进行公示、公告。

5.3.5 考核验收和总结表彰阶段（2013 年 8 月至 2013 年 12 月）

所有建设项目完成后，首先由村委会组织自检自查，再由乡党委政府组织初查并形成相关材料上报县整乡推进扶贫开发领导小组，最后逐级报请上级考核验收和总结表彰。

布朗山布朗族乡党委、政府

2011 年 11 月

参考文献

一　中文主要文献

[1] [印度] 阿玛蒂亚·森:《以自由看待发展》,任赜译,中国人民大学出版社 2009 年版。

[2] [印度] 阿玛蒂亚·森:《贫困与饥荒:权利与剥夺》,王宇、王文玉译,商务印书馆 2001 年版。

[3] [英] 安东尼·哈尔、詹姆斯·梅志里:《发展型社会政策》,社会科学文献出版社 2006 年版。

[4] [英] 安东尼·吉登斯:《第三条道路:社会民主主义的复兴》,郑戈译,北京大学出版社、生活·读书·新知三联书店 2000 年版。

[5] [德] 奥菲:《福利国家的矛盾》,郭忠华等译,吉林人民出版社 2011 年版。

[6] [丹] 埃斯平·安德森:《福利资本主义的三个世界》,法律出版社 2003 年版。

[7] [丹] 本特·格罗夫:《比较福利制度——变革时期的斯堪的纳维亚模式》,许耀桐译,重庆出版社 2006 年版。

[8] [美] 保罗·萨巴蒂尔:《政策过程理论》,彭宗超、钟开斌等译,生活·读书·新知三联书店 2004 年版。

[9] 毕天云:《社会福利场域的惯习:福利文化民族性的实证研究》,中国社会科学出版社 2004 年版。

[10] 毕天云:《论社会政策时代的农村社会政策体系构建》,《学习与实践》2007 年第 8 期。

[11] 《布朗族简史》编写组:《布朗族简史》,民族出版社 2008 年版。

[12] 本书编写组:《连片特困地区扶贫规划编制理论与方法》,中国财政经济出版社 2011 年版。

［13］寸洪斌、曹艳春：《"市场"与"社会"关系探究：社会政策研究路向的思考——基于卡尔·布兰尼的"嵌入性"理论》，《思想战线》2013 年第 1 期。

［14］曹锦清：《黄河边的中国——一个学者对乡村社会的观察和思考》，上海文艺出版社 2003 年版。

［15］曹洪民：《中国农村开发式扶贫模式研究》，博士学位论文，中国农业大学，2003 年。

［16］蔡昉、王德文、都阳、张车伟、王美艳：《农村发展与增加农民收入》，中国劳动社会保障出版社 2006 年版。

［17］陈国刚：《福利权研究》，中国民主法制出版社 2009 年版。

［18］陈全功、程蹊：《空间贫困理论视野下的民族地区扶贫问题》，《中南民族大学学报》（人文社会科学版）2011 年第 1 期。

［19］陈银娥、高思：《社会福利制度反贫困的新模式：基于生命周期理论的视角》，《福建论坛》（哲学社会科学版）2011 年第 3 期。

［20］陈立周：《当代西方社会福利理论的主要争论与发展取向：兼论对中国福利制度建设的启示》，《思想战线》2011 年第 1 期。

［21］陈立周：《发展型社会政策视野下边疆少数民族农村社区发展研究》，博士学位论文，云南大学，2011 年。

［22］陈位志：《改革开放以来党的社会政策变迁》，《党政论坛》2011 年第 8 期。

［23］蔡小菊、朱倩：《浅论西南边疆民族地区的内源式发展》，《大众文艺》2010 年第 12 期。

［24］［英］迪肯：《福利视角》，上海人民出版社 2011 年版。

［25］［英］大卫·丹尼：《风险与社会》，马缨、王嵩、陆群峰译，北京出版社 2009 年版。

［26］［加］大卫·切尔：《家庭生活的社会学》，彭钢旎译，中华书局 2005 年版。

［27］邓丽红：《拉美的发展思想与社会政策模式的演变》，《拉丁美洲研究》2010 年第 2 期。

［28］费孝通：《乡土中国、生育制度、乡土重建》，商务印书馆 2011 年版。

［29］方黎明、张秀兰：《中国农村扶贫政策效应分析——基于能力贫困

理论的考察》，《财经研究》2007 年第 12 期。

[30] 付春：《民族权利与国家整合——以中国西南少数民族社会形态为研究对象》，天津人民出版社 2007 年版。

[31] 关信平、郑飞北：《〈社会政策议程〉、欧盟扩大及欧盟的社会政策》，《南开学报》2005 年第 1 期。

[32] 郭晓宇：《基于贫困人群的全面发展的反贫困研究——以云南边境地区反贫困问题》，硕士学位论文，云南大学，2009 年。

[33] 国家统计局住户调查办公室：《中国农村贫困监测报告 2011》，中国统计出版社 2012 年版。

[34] ［英］哈特利·迪安：《社会政策学十讲》，岳经纶、温卓毅、庄文嘉译，上海人民出版社 2009 年版。

[35] ［美］哈瑞尔·罗杰斯：《美国的贫困与反贫困》，刘杰译，中国社会科学出版社 2012 年版。

[36] 侯国风、戴香智：《社会组织参与农村扶贫的优势与瓶颈——基于社会政策视角的分析》，《河海大学学报》（哲学社会科学版）2012 年第 2 期。

[37] 韩克庆：《转型期中国社会福利研究（社会学文库）》，中国人民大学出版社 2011 年版。

[38] 韩克庆、黄建忠、曾湘泉、Richard L. Edwards：《中美社会福利比较》，山东人民出版社 2012 年版。

[39] 韩央迪：《第三部门视域下农民福利的治理创新——基于 C 村的个案研究》，生活·读书·新知三联书店 2012 年版。

[40] 韩彦东：《基于可持续发展的人口较少民族地区扶贫开发政策研究》，博士学位论文，中国人民大学，2008 年。

[41] 黄英君、苗英振、蒋径舟：《我国政府反贫困政策的回顾、反思与展望：基于社会资本投资的视角》，《探索》2011 年第 5 期。

[42] 黄彩文：《民间信仰与社会变迁，以双江县一个布朗族村寨祭竜仪式为例》，《云南民族大学学报》（哲学社会科学）2009 年第 4 期。

[43] 胡玉霞：《素质扶贫：民族地区反贫困的选择》，《发展》2005 年第 7 期。

[44] 胡薇：《国家回归：社会福利责任结构的再平衡》，知识产权出版社 2011 年版。

［45］胡强：《云南澜沧江流域环境性贫困问题研究》，硕士学位论文，中国农业大学，2005 年。

［46］［美］杰弗里·亚历山大著，邓正来主编：《国家与市民社会：一种社会理论的研究路径》，上海世纪出版集团、上海人民出版社 2006 年版。

［47］景天魁：《引致和谐的社会政策——中国社会政策的回顾和展望》，《探索与争鸣》2008 年第 10 期。

［48］景天魁等：《当代中国社会福利思想与制度：从小福利迈向大福利》，中国社会出版社 2011 年版。

［49］靳继东、潘洪阳：《贫困与赋权：基于公民身份的贫困治理制度机理探析》，《吉林大学社会科学学报》2012 年第 2 期。

［50］［澳］罗·霍尔顿著：《全球化与民族国家》，倪峰译，世界知识出版社 2006 年版。

［51］林毅夫：《解决贫困问题需要新思路：评世界银行惠及农村贫困人口发展的新战略》，《北京大学学报》（哲学社会科学版）2002 年第 5 期。

［52］林闽钢、陶鹏：《中国贫困治理 30 年回顾及展望》，《国家行政学院学报》2008 年第 6 期。

［53］林闽钢：《现代西方社会福利思想——流派与名家》，中国劳动社会保障出版社 2012 年版。

［54］林闽钢：《社会政策——全球本地化视角的研究》，中国劳动社会保障出版社 2007 年版。

［55］林卡、范晓光：《贫困和反贫困——对中国贫困类型变迁及反贫困政策的研究》，《社会科学战线》2006 年第 1 期。

［56］林卡：《东亚生产主义社会政策模式的产生及衰落》，《江苏社会科学》2008 年第 4 期。

［57］林卡、陈梦雅：《社会政策的理论和研究范式》，中国劳动社会保障出版社 2008 年版。

［58］林锋：《资源禀赋、不平等与中国农村贫困》，硕士学位论文，苏州大学，2007 年。

［59］李迎生：《转型时期的社会政策：问题与选择》，中国人民大学出版社 2007 年版。

［60］李迎生：《社会保障与社会结构转型：二元社会保障体系研究》，中国人民大学出版社 2001 年版。

［61］李迎生等：《当代中国社会政策》，复旦大学出版社 2012 年版。

［62］李迎生、乜琪：《社会政策与反贫困：国际经验与中国实践》，《教学与研究》2009 年第 6 期。

［63］李迎生、张朝雄：《农村社会政策的改革与创新：一个三维分析框架》，《教学与研究》2008 年第 1 期。

［64］李迎生、张志远：《中国社会政策的城乡统筹发展问题》，《河北学刊》2011 年第 3 期。

［65］李迎生：《国家、市场与社会政策：中国社会政策历程的反思与前瞻》，《社会科学》2012 年第 9 期。

［66］李迎生、吴咏梅、叶迪：《非营利组织社会服务的改革与创新：以民族地区反贫困为例》，《教学与研究》2012 年第 8 期。

［67］李强：《"心理二重区域"与中国的问卷调查》，《社会学研究》2000 年第 2 期。

［68］李晓红：《政府主导的反贫困进程中的社会资本作用的产出分析》，《贵州大学学报》（社会科学版）2012 年第 1 期。

［69］李文政：《我国农村贫困治理的现状及路径》，《沈阳农业大学学报》（社会科学版）2009 年第 7 期。

［70］李若青：《云南人口较少民族发展政策的实践对策研究》，硕士学位论文，云南大学，2011 年。

［71］李成武：《克木人——中国西南边疆一个跨境族群》，中央民族大学出版社 2006 年版。

［72］李盛刚：《中国西部民族地区农村发展研究：基于自我发展能力研究》，民族出版社 2010 年版。

［73］吕怀玉：《云南省扶贫模式转向的思考》，《思想战线》2012 年第 2 期。

［74］刘海英：《大扶贫：公益组织的实践与建议》，社会科学文献出版社 2011 年版。

［75］刘文光：《我国人口较少民族反贫困面临的问题及对策》，《黑龙江民族论丛》2012 年第 1 期。

［76］刘敏：《贫困治理范式的转变——兼论其政策意义》，《甘肃社会科

学》2009 年第 5 期。

［77］刘霞：《"第三条道路"理论的社会政策及借鉴意义》，《前沿》2011 年第 18 期。

［78］刘进来：《民族地区扶贫政策的演进及启示》，硕士学位论文，中南民族大学，2011 年。

［79］梁中云：《资产建设理论视域下的中国农村反贫困政策评析》，硕士学位论文，苏州大学，2009 年。

［80］乐长虹、刘永佶：《兴边富民：兴边富民行动理论研讨会论文集》，中国经济出版社 2010 年版。

［81］鲁刚等：《社会和谐与边疆稳定》，中国社会科学出版社 2010 年版。

［82］罗红光：《"家庭福利"文化与中国福利制度建设》，《社会学研究》2013 年第 3 期。

［83］《马克思恩格斯选集》第一卷，人民出版社 1995 年版。

［84］马戎：《族群、民族与国家建构》，社会科学文献出版社 2012 年版。

［85］莫家豪、岳经纶、黄耿华：《社会变迁中的社会政策：理论、实证与比较反思》，社会科学文献出版社 2013 年版。

［86］彭华民等：《西方社会福利理论前沿——论国家、社会、体制、政策》，中国社会出版社 2009 年版。

［87］彭华民：《福利三角中的社会排斥：对我国城市新贫穷社群的一个实证研究》，上海人民出版社 2007 年版。

［88］彭华民：《社会福利与需要满足》，社会科学文献出版社 2008 年版。

［89］彭华民、宋秀祥：《嵌入社会框架的社会福利模式理论与政策反思》，《社会》2006 年第 6 期。

［90］［法］皮埃尔·卡蓝默著：《治理的忧思》，陈力川译，三辰影库音像出版社 2011 年版。

［91］钱宁：《贫困文化与西部贫困问题——论西部民族贫困地区发展中文化困扰及社会学的西部使命》，《北京青年政治学院学报》1999 年第 2 期。

［92］钱宁：《农村发展中的新贫困和社区能力建设：社会工作的视角》，《思想战线》2007 年第 1 期。

［93］乔亨瑞：《构建民族地区县域和谐发展之道，中国百县市经济社会跟踪调查·通海卷》，社会科学文献出版社 2009 年版。

［94］［法］让·皮埃尔·戈丹著：《何谓治理》，钟震宇译，社会科学文献出版社 2010 年版。

［95］隋玉杰：《社会政策导论（第二版）》，中国人民大学出版社 2009 年版。

［96］孙发锋：《中国公民社会政策参与的主要特征》，《前沿》2012 年第 4 期。

［97］石黄慧：《赋权与社区主导型发展》，硕士学位论文，广西大学，2008 年。

［98］［德］唐保锐、Berthold Kuhn：《市场与国家之间的发展政策：公民社会组织的可能性与界限》，隋学礼等译，中国人民大学出版社 2009 年版。

［99］田北海、钟涨宝：《社会福利的社会化价值理念——福利多元主义的思维分析框架》，《探索与争鸣》2009 年第 8 期。

［100］陶明海：《农民权利贫困及其治理——给予阿玛蒂亚·森的"可行能力"视角》，《甘肃理论丛刊》2009 年第 5 期。

［101］陶玉明：《中国布朗族》，宁夏人民出版社 2012 年版。

［102］谭贤楚、朱力：《基于社会转型的贫困问题及其治理》，《前沿》2010 年第 3 期。

［103］铁平：《20 世纪 90 年代以来拉美地区贫困问题研究》，硕士学位论文，对外经济贸易大学，2008 年。

［104］［德］威廉·冯·洪堡：《论国家的作用》，林荣远、冯兴元译，中国社会科学出版社 1998 年版。

［105］王思斌：《社会政策视角下的城乡协调发展与和谐社会建设》，《河北学刊》2006 年第 1 期。

［106］王思斌：《我国社会政策的弱势性及转变》，《学海》2006 年第 6 期。

［107］王卫民：《论特困少数民族人口特征及反贫困政策的优化——对云南调查的几点分析》，《民族研究》1993 年第 1 期。

［108］王玉芬：《内生发展——中国少数民族经济发展的理念、根据、条件、战略》，中央民族大学出版社 2006 年版。

［109］王玉洁：《勐昂村调查》，中国经济出版社 2011 年版。

［110］王文长：《西部资源利益开发与民族利益关系和谐建构研究》，中

央民族大学出版社 2010 年版。

[111] 王永红：《美国贫困问题与扶贫机制》，上海人民出版社 2011 年版。

[112] 王亚玲：《中国农村贫困与反贫困研究》，《国家行政学院学报》2009 年第 1 期。

[113] 王志丹：《贫困村发展中的村民参与研究——以四川省 D 村灾后发展为例》，博士学位论文，华中师范大学，2012 年。

[114] 王肖静：《主体性与少数民族贫困妇女的赋权——以苗族寻村妇女为例》，硕士学位论文，云南大学，2007 年。

[115] 王帅：《布朗山布朗族继承伦理的意义及变迁》，硕士学位论文，云南财经大学，2008 年。

[116] 吴忠民：《走向更加公正的中国社会》，山东人民出版社 2008 年版。

[117] 吴海鹰、马夫：《我国人口较少民族贫困与扶贫开发》，《云南社会科学》2005 年第 1 期。

[118] 吴力子：《农民的结构性贫困——定县再调查的普遍性结论》，社会科学文献出版社 2009 年版。

[119] ［美］麦克尔·谢若登：《资产与穷人：一项新的美国福利政策》，商务印书馆 2005 年版。

[120] 熊跃根：《社会政策：理论与分析方法》，中国人民大学出版社 2009 年版。

[121] 徐道稳：《社会政策过程中的利益表达》，《学术论坛》2006 年第 7 期。

[122] 徐孝勇、赖景生、寸家菊：《我国农村扶贫制度性陷阱和制度创新》，《农业现代化研究》2009 年第 2 期。

[123] 徐俊：《走入市场："直过区"民族社会发展的路径》，《中共云南省委党校学报》2010 年第 3 期。

[124] 许光：《制度变迁与利益分配：福利三角模式在我国的应用与拓展》，《中共浙江省委党校学报》2010 年第 3 期。

[125] 晓根：《全面建设小康社会进程中的云南直过民族研究》，中国社会科学出版社 2011 年版。

[126] 西双版纳傣族自治州统计局：《X 傣族自治州统计年鉴 2010》，

2011 年 9 月。

［127］西双版纳傣族自治州民族宗教事务局：《X 傣族自治州民族宗教志》，云南民族出版社 2006 年版。

［128］银平均：《社会排斥视角下的农村贫困》，《思想战线》2007 年第 1 期。

［129］严双伍、石晨霞：《欧盟社会政策发展中的特点、成就、问题》，《武汉大学学报》（哲学社会科学版）2012 年第 1 期。

［130］颜思久：《布朗族氏族公社和农村公社研究》，中国社会科学出版社 1988 年版。

［131］杨毓骧：《布朗族》，民族出版社 1988 年版。

［132］杨润高：《我国扶贫开发的新困境及对策探讨》，《绿色经济》2010 年第 1 期。

［133］杨军：《整村推进：扶贫模式的问题与对策研究》，《重庆工商大学学报》（西部论坛）2006 年第 6 期。

［134］杨栋会：《云南民族"直过区"居民收入差距和贫困研究》，科学出版社 2012 年版。

［135］杨云彦、黄瑞芹、胡静、石智雷：《社会变迁、介入型贫困与能力再造》，中国社会科学出版社 2008 年版。

［136］云南省编辑组：《布朗族社会历史调查》（一）、（二）、（三），民族出版社 2009 年版。

［137］郑杭生、李棉管：《中国扶贫历程中的个人与社会——社会互构论的诠释理路》，《教学与研究》2009 年第 6 期。

［138］郑功成：《中国社会福利现状及发展方向》，《中国人民大学学报》2013 年第 2 期。

［139］郑志龙：《社会资本及政府反贫困策略》，《中国人民大学学报》2007 年第 6 期。

［140］朱晓阳：《反贫困的新战略：从"不可能完成的使命"到管理穷人》，《社会学研究》2004 年第 2 期。

［141］张和清、杨锡聪、古学斌：《优势视角下的农村社会工作：以能力建设和资产建设为核心的农村社会工作模式》，《社会学研究》2008 年第 6 期。

［142］张新文：《我国农村反贫困战略中社会政策转型研究——以发展型

社会政策的视角》，《公共管理学报》2010 年第 4 期。

[143] 张新文：《发展型社会政策与我国农村扶贫》，广西师范大学出版社 2011 年版。

[144] 张晓琼：《变迁与发展：云南布朗山布朗族社会研究》，民族出版社 2005 年版。

[145] 张晓琼：《人口较少民族实施分类发展指导政策研究——以云南布朗族为例》，民族出版社 2011 年版。

[146] 张淑芬、郑宝华：《投资对缓解农村贫困成效影响的实证分析——以云南 73 个扶贫开发重点县为例》，《云南社会科学》2010 年第 4 期。

[147] 张广利、张婷婷：《从福利国家到社会投资国家——吉登斯关于福利体制的再造》，《改革与战略》2012 年第 4 期。

[148] 张洋、付少平：《从农村社会工作角度看农村个体和谐建设》，《中国农学通报》2010 年第 3 期。

[149] 张志远：《边疆多民族聚居地区基层治理创新——以西双版纳城乡社区建设实践为例》，《社会学评论》2014 年第 1 期。

[150] 张志远：《社会学视野下西双版纳民族教育问题研究》，《中共云南省委党校学报》2008 年第 2 期。

[151] 张志远：《多民族聚居地区农村社会管理的路径》，《云南民族大学学报》（哲学社会科学版）2012 年第 3 期。

[152] 张磊：《中国扶贫开发政策演变（1949—2005 年）》，中国财政经济出版社 2007 年版。

[153] 周沛：《社会福利体系研究》，中国劳动社会保障出版社 2007 年版。

[154] 周文、李晓红：《社会资本对反贫困影响研究：多元范式的形成与发展》，《教学与研究》2012 年第 2 期。

[155] 周弘：《福利国家何处去》，社会科学文献出版社 2006 年版。

[156] 周红云：《社会资本与社会治理：政府与公民社会的合作伙伴关系》，中国社会出版社 2010 年版。

[157] 周文、李晓红：《社会资本与消除农村贫困：一个认知与关系的架构》，《经济学动态》2008 年第 6 期。

[158] 赵瑛：《布朗族脱贫致富的思考》，《云南民族大学学报》（哲学社

会科学版）2007 年第 3 期。

[159] 赵群、王云仙：《社会性别与妇女反贫困》，社会科学文献出版社 2011 年版。

[160] 赵瑛：《布朗族文化史》，云南民族出版社 2001 年版。

[161] 中共勐海县委员会、勐海县人民政府：《中国唯一的布朗族乡——布朗山》，（未公开出版）2005 年。

[162] 中国人口较少民族发展研究丛书编委会：《中国人口较少民族经济和社会发展调查报告》，民族出版社 2007 年版。

[163]《中央民族工作会议暨国务院第三次民族团结进步表彰会文件集》，人民出版社 1994 年版。

二　英文文献

[1] Alejandro Portes, Social Capital：Its Origins and Application in Modern Sociology, *Annual Review of Sociology*, Vol. 24（1998）, pp. 1 – 24.

[2] Antony Evelyn Alcock, *A History of the Protection of Regional Cultural Minorities in Europe*, New York：Stmartin's Press, 2000：1 – 2.

[3] Beck, U., *The Terrorist Threat：World Society Revisited*, Theory, Culture and Society 19（4）, 2002：39 – 45.

[4] Booth, C., *Labor and Life of People*, Volume 1, East London, Williams and Norgate, 1889.

[5] Coleman, J. S., *Social Capital in the Crearion of Human Capital*, American Journal of Sociology, Vol. 94, 1988：95 – 120.

[6] Gilmour, Ian, *Inside Right：A Study of Conservatism*, London：Quartet Books, 1975, p. 152.

[7] Gilbert, N., Remodeling Social Welfare, *Society*, 35（5）, 1998.

[8] Michael Woolcock and Deepa Narayan, *Social Capital：Implications for Development Theory Research, and Policy*, The World Bank Research Observer, Vol. 15, No. 2（aug, 2000）pp. 225 – 249.

[9] Oppenheim, C., *Poverty：The Facts*, London, Child Poverty Action Group, 1993.

[10] Polannyi, K., *The Great Transformation*, Boston：Beacon Press, 104, 1944.

［11］ Skocpol, T. , *Bring The State Back in*, Cambridge : Cambridge University Press, 1985.

［12］ Talor-Gooby, P. , In Defence of Second-best Theory: State, Class and Capital in the Social Policy, *Journal of Social Policy*, 26 (2), 1997, 171 – 192.

［13］ Taylor-Gooby, *Peter*: Open Markets and Welfare Values, Inequality and social, Change in the Silver Age of the Welfare State, *European Societies*, Vol. 6 (1), 2004: 29 – 48, p. 137.

［14］ Weber, M. (ed), *Economy and Social: An Outline of Interpretive Sociology*, New York: Bedminster Press, 1968.

后　记

印度圣雄甘地曾说："你的善行多半是不显著的，但是，重要的是，你做了。"我国边疆多民族聚居地区少数民族贫困治理不仅亟待社会各界凝聚共识，而且急需可行有效的学理路径，希望我的社会政策视角研究对多民族聚居地区人口较少民族、直过民族布朗族的发展有所助益。

骊歌阵阵，一年一度的毕业歌声已经在中国人民大学校园唱响。我即将结束四年博士学习的美好时光，此时此刻，心中有一种莫名的不舍。博士阶段的学习历练使我成长，怀念新图书馆的静谧、求是园的安详、百家廊下的宁静圣洁，一草一木、点点滴滴，构成忙碌充实的校园生活图景，几多艰辛，几多挫折，用心体会其中百般滋味。曾几何时，初入校园，怀着求学求知的憧憬，感悟中国人民大学校园典雅、精致及人文社会科学氛围深邃、厚重。感谢中国人民大学给予我美好的四年时光，赋予我走向未来战胜诸多困难挑战的信心和力量。

首先，感谢恩师李迎生教授。2010 年秋的那一天，风清气爽、风和日丽、天高云淡，我从祖国西南边疆多民族聚居地区来到首都北京，进入李老师门下，成为李老师当年入学的博士生之一。李老师治学严谨、诚恳待人、诲人不倦，淡泊名利、提携后学，成为我心中良师之典范。李老师在教学、科研方面为我提供了许多宝贵机会，但因自身天性驽钝，难以达到老师的期望和要求，不时深感惭愧与自责。从毕业论文开题到撰写，每一阶段都凝聚着李老师的心血，唯有在今后的学习工作中刻苦学习、加倍努力，才能报答李老师的培育之恩。

其次，感谢中共西双版纳州委党校、西双版纳州行政学校领导的关心，各位同事的真诚帮助。感谢学校给予我时间攻读博士学位。期间，感谢中共西双版纳傣族自治州州委副书记、州委党校校长孙青友，州委党校党委书记、常务副校长邹乔忠给予许多勉励，副校长苏明关心我的学习，副校长游启道曾帮助联系调研相关事宜，校领导的鼓励和关心成为我学习的后盾和动力，不容我偷懒、懈怠。同事们也在我学习和工作中给予了大力支持，为我提供了各种便利。

再次，感谢中国人民大学社会与人口学院、教育部人文社会科学重点研究基地中国人民大学社会学理论与方法研究中心和北京郑杭生社会发展基金会。感谢郑杭生教授、刘少杰教授、李路路教授、潘绥铭教授、夏建中教授、洪大用教授、郭星华教授、杨敏教授、于显洋教授、陆益龙教授、奂平清副教授等和学院的张茹、姚卫平、樊丽萍等领导及各位老师；感谢我的硕士导师云南民族大学乔亨瑞教授、杨国才教授，感谢云南省社会科学院李立纲研究员对博士论文提出宝贵修改意见；感谢刘娜博士、孙平博士、马俊达博士、李文静博士、吴咏梅博士、袁小平博士及其他师兄弟姐妹们的支持和帮助；感谢2010级社会学博士班全体同学。

在论文撰写过程中，我感谢国务院扶贫办政策法规司苏国霞副司长，中国国际扶贫中心研究处王小林处长，北京大学社会学系王思斌教授，中国人民大学反贫困问题研究中心主任汪三贵教授，华中师范大学社会学院向德平院长；感谢中央财经大学社会学系方舒博士，中央民族大学民族学与社会学学院卫小将博士，厦门大学人类学与民族学系赵晋博士，云南师范大学哲学与法政学院朱海平博士，中共湖南省委党校朱雄君博士等。他们在论文撰写中给我提供了宝贵的意见。在调查期间，感谢西双版纳傣族自治州、勐海县、布朗山布朗族乡三级政府的领导和干部的大力支持，特别要感谢州扶贫办赵昱主任、李国副主任，州民族宗教事务局岩勐副局长，原副局长奚云华同志，中共勐海县委宣传部刘鑫副部长，勐海县发展改革与工业信息化局王德副局长，勐海县勐遮镇党委李想副书记，中共布朗山布朗族乡党委纳宝海书记、赛勐乡长、乡人大原主席黄国顺等乡领导、村委会干部和淳朴善良的村民，感谢你们的大力支持，因你们大力支持，论文才得以完成。论文中的照片均由布朗山布朗族乡政府提供，在此一并感谢。此外，还要感谢前人的研究成果，我得以汲取他们宝贵的知识财富，论文中尽力做了标注，若发现仍有未标注之处，深表歉意。

感谢博士学位论文评阅专家，他们分别是中国人民大学社会与人口学院副院长郝大海教授、副院长冯仕政教授，姜向群教授，中央财经大学社会发展学院杨敏教授，首都师范大学政法学院范燕宁教授。感谢博士学位论文答辩专家，他们分别是中国人民大学社会与人口学院夏建中教授、中央财经大学社会发展学院杨敏教授、首都师范大学政法学院范燕宁教授、北京科技大学文法学院时立荣教授和北京青年政治学院张瑞凯副教授。感谢以上专家的辛劳及对论文提出的宝贵意见。

感谢父母养育和读博期间给我无微不至的关怀。读博期间，正值爱女张芷陌降生，给家庭带来无限的欢乐。爱人龚识俨女士善良能干，在工作之余默默承担起照顾家庭的重任，还不时为论文提出想法，使我受益匪浅。岳父母不顾年老虚弱的身体，帮我照顾家庭，从而使我有时间投入紧张的学习。

《多民族聚居地区贫困治理的社会政策视角——以布朗山布朗族为例》就要出版了，我深知这是新的起点。它不仅是我四年博士阶段学习的总结，而且也是我在西双版纳傣族自治州工作七年多时间的总结。西双版纳傣族自治州那一片神奇的热带雨林、浓郁的民族风情、优越的区位优势，是连接东南亚、南亚的关键节点，是中国面向西南开放的桥头堡战略主阵地，是一片充满发展希望的热土，给予我丰富的滋养伴我成长。感谢中共西双版纳州委党校、西双版纳州社会科学联合会给予的出版资助。感谢西双版纳傣族自治州人民代表大会常务委员会副主任、西双版纳州布朗族发展研究会会长刀琼平同志，中共西双版纳州委党校党委书记、常务副校长邹乔忠同志，恩师中国人民大学李迎生教授在百忙之中为本书赐序。感谢中国社会科学出版社任明主任为本书出版的付出与辛劳。

感谢曾给予帮助的已提及和未提及的所有人。

书中难免存在错误与不足，请各位读者批评指正。

张志远

2014 年 6 月于中国人民大学求是园内

2014 年深秋于黎明之城澜沧江畔寓所（修改）